クローズアップ
事業承継税制

事業承継を巡る租税法上の諸問題

酒井克彦 [編著・監修]
Sakai Katsuhiko

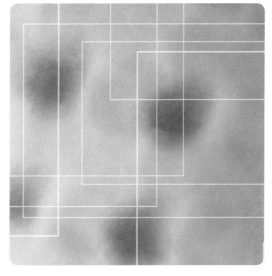

財経詳報社

推薦のことば

　税理士は，法人ないし個人事業者等の納税者の税務上の相談に応じるのみではなく，納税者に寄り添いながら，その事業運営全般の問題に対応することが求められます。医者でいえば，いわば主治医的な立場にあるといってもよいと考えております。

　税理士は中小企業支援の最も重要な担い手として認識されていることから，税理士には，その職能を活かし，国や社会からの要請に応える中小企業支援策を積極的に講じていくことが求められているといえましょう。そのような中にあって，事業承継税制は中小企業支援の観点からみて，極めて注目されるべき制度であり，その意味からすれば，税理士にとっても極めて重要な制度であるといえます。

　そのような点に鑑み，日本税理士会連合会では早くから事業承継への取組みをしてきており，一昨年は，政府税制調査会会長の中里実東京大学教授を筆頭に，日本税理士会連合会は，ヨーロッパへと視察に赴き，先進的なドイツにおける事業承継税制の検討などを行ってきました。これまで，我が国の税制にフィットした仕組みはどのようなものなのかという意見として，日本税理士会連合会が有する建議権に基づく税制改正建議をしてまいりました。ありがたいことに，平成30年度税制改正において，新しい事業承継税制が導入されたわけですが，この新制度について，税理士はしっかりと勉強しておく必要があります。もちろん，事業承継税制だけを知っていればよいというわけではありません。事業承継税制とは何も新制度を活用することだけを指すのではなく，事業承継にまつわる全ての税制の理解も必要になります。主治医である税理士は，事業承継に関わる各個別税法の取扱いについての深い理解を必須としているのです。

　そのような中，中央大学教授の酒井克彦先生をはじめとする（一社）アコード租税総合研究所所属の先生方が，この度，『クローズアップ事業承継税制』を刊行されることになりました。ゲラを拝見させていただきましたが，2年間にわたる研究の成果を書籍にまとめたというだけあって，類書にはない観点か

ii　　推薦のことば

らの解説や，他では見られない質問に対する回答も多く，オリジナリティを感じます。

　税理士の皆さんはこの書籍を手に取っていただき，事業承継の考え方を理解するとともに，ご自身の知識に欠けているものを補っていただきたいと思いました。ここに，本書を推薦させていただきます。

　令和元年9月吉日

　　　　　　　　　　　　　　　　　日本税理士会連合会長・税理士　神津　信一

はしがき

　ダーウィンの種の起源に従えば，廃業や倒産をする企業は経済や社会に不適合であり，社会に必要とされていないなどそれ相応の理由があるからこそ廃業や倒産をするのであって，かかる廃業や倒産は進化論的には意味のあるものになろう。その見方はある意味で正しいのであろうが，他面からみると大いに誤っているのではないかと筆者は思う。

　なるほど，企業を，動物などの生命体にたとえると，上記のダーウィンの進化論的な議論には説得力があるのであろう。しかしながら，企業をそのような単体としての生命体と位置付けることには若干の違和感も覚えるところである。なぜなら，企業は単体で活動しているのではなく，企業それ自体の中にも，従業員などの個別の生命体が存在しており，また，株主などの出資者，取引先や金融機関，同業者，組合など様々なネットワークの中で活動をしているのである。すなわち，ある企業が，ダーウィンの進化論的に「社会的に不要」とされた結果として廃業や倒産した場合，そこで活動している従業員の雇用や生活を危うくするものでもあるし，あるいは，取引先や金融機関の連鎖的倒産のリスクもある。社会や経済に期待されている進取の企業が，他の取引先の廃業や倒産によって多大な損失を被って連鎖的に廃業や倒産をしてしまうとすれば，社会や経済にとっての打撃は計り知れない。このように企業は経済活動内におけるネットワーク内に組み込まれ，相互連関の中で活動をしているのである。もっとも，そのような見地からのみみて新陳代謝が進まないことを是とするものではないが，意図しない事業の停止の影響が計り知れないものであることは改めて強調する必要もないであろう（もっとも，ある企業の廃業や倒産を防ぐことが，従業員の雇用を守ること，あるいは取引先の連鎖的倒産リスクを防ぐことといった社会的要請に応えるものであるとした場合には，かかる企業はいまだ「社会的に不要」とされていないともいい得るのであって，このような意味では，ダーウィンの進化論的思考はあながち的外れでもないのかもしれない。）。

　企業はゴーイングコンサーンを前提とはしていても，事業の継続には相応の

努力が必要であり，政策的にこれをバックアップする必要がある場面もあるのである。その点で期待をされているのが，いわゆる事業承継税制であるといってもよかろう。

事業の継続性のために税制にどの程度の寄与が期待されているのか判然とはしないが，事業の承継の場面に立ちはだかる問題点の1つに相続税などの租税負担が挙げられることが多いのも事実である。もっとも，税制がどの程度事業承継に寄与できるかについては，制限的な効果にとどまるとは思われるものの，そうであっても，事業承継時の税制対応へのニーズは比較的大きいように見受けられる。

そこで，アコード租税総合研究所では，エヌエヌ生命保険株式会社のご協力を得て，事業承継税制検討委員会〔座長：小職〕を立ち上げ，2年間の研究期間を設けて，事業承継に係る税制上の諸問題を議論した。

本書は，かかる事業承継税制検討委員会において議論された内容の一部を書籍化したものであるが，ここでは，事業承継を念頭に置いた実務において特に注意すべき論点を取り上げ，事業承継に関心を有する研究者，実務家を読者として想定している。

第1章・第2章においては，事業承継そのものや，それを巡る税制に関する概要を論じ，第3章において，個別論点として，事業承継税制検討委員会において特に議論の対象となった様々な事業承継のための税務上の論点を紹介している。想定読者である実務家に読みやすいように，Q&A方式を採用し，できるだけ簡潔に解説を加えるように工夫をしている。第4章は，理論編として，事業承継税制の本質や，特に株式評価の局面において通達に基づく解釈論が展開される傾向がある中にあって，素材となる個別の論点を取り上げ，解釈論のあるべき姿などを提示している。そして，第5章では，事業承継税制に関連する重要裁判例を参考資料として紹介している。

本書は，企画の段階から財経詳報社の宮本社長に大変お世話になった。原稿の完成が遅れたことで多大なるご迷惑もおかけした。あらためてこの場を借りてお礼とお詫びを申し上げたい。アコード租税総合研究所の事務局には，事業承継税制検討委員会の開催から，書籍の校正作業などに力を注いでいただいた。

事務局長の佐藤総一郎氏，主任研究員の臼倉真純氏，事務方として支えてくれた井上理沙さんには御礼を申し上げたい。また，この度も，書籍の表紙デザインに力を貸してくれた秘書の手代木しのぶさんにも重ねて御礼申し上げたい。

　事業承継を巡る税務上の論点を取り上げた書籍として，本書が読者の研究，実務に意義のあるものであることを祈りたい。

　令和元年９月

酒井　克彦

事業承継税制検討委員会名簿

・座　長：酒井　克彦　　中央大学商学部教授・アコード租税総合研究所所長
・研究員：菅原　英雄　　税理士・アコード租税総合研究所研究顧問
　　　　　松岡　章夫　　税理士・アコード租税総合研究所研究顧問
　　　　　高木　英樹　　税理士・アコード租税総合研究所会員
　　　　　山岡　美樹　　税理士・アコード租税総合研究所研究顧問
　　　　　臼倉　真純　　アコード租税総合研究所主任研究員
　　　　　荒井　孝之　　エヌエヌ生命保険株式会社
　　　　　高橋　朋　　　エヌエヌ生命保険株式会社
　　　　　二階堂　純平　エヌエヌ生命保険株式会社
　　　　　林　佳寿子　　エヌエヌ生命保険株式会社
　　　　　福山　明　　　エヌエヌ生命保険株式会社
　　　　　村井　志郎　　エヌエヌ生命保険株式会社
　　　　　渡邊　秀幸　　エヌエヌ生命保険株式会社

事業承継税制検討委員会活動実績

・第 1 回：平成29年 4 月24日（月）14時
・第 2 回：平成29年 5 月 8 日（水）14時
・第 3 回：平成29年 6 月26日（月）14時
・第 4 回：平成29年 7 月20日（月）14時
・第 5 回：平成29年 9 月25日（月）10時
・第 6 回：平成29年11月 9 日（木）17時
・第 7 回：平成29年12月25日（月）15時
・第 8 回：平成30年 1 月30日（火）16時
・第 9 回：平成30年 4 月17日（火）12時
・第10回：平成30年 5 月24日（木）15時

事業承継税制検討委員会活動実績　　vii

・第11回：平成30年 7 月 3 日（火）10時
・第12回：平成30年 7 月24日（火）10時
・第13回：平成30年 9 月25日（火）17時30分
・第14回：平成30年10月29日（月）14時
・第15回：平成30年11月29日（月）14時
・第16回：平成30年12月10日（月）14時
・第17回：平成31年 1 月10日（木）14時

目　次

推薦のことば　　i

はしがき　　iii

事業承継税制検討委員会名簿　　vi

事業承継税制検討委員会活動実績　　vi

序　章

1 事業承継税制の必要性………………………………………………2

（1）　はじめに　　2

（2）　格差社会における税制のあり方　　2

（3）　事業承継の重要性　　5

（4）　事業承継税制は不公平税制か　　7

（5）　雇用の確保が事業承継税制の目的か　　8

2 中小企業の事業承継と租税専門家への期待………………………12

（1）　事業承継の手助けへの期待　　12

（2）　事業承継の支援システム　　15

　　　　¶レベルアップ！　円滑な事業承継へのアドバイス　　15

　ア　事業承継計画策定の重要性　　17

　イ　事業承継計画策定の前　　18

　ウ　事業承継計画の策定　　18

（3）　小　括　　19

目　次　ix

第1章　事業承継と生命保険制度

3 中小企業の現状‥‥‥‥‥‥‥‥‥‥‥‥‥‥‥‥‥‥‥‥‥‥‥‥‥ 22
　(1)　経営者年齢の上昇　22
　(2)　後継者の決定状況　22

4 中小企業の事業承継‥‥‥‥‥‥‥‥‥‥‥‥‥‥‥‥‥‥‥‥‥ 24
　(1)　事業承継の形態　24
　　ア　親族内承継　24
　　イ　役員・従業員承継（親族外承継）　24
　　ウ　社外への引継ぎ（M&A 等）　25
　(2)　事業承継の意義　25
　　ア　経営権について　26
　　イ　所有権について　27

5 近年の動向‥‥‥‥‥‥‥‥‥‥‥‥‥‥‥‥‥‥‥‥‥‥‥‥‥‥ 29
　(1)　政府の認識　29
　(2)　M&A マーケットの活性化　29
　(3)　経営者保証のガイドライン　30
　(4)　事業承継5ヶ年計画　31
　(5)　事業承継税制の特例措置　32
　(6)　民法（相続法）の改正　33
　(7)　平成31年度税制改正　33

6 事業承継対策としての生命保険の活用‥‥‥‥‥‥‥‥‥‥ 35
　(1)　はじめに　35
　(2)　事業承継における生命保険の利用方法　35
　　ア　借入金返済資金　36
　　イ　運転資金　36

ウ　自社株対策資金　36

エ　相続対策資金　37

オ　小　括　37

(3)　事業承継税制と生命保険の併用　38

ア　事業承継税制の改正　38

イ　新事業承継税制と生命保険の併用　39

(4)　小　括　41

第2章　事業承継に係る税務の取扱い（基本編）

7　事業承継税制 ·· 44

(1)　はじめに　44

(2)　贈与税及び相続税の納税猶予の特例　45

ア　事業承継税制に係る平成30年度税制改正の新旧対比　45

イ　新事業承継税制の特徴　46

(3)　非上場株式等に係る贈与税の納税猶予の特例制度　48

ア　制度概要　48

イ　特例経営承継受贈者（事業を継ぐ側）　49

ウ　特例贈与者（事業を継がせる側）　50

エ　小　括　50

オ　適用対象会社　51

カ　資産保有型会社と資産運用型会社　54

キ　小　括　55

ク　贈与者が死亡した場合　56

ケ　猶予期限の確定　57

コ　同族会社等の行為又は計算の否認規定の準用　58

(4)　非上場株式等に係る相続税の納税猶予の特例制度　59

ア　制度概要　59

イ　特例経営承継相続人等　59

(5)　個人版事業承継税制　60

目　次　xi

　　ア　概　要　60

　　イ　個人事業者の事業用資産に係る相続税の納税猶予制度の創設　60

　　ウ　個人事業者の事業用資産に係る贈与税の納税猶予制度の創設　61

8　株式評価 ……………………………………………………………… 62

　(1)　はじめに　62

　(2)　株主の属性と取引相場のない株式の評価方法　62

　(3)　原則的評価方式による評価　64

　　ア　会社規模の判定　64

　　イ　特定の評価会社の判定　65

　　ウ　会社規模区分ごとの評価方法　65

　　エ　類似業種比準価額　66

　　オ　純資産価額　66

　(4)　特例的評価方式による評価　67

第3章　事業承継に係る税務の取扱い(実務編)

9　株式譲渡・組織再編等と事業承継 …………………………………… 70

基礎 Q1　社長が従業員持株会に株式の譲渡をした場合　70

　(1)　論　点　70

　(2)　解　説　70

　　ア　任意組合と人格のない社団等　70

　　イ　民法667条で規定する任意組合である場合　71

　　ウ　人格のない社団等である場合　72

　(3)　まとめ　72

基礎 Q2　従業員持株会に株式を譲渡する場合の株式の価額　73

　(1)　論　点　73

　(2)　解　説　73

　　ア　株式を譲渡した場合の「その時における価額」(所基通59-6)について　73

　　イ　株式を取得した場合の「その時における価額」について　74

(3) まとめ　74

基礎 Q3　従業員持株会を利用した社長財産の圧縮　76

(1) 論　点　76

(2) 解　説　76

　ア　社長が財産評価基本通達188⑵に定める「中心的な同族株主」に該当するとき　76

　イ　社長が財産評価基本通達188の同族株主以外の株主等に該当する場合　77

　ウ　社長が上記ア，イ以外に該当する場合　77

(3) まとめ　77

基礎 Q4　株式交換や株式移転による持株会社の設立　78

(1) 論　点　78

(2) 解　説　78

　ア　会社法上の取扱い　78

　イ　法人税法上の取扱い　78

　ウ　所得税法上の取扱い　79

(3) まとめ　79

基礎 Q5　自社株評価額の上昇の抑制　80

(1) 論　点　80

(2) 解　説　80

　ア　取引相場のない株式の評価方法　80

　イ　平成29年の通達改正　80

　ウ　自社株評価額の対策　81

(3) まとめ　82

基礎 Q6　持株会社の活用による株価上昇の抑制　84

(1) 論　点　84

(2) 解　説　84

　ア　開業後３年未満の会社の株式　84

　イ　株式等保有特定会社の株式　84

(3) まとめ　85

基礎 Q7　MBO による事業承継　86

(1) 論　点　86

目　次　xiii

　(2)　解　説　86

　　ア　MBO とは　86

　　イ　MBO の手法　88

　　ウ　MBO の成功のポイント　90

基礎 Q8　MBO による株式の買取価額について　92

　(1)　論　点　92

　(2)　解　説　92

　　ア　別会社が対象会社株式を購入する場合の評価額　92

　　　　¶ レベルアップ！　社長の株式譲渡に係る譲渡所得課税について　94

基礎 Q9　合併による株価引下げ策　96

　(1)　論　点　97

　(2)　解　説　98

　　ア　法令の規定　98

　　イ　税務当局の取扱い　98

　　ウ　財産評価基本通達ではない書籍によるべきか否か　98

　(3)　まとめ　100

基礎 Q10　株価の低減を目的とした事業分割　101

　(1)　論　点　101

　(2)　解　説　101

　　ア　純資産価額方式におけるいわゆる「37％控除」　101

　　イ　類似業種比準方式における効果　102

　　ウ　分割の手法　102

　　エ　分割に当たっての留意事項　103

　(3)　まとめ　103

基礎 Q11　高収益事業の譲渡による事業承継　104

　(1)　論　点　104

　(2)　解　説　104

　　ア　当社の課税関係　104

　　イ　新設会社の処理　105

　(3)　まとめ　105

基礎 Q12　スクイーズアウト　106

xiv

(1) 論　点　106

(2) 解　説　106

(3) まとめ　108

基礎 Q13　スピンオフ　109

(1) 論　点　109

(2) 解　説　109

(3) まとめ　111

応用 Q14　後継者出資の資産管理会社に収益物件を譲渡する際の譲渡価格　112

(1) 論　点　112

　ア　A　説　112

　イ　B　説　113

(2) 解　説　113

　ア　完全支配関係にある法人に対する資産譲渡に係る法人税法上の取扱い

113

　イ　譲渡損益調整資産と非上場株式の評価　114

　ウ　譲渡損益調整資産の低廉譲渡　114

　エ　同族会社間の不動産取引における時価　115

(3) まとめ　118

🔟 相続と事業承継 ……………………………………………… 119

基礎 Q15　相続で取得した株式をその株式を発行した会社に譲渡した場合
119

(1) 論　点　119

(2) 解　説　119

　ア　株式をその株式の発行会社に譲渡した場合　119

　イ　相続税の申告期限の翌日から3年を経過する日までに譲渡した場合　119

　ウ　相続財産に係る譲渡所得の課税の特例　120

(3) まとめ　120

基礎 Q16　相続で取得した株式と相続以外の原因により取得した株式を所
有している場合のみなし配当の特例　121

(1) 論　点　121

目　次　xv

　(2)　解　説　121

　　　ア　同一銘柄の株式を譲渡した場合の取得費加算の特例の取扱い　121

　　　イ　同一銘柄の株式を譲渡した場合のみなし配当の特例の取扱い　122

　　　ウ　平成24年4月17日付け文書回答　122

　(3)　まとめ　122

基礎 Q17　遺産分割を代償分割の方法によった場合の相続税の課税価格　123

　(1)　論　点　123

　(2)　解　説　123

　　　ア　代償分割とは　123

　　　イ　代償分割が行われた場合の相続税の課税価格の計算　123

　　　ウ　代償財産の価額　124

　(3)　まとめ　124

**基礎 Q18　相続により取得した株式とそれ以外の株式がある場合の取得価
　　　　　額の計算　125**

　(1)　論　点　125

　(2)　解　説　125

　　　ア　相続により取得した株式の取得価額　125

　　　イ　譲渡所得の基因となる有価証券の取得費の計算　125

　　　ウ　相続により取得した株式から譲渡したものとして取得価額も計算するの
　　　　かについて　126

　(3)　まとめ　126

応用 Q19　民法（相続関係）改正後の相続・事業承継対策　127

　(1)　論　点　127

　(2)　解　説　127

　　　ア　民法（相続関係）の改正　127

　　　イ　施行時期　130

　　　ウ　相続・事業承継対策への影響　130

　(3)　まとめ　133

11　生命保険を活用した事業承継‥‥‥‥‥‥‥‥‥‥‥‥‥‥‥‥‥‥‥‥‥134

基礎 Q20　会社受取り死亡保険金の非上場株式の評価への影響　134

(1) 論 点 134

(2) 解 説 134

  ア 死亡保険金の受取りと取引相場のない株式の評価 134

  イ 純資産価額方式 135

  ウ 類似業種比準方式 135

(3) まとめ 135

  ア 大会社 135

  イ 中会社 135

  ウ 小会社 135

基礎 Q21 役員退職金の原資としての生命保険の活用 136

(1) 論 点 136

(2) 解 説 136

  ア 中小企業の役員退職金の現状 136

  イ 生命保険による役員退職金の準備 138

  ウ 税制改正 139

(3) まとめ 140

基礎 Q22 特定会社にならないための生命保険の活用 141

(1) 論 点 141

(2) 解 説 141

  ア 株式等保有特定会社とは 141

  イ 想定される対応手段 142

  ウ 生命保険の利用 142

(3) まとめ 143

基礎 Q23 後継者の運転資金と生命保険 144

(1) 論 点 144

(2) 解 説 144

  ア 運転資金とは 144

  イ 運転資金の重要性 144

  ウ 生命保険の活用 145

  エ 年金として支払われる保険金の税務 146

(3) まとめ 146

目　次　xvii

基礎 Q24　相続税の納税資金の確保等のための生命保険の活用　147

(1)　論　点　147

(2)　解　説　147

　　ア　課税割合　147

　　イ　資産の内訳　148

　　ウ　生命保険の活用　148

　　エ　代償財産を準備するための生命保険の活用　150

(3)　まとめ　150

基礎 Q25　代償分割と生命保険の活用　152

(1)　論　点　152

(2)　解　説　152

　　ア　考え方1　152

　　イ　考え方2　154

　　ウ　生命保険の契約形態について　154

(3)　まとめ　155

応用 Q26　保険金受取りによる分配可能額及び株式評価額への影響　156

(1)　論　点　156

　　ア　A　説　157

　　イ　B　説　157

(2)　解　説　158

　　ア　剰余金の分配可能額の変化　158

　　イ　自社株の評価の変化　159

　　ウ　自社株の評価について　160

(3)　まとめ　160

　　ア　分配可能額への影響を踏まえた場合　161

　　イ　自社株の評価額の変化を踏まえた場合　161

　　ウ　結　論　161

　　　　¶ レベルアップ！　みなし配当課税と取得費加算の特例　162

　　ア　みなし配当課税の特例　162

　　イ　取得費加算の特例　162

応用 Q27　生命保険契約の契約者変更に伴う課税関係　163

(1) 論　点　163

　ア　A　説　164

　イ　B　説　164

　ウ　C　説　165

(2) 解　説　165

　ア　A　説　165

　イ　B　説　167

　ウ　C　説　169

(3) まとめ　171

　　　　¶ レベルアップ！　C説の根拠　172

　ア　国税庁質疑応答事例にみる保険契約の課税上の財産的意義　172

　イ　契約自由の原則の観点からの保険契約の財産的価値の移転の可否　174

　ウ　保険契約の財産的価値の移転の事例　174

　エ　租税法上の保険契約の財産的価値移転の可否についての3つの立場

　　　　　　　　　　　　　　　　　　　　　　　　　　　　　　　　175

　オ　「保険料の負担者」は変わり得るか　176

　カ　「保険契約者」の移転と「保険料の負担者」の移転は区別すべき　178

　キ　まとめ　180

12 最近の税制改正等 ……………………………………182

基礎 Q28　個人版事業承継税制の概要　182

(1) 論　点　182

(2) 解　説　182

　ア　贈与税の納税猶予の特例　182

　イ　適用要件　182

　ウ　相続税の納税猶予の特例　183

　エ　小規模宅地等についての相続税の課税価格の計算の特例　183

(3) まとめ　184

基礎 Q29　個人版事業承継税制による納税猶予とその打切り　185

(1) 論　点　185

(2) 解　説　185

ア　猶予税額の全額免除　185

　　　イ　猶予税額の一部免除　185

　　　ウ　納税猶予の打切り　185

　(3)　まとめ　186

基礎 Q30　保険料の取扱いに係る通達改正の必要性　187

　(1)　論　点　187

　(2)　解　説　187

　　　ア　通達の取扱いを所与とした保険商品　187

　　　イ　国税庁の対応　189

　　　ウ　金融庁・国税庁の態度　192

基礎 Q31　定期保険等に関する通達の見直しの概要　194

　(1)　論　点　194

　(2)　解　説　194

　(3)　まとめ　197

基礎 Q32　相当多額の前払部分の保険料が含まれる場合の取扱い　198

　(1)　論　点　198

　(2)　解　説　198

　(3)　まとめ　201

基礎 Q33　資産計上の必要性と取扱い　202

　(1)　論　点　202

　(2)　解　説　202

　　　ア　具体例1　202

　　　イ　具体例2　202

　　　ウ　最高解約返戻率による取扱いの相違　203

　　　エ　最高解約返戻率に基づいて資産計上する理由　203

　(3)　まとめ　204

基礎 Q34　30万円基準　205

　(1)　論　点　205

　(2)　解　説　205

　(3)　まとめ　207

基礎 Q35　保険通達を巡るその他の論点　208

(1) 論 点 208

(2) 解 説 208

　ア　適用時期 208

　イ　端数処理 209

　ウ　計算上の保険期間 209

　エ　変額保険等の取扱い 209

(3) まとめ 209

第4章 事業承継に係る税務の取扱い（理論編）

13 取引相場のない株式の評価
―所得税法59条1項2号の低額譲渡該当性―・・・・・・・・・・・・・・・212

(1) はじめに 212

(2) 所得税法59条1項と財産評価基本通達 212

　ア　所得税法59条 212

　イ　評価通達の取扱い 214

(3) 所得税法59条1項にいう「その時における価額」 216

　ア　用語法からみた「その時における価額」と「時価」 216

　イ　譲渡所得課税の規定としての所得税法59条1項 217

　ウ　増加益清算課税説とキャピタルゲイン課税 218

(4) 近時の注目すべき事例 222

　ア　事案の概要 222

　イ　争点―本件株式譲渡が所得税法59条1項2号の低額譲渡に当たるか― 224

　ウ　判決の要旨 225

　エ　検 討 228

(5) 相続税・法人税との径庭 230

　ア　相続税との関係 230

　イ　法人税との関係 231

(6) 財産評価基本通達の射程範囲 233

(7) まとめ 235

目　次　xxi

14 個人から法人への保険契約に係る契約者変更と所得区分………239

(1)　はじめに　239

(2)　一時所得該当性　239

　ア　問題の所在　239

　イ　契約者変更時の権利の評価　240

　ウ　一時所得該当性の検討　242

(3)　掛捨て保険の場合　244

　ア　問題の所在　244

　イ　給与所得該当性の議論　244

　ウ　譲渡所得　245

　エ　雑所得の金額の計算　247

(4)　養老保険の場合　248

　ア　問題の所在　248

　イ　増加益清算課税説　248

　ウ　二重利得法　249

(5)　まとめ　255

第5章　重要裁判例

15 著しく低い価額の判断基準……………………………………260

(1)　事案の概要　260

(2)　争　点　260

(3)　判決の要旨　260

　ア　横浜地裁昭和57年7月28日判決　260

　イ　東京高裁昭和58年4月19日判決　261

(4)　解　説　261

16 従業員からの自社株買取りとみなし贈与……………………263

(1)　事案の概要　263

(2)　争　点　263

xxii

　(3)　判決の要旨　263

　(4)　解　説　264

17　武富士事件 ……………………………………………266

　(1)　事案の概要　266

　(2)　争　点　266

　(3)　判決の要旨　266

　　ア　東京地裁平成19年 5 月23日判決　266

　　イ　東京高裁平成20年 1 月23日判決　267

　　ウ　最高裁平成23年 2 月18日第二小法廷判決　268

　(4)　解　説　270

18　公正証書と贈与意思 ……………………………………272

　(1)　事案の概要　272

　(2)　争　点　273

　(3)　判決の要旨　273

　　ア　名古屋地裁平成10年 9 月11日判決　273

　　イ　名古屋高裁平成10年12月25日判決　274

　　ウ　最高裁平成11年 6 月24日第一小法廷決定　274

　(4)　解　説　274

19　同族会社等の行為計算の否認(1)
──同族会社に対する債権放棄── …………………………276

　(1)　事案の概要　276

　(2)　争　点　276

　(3)　判決の要旨　277

　　ア　浦和地裁昭和56年 2 月25日判決　277

　　イ　東京高裁昭和58年 8 月16日判決　278

　　ウ　最高裁昭和62年 5 月28日第一小法廷判決　278

　　エ　差戻控訴審東京高裁昭和62年 9 月28日判決　278

　　オ　差戻上告審最高裁平成 2 年 7 月13日第二小法廷判決　278

目　次　xxiii

⑷　解　説　278

20　同族会社等の行為計算の否認⑵
─同族会社に対する地上権設定⑴────────────────280
⑴　事案の概要　280

⑵　争　点　280

⑶　判決の要旨　280

　　ア　大阪地裁平成12年 5 月12日判決　　280

　　イ　大阪高裁平成14年 6 月13日判決　　282

　　ウ　最高裁平成15年 4 月 8 日第三小法廷決定　　282

⑷　解　説　282

21　同族会社等の行為計算の否認⑶
─同族会社に対する地上権設定⑵────────────────284
⑴　事案の概要　284

⑵　争　点　285

⑶　判決の要旨　285

　　ア　大阪地裁平成15年 7 月30日判決　　285

　　イ　大阪高裁平成16年 7 月28日判決　　287

⑷　解　説　287

22　同族会社等の行為計算の否認⑷
─同族会社にとって利益となる売買契約─────────────290
⑴　事案の概要　290

⑵　争　点　291

⑶　判決の要旨　291

　　ア　大阪地裁平成18年10月25日判決　　291

　　イ　大阪高裁平成19年 4 月17日判決　　292

　　ウ　最高裁平成20年10月16日第一小法廷決定　　293

⑷　解　説　293

xxiv

あとがき　294

事項索引　296

判例・裁決索引　298

著者紹介　300

凡　例

　本書では，本文中は原則として正式名称を用い，主に（　）内において下記の略語を使用している。

　また，読者の便宜を考慮し，判決・条文や文献の引用において，漢数字等を算用数字に変え，必要に応じて3桁ごとにカンマ（,）を入れるとともに，「つ」等の促音は「っ」等と小書きしている。

　なお，引用文献や判決文等の下線ないし傍点は，特に断りのない限り，筆者が付したものである。

〔法令・通達等〕

憲　　……日本国憲法
民　　……民法
会　社……会社法
所　　法……所得税法
所　　令……所得税法施行令
法　　法……法人税法
法　　令……法人税法施行令
相　　法……相続税法
相　　令……相続税法施行令
措　　法……租税特別措置法
措　　令……租税特別措置法施行令
措　　規……租税特別措置法施行規則
保　　険……保険法

円滑化法……中小企業における経営の承継の円滑化に関する法律
円滑化規……中小企業における経営の承継の円滑化に関する法律施行規則
所　基　通……所得税基本通達
法　基　通……法人税基本通達
相　基　通……相続税基本通達
評　基　通……財産評価基本通達
措　　通……租税特別措置法（山林所得・譲渡所得関係）の取扱いについて
Ｆ　Ａ　Ｑ……令和元年7月8日付け「定期保険及び第三分野保険に係る保険料の取扱いに関するFAQ」

〔判例集・雑誌〕

民　　集……最高裁判所民事判例集
集　　民……最高裁判所裁判集民事
行　　集……行政事件裁判例集
訟　　月……訟務月報
税　　資……税務訴訟資料

判　　時……判例時報
判　　タ……判例タイムズ
シュト……シュトイエル
ジュリ……ジュリスト
税　　弘……税務弘報

xxvi　凡　例

税　　通……税経通信	ひ ろ ば……法律のひろば
税大論叢……税務大学校論叢	法　　協……法学協会雑誌
税　　法……税法学	法　　セ……法学セミナー
曹　　時……法曹時報	民　　商……民商法雑誌
判　　評……判例評論	論　　叢……法学論叢

〔文　献〕

金子・租税法……金子宏『租税法〔第23版〕』（弘文堂2019）

清永・税法……清永『税法〔新装版〕』（ミネルヴァ書房2013）

水野・大系……水野忠恒『大系租税法〔第2版〕』（中央経済社2018）

酒井・課税要件……酒井克彦『クローズアップ課税要件事実論〔第4版改訂増補版〕』（財経詳報社2017）

酒井・スタートアップ……酒井克彦『スタートアップ租税法〔第3版〕』（財経詳報社2015）

酒井・チェックポイント〔所得税〕……酒井克彦『通達のチェックポイント―所得税裁判事例精選20―』（第一法規2018）

酒井・チェックポイント〔法人税〕……酒井克彦『通達のチェックポイント―法人税裁判事例精選20―』（第一法規2017）

酒井・ブラッシュアップ……酒井克彦『ブラッシュアップ租税法』（財経詳報社2011）

酒井・保険税務……酒井克彦『クローズアップ保険税務』（財経詳報社2017）

酒井・レクチャー……酒井克彦『レクチャー租税法解釈入門』（弘文堂2015）

酒井・論点研究……酒井克彦『所得税法の論点研究』（財経詳報社2011）

序　章

2　序章

1　事業承継税制の必要性

(1)　はじめに

　昭和53年から同55年頃にかけて，相続税制が中小企業の事業承継を阻害しているという問題が取り上げられ，事業承継税制の導入の必要性が議論された。当時は，戦後の復興期を終えて経済が発展し，高度成長期に入って地価が上昇する一方，相続税課税においては，特に小会社の取引相場のない株式の評価について，企業の清算価値・資産の処分価値しか念頭にない純資産価額方式が強制されていたことから，相続税負担の増大に繋がり，納税のために事業用財産の一部を処分せざるを得ない事態や，廃業を余儀なくされる事態が生じていた。そこで，昭和55年から政府，与党及び国会等において長期間にわたる議論がされた末，昭和58年に税制改正が行われ，同年4月8日付けの相続税財産評価基本通達の一部改正（昭和58年改正）により，事業承継税制の導入が実現した。すなわち，それまで純資産価額方式だけで評価されていた小会社の株式についても，併用方式による評価が認められることとなり，また，類似業種比準方式も合理的な方法に改善された。取引相場のない株式については，その後もこの事業承継税制を導入した昭和58年改正の内容を基礎とし，この理念を発展する方向で通達の改正が行われ，今日に至っている[1]。

　かように考えると，事業承継税制の歴史は長い。

　もっとも，近時の事業承継税制の拡充をみると，当時の事業承継税制と同じものとして現下のそれを位置付けることができるか否かについては議論のあるところではないかと思われる。

　ここでは，格差社会における事業承継税制の必要性を考えることとしたい。

(2)　格差社会における税制のあり方

　二度の世界大戦前後縮小に向かっていた様々な格差が，近年，拡大を示す中において[2]，所得の再分配機能の見直しが喫緊の課題であることは否定できない。

　税制改正によって，その所得格差，資産格差の是正に取り組もうとすると，

単純に高所得者層の租税負担を増加させるという手法が考えられるが，検討すべきはそのような視角だけではない。この点，平成27年6月30日付け閣議決定「経済財政運営と改革の基本方針（骨太方針）2015」では，資産課税について，格差社会に応じるために，相続時精算課税制度等の施策を見直すべき旨が述べられている。

　格差問題には様々なものがあるが，格差の固定化が最も大きな問題ではなかろうか。格差の固定化は，仕事の選択や世帯の形成と大きな因果関係があると思われる。夫婦共に高収入を得ている実力のあるカップルたるいわゆる「パワーカップル」は，自分たちの子どもに，早い段階から高度な教育を受けさせることができる（橘木俊詔＝迫田さやか『夫婦格差社会』83頁（中央新書2013））。これに対して，低所得者は生活をするのにぎりぎりの収入しか獲得できない上に，リストラや病気による離職のリスクを抱え，かかるリスクを賄うような保険や蓄財というセーフテイ・ネットも用意できない。そのような人が同レベルの所得水準の人と結婚すると，更に大きなリスクを抱えることとなるため，彼らはいわば「ウィークカップル」となる（橘木＝迫田・前掲書100頁）。ウィークカップルの夫婦は，子育ての場面において高い教育費を支出することができない。このようにして，強者は更なる強者を作り出し，弱者は更なる弱者を作り出すという二極化，すなわち格差の固定化（格差の遺伝）を生み出すことになる。

　　世帯の生活水準の豊かさは，既に夫の収入だけでは決まらず，家族形態，特に，夫婦の働くパターンによって決まる（山田昌弘『希望格差社会』63頁（筑摩書房2004））。世帯の生活水準の豊かさは，夫の収入だけでは決まらずに，家族形態，特に夫婦の働くパターンによって決まるようになっていることを意味する（盛山和夫教授や大竹文雄教授の分析によると，世帯収入の格差の拡大は，「夫婦共働き」世帯が増えてきて，「夫片働き」世帯との格差がはっきりしてきたことにあるという（「中央公論」編集部『論争・中流崩壊』（中公新書ラクレ2001），山田・前掲書63頁）。男性からみれば，「妻の利用可能性」（山田・前掲書63頁）が生活水準を左右することになる。しかしながら，配偶者選択を巡る自由競争が拡大していることからすれば，自分が結婚したいと思っている相手から選ばれるとは限らないという不安定性もある（山田昌弘『結婚の社会学―未婚化・晩婚化はつづくのか』（丸善ライブラリー1996），同『パラサイト・シングルの時代』（筑摩書房1999），山田・前掲書137頁）。

　　仕事能力のある人同士の結婚により，パワーカップルたる「強者連合」（山田・前掲書148頁）が出来上がる。フリーター同士の結婚は，「連合」ではなくお互いがお互いにとっての「リスク」となる。強者（職業世界での）が強者を選び（夫婦の場合），強者が強者を作り出す（親子の場合），その対極に，弱者が弱者を選ぶ以外になく，弱者は弱者しか作り出せないという事態が生じている（山田・前掲『希望格差社会』66頁）。

4　序章

　次世代においては，出生の段階で既に格差の洗礼を受けることになるが，機会の均等をこの段階で確保するのは難しいであろう。このような現象は既に周知のところである。

　資産課税，すなわち相続税・贈与税はこのような状況にどのように対応してきたのであろうか。見解の相違はあると思われるが，近時の相続税法改正として注目されている子ども・子育て支援のための結婚・子育て資金の一括贈与に係る非課税制度などをみると，むしろ格差の遺伝を防止するどころか，その格差を助長するのではないか，と思われる側面を有している。親の財産を子どもの教育に充てるため贈与非課税枠を拡大することは，機会の均等を求める議論からは距離を置いたものといえはしまいか。もっとも，これらの制度は，「資産移転の時期の選択に対する中立性を確保する」ことを目的とし，他方で，タンス預金として滞留している金融資産を市場に還流させる目的もあり，デフレ脱却を模索する日本経済にとって有益な制度であるといえよう。また，少子化対策として若い世代の子育て費用を支援する税制は，極めて重要な施策であることは多言を要しない。

　しかしながら，政策のバッティングにも十分な配慮が必要である。すなわち，租税政策のプライオリティを格差の固定化の排除に置くのであれば，例えば，前述の結婚・子育て資金の一括贈与に係る非課税制度は，家族内に限って適用が認められるものであるため格差の固定化につながりかねず，一定の見直しが求められるべきことになろう。

　これに対し，少子化対策・経済活性化に租税政策のプライオリティを置くのであれば，当分の間，この制度は堅持されるべきことになろう。この前提には，格差の是正は経済を牽引した後に行うべきものであるという交通整理があるとみることができるが，この辺りの再検討の必要性を痛感するところである。

　前述のように，格差の固定化の問題は既に多く論じられているところ，資産税制改革はかかる格差に対して有効な手当てを行ってきたであろうか。むしろ，近時，富裕層が持てる資産を課税の洗礼を受けることなく，次世代に引き継ぐための様々な税制優遇ルートが創設されているようにも思えるところである。

　そのような中にあって，近時拡充が進んできている事業承継税制はどのように捉えられるべきであろうか。格差の固定化につながりかねない問題を包摂したものなのであろうか。

(3) 事業承継の重要性

　最近の税制改正では，いわゆる事業承継税制が注目を集めている。簡単にいえば，事業承継税制とは，企業の事業承継を行う際に後継者に生じる相続税・贈与税の負担を軽減させ，もってこれを円滑に行わせるような仕組みが施されている税制である。その内容については，本書を通じて様々な角度から検討を加えているが，その序章として，事業承継を巡る税制を政策的に取り上げる必要性について簡単に確認しておきたい。

　それは，ごくごく簡単にいえば，中小企業の保護が我が国の経済に与えるインパクトの大きさゆえのものであるとみることができる。

　中小企業庁が発表している「事業承継ガイドライン」（以下「ガイドライン」という。）は，「中小企業が我が国経済・社会の基盤を支える存在であることは，改めて指摘するまでもない。中小企業は我が国企業数の約99％（小規模事業者は約85％），従業員数の約70％（小規模事業者は約24％）を占めており，地域経済・社会を支える存在として，また雇用の受け皿として極めて重要な役割を担っている（図表1，2）。」と指摘している。

図表1　企業数の内訳

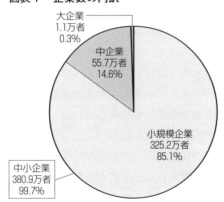

（出所）中小企業庁「事業承継ガイドライン」（平成28年12月）より

図表2　従業員数の内訳

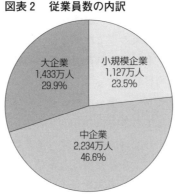

（出所）中小企業庁「事業承継ガイドライン」（平成28年12月）より

　また，中小企業庁「中小企業白書〔2016年版〕」は，中小企業の現状を次のようにまとめている。

　すなわち，「2016年度の我が国経済は，緩やかな改善傾向が続いており，中小企業・小規模事業者についても，業況，資金繰りは改善し，経常利益は過去最高，倒産件数は26年ぶりの低水準にあるなど，中小企業・小規模事業者を取り巻く状況は改善傾向にある。しかしながら，規模の小さな企業については改善の度合いは小さく，業種別・地域別に見るとばらつきもあり，震災や天候などの外的要因の影響も見られる。加えて，中小企業の設備投資については，リーマン・ショック前の水準には届いておらず，設備の老朽化も進んでおり，海外展開も大企業と比べて進んでいない。企業の経常利益が最高水準にある今，中小企業・小規模事業者が発展を目指すためには，これらの課題に向き合い，設備の老朽化を解消するための設備投資，売上高の伸び悩みを解決するための海外も含めた新規需要の開拓への取組が必要である。また，取引環境についても大企業と中小企業間には依然として差があり，今後，こうした中小企業・小規模事業者の取引条件改善も重要となる。」というのである。

　中小企業の置かれた状況は楽観視できるものではなさそうである。そのような中にあって，中小企業の成長を後押しし，培われてきたノウハウ等を未来に承継することの重要性が叫ばれている。事業承継税制とは中小企業の成長や承継を重視する観点に立った政策税制であるとみることができよう。

　他方，事業承継税制が企業経営者にのみ認められた優遇税制だとすると，今

図表3　経営者の平均年齢と交代率

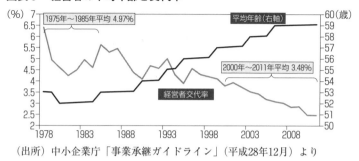

（出所）中小企業庁「事業承継ガイドライン」（平成28年12月）より

日の格差社会を是正するどころか不公平な税制ではないかとの疑問も起こり得る。次に，この辺りのことを考えてみることとする。

(4) 事業承継税制は不公平税制か

　前述の「中小企業白書〔2016年版〕」によれば，我が国経済は，中小企業においても経常利益が過去最高水準を記録するなど景況感は改善傾向にあり，賃金も上昇傾向が続くなど総じてみれば緩やかな回復を実現しているとされている。

　一方で，中小企業の数については，平成11年から平成27年までの15年間に約100万社減少しており，ピークであったリーマン・ショック後も緩やかではあるが中小企業数は減少傾向にある。

　これと同時に，経営者の高齢化も進んでいる。経営者交代率は長期にわたって下落傾向にあり，昭和50年代に平均5％であった経営者交代率は，足下約10年間の平均では3.5％に低下，平成23年には2.46％まで落ち込んでいる。また，これに伴い全国の経営者の平均年齢は59歳9か月と，過去最高水準に到達している（図表3）。

　経営者交代率が長期にわたり下落傾向にあることは，多くの企業において経営者の交代が起こっていないことを示している。その結果として，平成7年頃には47歳前後であった経営者年齢のボリュームゾーンも平成27年には66歳前後になっているというのである。

　中小企業経営者の引退年齢は規模や企業の状況にもよるが，平均では67〜70歳程度であるため，今後5年程度で多くの中小企業が事業承継のタイミングを迎えることが想定される。このような状況を踏まえると，中小企業の活力の維

持・向上のため，事業承継の円滑化に向けた取組みは中小企業経営者や支援機関，国・自治体等，全ての当事者にとって喫緊の課題であるといえよう。つまり，この中小企業問題は，ある特定の企業の問題というよりも「社会全体で取り組む課題」と捉えることが妥当であるということである。

　そうであるからこそ，税制を改正して，企業の事業承継をスムーズに行わせるような施策が必要なのであって，事業承継税制は何ら特定の事業者に対する優遇税制として不公平なものではないと理解することができる。

(5)　雇用の確保が事業承継税制の目的か

　事業承継税制は，中小企業を保護するための政策的税制であるといわれることがある。そのような制度が求められる社会的背景として，我が国における中小企業が企業全体に占める割合が極端に高いことから，かかる中小企業が廃業等に追いやられると，多くの従業員が路頭に迷うことになり，かような事態に陥らないためにも中小企業の維持は社会全体が抱える課題であるという観点が強調されることがある。我が国全体で見た場合の全会社員の7割以上が中小企業に勤務していることを念頭に置くと，そのような指摘には説得力があるように思える。もちろん，中小企業が我が国の経済を支えていることの事実が，例えば，中小企業が保有しているノウハウや匠の技のようなものの文化的伝承という観点でも論じられてきたが，経済へのインパクトという面では，雇用の確保問題は多くの関心を寄せる視点でもあった。

　このようなことからか，事業承継税制においては，雇用確保を一定の要件（以下「雇用確保要件」という。）とする制度設計が施されていた。そこでは，常時使用従業員の数の5年間の平均値が，贈与・相続開始時における従業員数の80％以上であることが要件とされ，80％未満となった場合には，納税猶予が打ち切られ，贈与税・相続税の全額を利子税と併せて納付する必要があった。

　そのような中，事業承継税制の充実が叫ばれ，平成30年度税制改正により，同税制が大幅に拡張され，いくつかの要件が大きく緩和されることとなったのである。すなわち，納税猶予の継続を判断するための要件の1つであった雇用確保要件が事実上撤廃されたのである。

　実際は，雇用確保要件が事実上撤廃されたというのはややいい過ぎかもしれないが，具体的には，同要件は残されていながら，仮に要件充足ができなかっ

た場合であっても救済されるようルール化されたのである。

　すなわち，雇用確保要件を満たさない場合であっても，雇用確保要件を満たすことができない理由を記載した書類を都道府県知事に提出すれば，納税猶予が継続するとされている。この際，認定経営革新等支援機関（☞認定経営革新等支援機関とは→46頁参照）の意見が記載されていることを要件としてはいるものの，これをもって事実上の雇用確保要件の撤廃と捉える向きは多いようである。

　もっとも，雇用確保要件が満たされていない理由が経営状況の悪化である場合又は正当なものと認められない場合は，認定経営革新等支援機関から助言を受けて，その書類に指導内容等を記載しなければならないこととされている。そして，それによって，事業承継税制の納税猶予は継続する。

　雇用確保要件は，事業承継税制の適用対象者だけが税務上優遇を受けることについての正当化理由の1つだったのかもしれないが，慢性的な人手不足に見舞われている今日の我が国において，この要件遵守についての不安から事業承継税制の利用を尻込みさせて円滑な事業承継への障害とすべきではないとして改正されたものといえよう。

　かくして，雇用の確保は既に同制度においては要請されていないということにもなる。そうであるとすると，社会における雇用の確保の目的という社会的意義を帯有していない事業承継税制はやはり不公平税制と位置付けられることになるのではなかろうか。

図表4

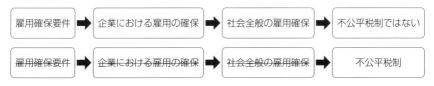

　雇用確保要件の事実上の撤廃が企業における雇用の確保を担保しないことを意味するとすれば，社会全体としては，結果として雇用の確保を実現することができなくなる。このような中でそれでも事業承継を推進しようとすることは，いわば，持てるものと持たざる者という紋切り方の捉え方をするならば，持てる側である中小企業の経営者側（会社側）のための不公平な税制であるという捉え方が妥当するようにも思われる。果たして，このように考えるべきなので

あろうか。格差社会の是正が叫ばれている中にあって，事業承継税制の合理性はどのように説明されるのであろうか。

反面，雇用確保要件を撤廃してでも企業の維持が重要視されたと考えることもできるはずである。すなわち，雇用確保要件が事実上撤廃されたことからすれば，企業における従業員の整理（リストラ）があり得るかもしれない。しかし，他方で整理（リストラ）の断行によって事業が維持されることとなれば，企業は維持されるのであって，経営的視角からはより健全な企業として存続が許されることにもなるわけである。

図表5

> 平成26年10月に経済産業省が発表した「小規模企業振興基本計画」は，「新陳代謝の促進─多様な人材・新たな人材の活用による事業の展開・創出─」として，「小規模企業は，経営者・従業員の高齢化，後継者不足等により，廃業が増加する傾向にある。他方で，女性・若者・シニアなど多様な人材に対して，小規模企業は，様々な価値観に基づく多様な働き方を提供している。また，我が国全体としての雇用拡大にも貢献している。多様な働き方を提供し，自己実現，社会貢献等の生きがいを生み出す小規模企業の起業・創業や第二創業を促進する。また，事業承継により，本来我が国経済社会にとって有用な経営資源の散逸を防ぎ，地域の経済社会の発展に結びつけていく。事業の継続が見込まれない場合には，事業の廃止を円滑化することで，その生活の安定や再チャレンジに向けた環境を整備する。さらに，小規模企業の人材確保・育成を強化し，多様で新たな人材がその能力を発揮できる環境を整備することにより，誰もが小規模企業で働きやすい地域社会の実現を目指す。」としている。

つまり，雇用確保要件を撤廃することによって，従来の会社にいた従業員の雇用が確保されることは担保されないけれども，税制緩和等によって企業自体の倒産が回避され，企業が存続するとすれば，そこに新たな雇用が生まれる可能性ができるのであって，そのことが社会全体としての雇用の確保につながることにもなるわけである。いわば，雇用の流動性を維持しつつ[3]，全体数としての雇用の確保を図るという意味においては，「雇用の確保」たる姿勢は依然として堅持されているとみることもできなくはないのである。

このように眺めると，政策税制としての事業承継税制の意味が判然とする。雇用の固定化という意味における雇用の確保ではなく，事業承継しつつ体力を強化するための雇用政策をも実現し得る形での雇用の確保が含意されていると

みることができよう。

　私見としては，かような方向性は評価されるべきものであると考えるところ
である。

〔注〕
(1)　このような指摘をするものとして，東京地裁平成27年7月30日判決（税資265号順号
　12706）がある。
(2)　トマ・ピケテイ『21世紀の資本』〔山形浩生ほか訳〕23頁（みすず書房2014）。
(3)　政府は，企業経営を維持するため，労働力の流動化を促進できるように，平成10年の
　労働基準法改正において，裁量労働に関する規定を設け，平成15年には裁量労働を更に
　緩和している。また，平成11年の労働者派遣事業法改正によって，それまで26事業に限
　定されていた派遣先業種を原則自由化し，平成15年の同法改正では製造業まで派遣を解
　禁している。雇用の流動化はこのように促進されてきている。

2　中小企業の事業承継と租税専門家への期待

(1)　事業承継の手助けへの期待

　事業承継税制の議論の前に，そもそも，事業承継を巡っては，企業においてどのようなことが問題となり，かかる問題を抱えた経営者は誰に相談をして問題解決を図っているのかという点に関心を寄せてみたい。

　事業承継税制を論じる本書は，事業承継を手助けする租税専門家に提供することを企図したものではあるが，租税専門家が事業承継を手助けすることへのニーズがそもそもあるのであろうか。

　ここで注目したいのが次の中小企業庁による「事業の承継に関する過去の相談相手」という図表である（図表1）。この図表から明らかなとおり，事業承継に関する相談相手としては租税専門家（顧問の公認会計士・税理士）が第1位である。

図表1　事業の承継に関する過去の相談相手（後継者決定・未決定）

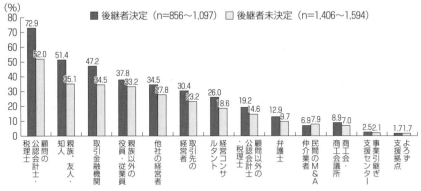

資料：中小企業庁委託「企業経営の継続に関するアンケート調査」（2016年11月，（株）東京商工リサーチ）

(注)　1．複数回答のため，合計は必ずしも100％にはならない。
　　　2．ここでいう「経営コンサルタント」とは，中小企業診断士，司法書士，行政書士を含む。
　　　3．それぞれの項目について，「相談して参考になった」，「相談したが参考にならなかった」と回答した者を集計している。

(出所)　中小企業庁「中小企業白書〔2017年版〕」より

次に，図表2を確認したい。中規模法人における事業承継上の問題としては，人材不足や準備時間不足のほか相続税等の負担が多くを占めている。人材不足や準備時間不足について，租税専門家が手伝うことはできないが，相続税等の負担についてはむしろ租税専門家以外の者が担うことは難しいであろう。そうであるがゆえに，図表1にあるように相談相手のトップに租税専門家が位置付けられることにもなるのである。

そして，この傾向は，小規模法人や個人事業者においても同じである（図表3）。

さて，事業承継を巡る問題としては，図表2ないし3にあるとおり，経営全般の引継ぎ，資産引継ぎに分けてアンケートされているが，一般的には，次のように，「経営の承継」，「財産の承継」，「知的財産の承継」に分けることができ

図表2　事業を引き継いだ際に問題となったこと（中規模法人）

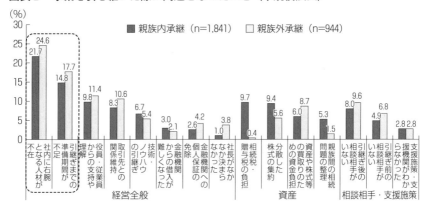

資料：中小企業庁委託「企業経営の継続に関するアンケート調査」（2016年11月，（株）東京商工リサーチ）

（注）1．複数回答のため，合計は必ずしも100％にはならない。
　　 2．2代目以降の経営者と回答した者を集計している。
　　 3．ここでいう親族内承継とは，先代経営者との関係について「配偶者」，「子供」，「子供の配偶者」，「孫」，「兄弟姉妹」，「その他親族」と回答した者をいう。また，ここでいう親族外承継とは，先代経営者との関係について「親族以外の役員」，「親族以外の従業員」と回答した者をいう。先代経営者との関係について「その他」と回答した者を除外して集計している。
　　 4．「その他」，「特にない」の項目は表示していない。

（出所）中小企業庁「中小企業白書〔2017年版〕」より

図表3　事業を引き継いだ際に問題となったこと（小規模法人・個人事業者）

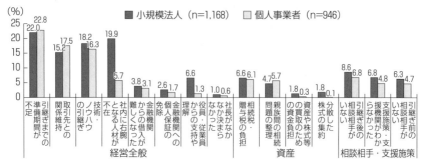

資料：中小企業庁委託「企業経営の継続に関するアンケート調査」（2016年11月，（株）東京商工リサーチ）

(注)　1．複数回答のため，合計は必ずしも100％にはならない。
　　　2．「その他」，「特にない」は表示していない。
　　　3．2代目以降の経営者について集計している。

（出所）中小企業庁「中小企業白書〔2017年版〕」より

よう。税理士などの租税専門家に期待されているのは，これらのうち，「財産の承継」が中心となると思われるが，果たしてそれだけであろうか。やはり，ワンストップでの情報提供を受けることを利用者は望んでいるとみるべきであろう。すなわち，事業承継に関する相談相手の第1位を占める租税専門家には，当然ながら「財産の承継」についてのアドバイスが期待されているところではあるが，それに加えて，「経営の承継」や「知的財産の承継」についても相談相手であることが望まれているとみるべきであろう。「経営の承継」についてはまだしも，「知的財産の承継」についてまで豊富な知識を有している租税専門家は少ないであろうから，他の専門家との協力体制の構築も事業承継に当たる租税専門家の課題の1つになり得るといえる（支援システムについては後述）。

「経営の承継」については，例えば，日本税理士会連合会が，そのホームページにおいて「税理士とは」として自らを説明する第一に，「暮らしのパートナーとして身近にいつでも相談できる親しい税理士を見つけておくことも生活の知恵です。健康のことでホームドクターに相談するように，税金のことは税理士に『事前』に相談することがもっとも賢明な方法です。」と掲げていることからすれば，経営の承継も税理士に期待されている業務の1つということになろう。

図表4

(2) 事業承継の支援システム

近時，60歳以上の経営者に対して事業承継に向けた早期・計画的な承継準備を促し，円滑な事業承継を実現することが喫緊の課題となっている。このような状況を踏まえ，国における支援制度の整備と歩調を合わせるように，各支援機関においても，中小企業の事業承継を支援しようとする取組みが浸透してきている。現状における事業承継支援は，商工会議所・商工会の経営指導員，金融機関等の身近な支援機関をはじめ，税理士や公認会計士といった租税専門家や，弁護士，事業引継ぎ支援センター等の専門的支援機関が，それぞれの立場から支援業務に関与し，その役割を担っている。

このように，中小企業経営者の周囲には，身近な支援機関から専門的な支援機関まで，多様な支援機関が存在しているものの，各支援機関の取組みは，中小企業からの個別の要請に対し，単発の支援を行うにとどまっており，より良い事業承継の実現に向けてステップを踏むような，切れ目のない支援がなされているとはいえないと指摘されている（中小企業庁「事業承継ガイドライン」（平成28年12月））。したがって，各々の支援機関が自らの専門分野に責任をもって取り組むことはもちろん，支援機関相互の連携を図りつつ，ステップごとの支援を切れ目なく行う体制を構築する必要があるが，税理士などの租税専門家はかような支援機関間の連携的協働の場面においても寄与することが期待されているのである（図表5参照）。

¶ レベルアップ！　円滑な事業承継へのアドバイス

中小企業庁が作成した「事業承継ガイドライン」（🔍4参照）は，「親族内承

図表5　支援体制のイメージ

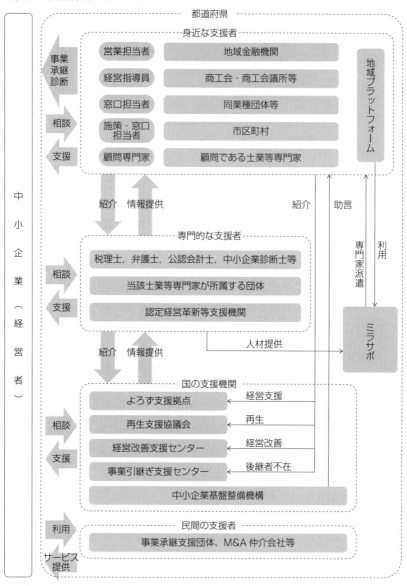

（出所）中小企業庁「事業承継ガイドライン」（平成28年12月）より

図表6

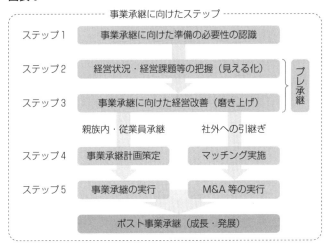

(出所)中小企業庁「事業承継ガイドライン」(平成28年12月)より

継」及び「従業員承継」において共通する事業承継計画策定の重要性を指摘している。そこでは,事業承継に向けた取組みとして,5つの段階に分けて整理されている(図表6参照)。

税理士には,かかる計画に関しても的確なアドバイスをすることが期待されよう。

ア　事業承継計画策定の重要性

まずは自社を知り,そして自社を強くすることが,事業承継の準備においては重要である。

一方,具体的に事業承継(資産の承継・経営権の承継)を進めていくに当たっては,自社や自社を取り巻く状況を整理した上で,会社の10年後を見据え,いつ,どのように,何を,誰に承継するのかについて,具体的な計画を立案しなければならない。この計画が事業承継計画である。事業承継計画は,後継者や親族と共同で,取引先や従業員,取引金融機関等との関係を念頭に置いて策定し,策定後は,これらの関係者と共有しておくことが望ましい。こうすることで,関係者の協力も得られやすく,関係者との信頼関係維持にも資するものである。さらに,後継者や従業員が事業承継に向けて必要なノウハウの習得や組織体制の整備などの準備を行うことができるなど,様々な利点がある。なお,事業承

継計画の策定に当たっては，成果物としての計画書を作成することを目標にすべきではなく，策定プロセスやその活用による経営者自身とその関係者にとってのメリットを最大化してこそ，意味がある。

イ　事業承継計画策定の前

　事業承継計画は，上記のとおり，資産や経営権をどのように承継するかを基本とする。しかし，事業承継の根幹の1つとして，自社の経営理念を承継することの重要性を忘れてはならない。いわゆる老舗企業において，時代が変わっても受け継いでいく想いを大切にしている例が多いことからも，資産や経営権のみならず，会社の理念や経営者の想いの伝承の重要さが示されている。その意味でも，事業承継計画の策定に先立ち，経営者が過去から現在までを振り返りながら，経営に対する想い，価値観，信条を再確認するプロセスは，事業承継の本質といえる。可能であれば明文化し，後継者や従業員と共有しておけば，事業承継後もブレることのない強さを維持できるであろう。

　なお，事業承継「計画」を策定するというイメージから，現在から将来に向かっての計画のみを考えるものと認識されがちである。しかし，経営理念の承継の重要性を踏まえると，そもそも創業者は「なぜその時期に」「なぜその場所で」「なぜその事業を」始めたのか，その時の事業状況・外部環境がどうであったのか，その後の変遷の中で転機となることがらが生じた状況がどうであったか，といった振り返りから始めることが有効である。

ウ　事業承継計画の策定

㋐　中長期目標の設定

　自社の現状とリスク等の把握を経て，これらを基に中長期的な方向性・目標を設定する。例えば，10年後に向けて現在の事業を維持していくのか，拡大していくのか。現在の事業領域にとどまるのか，新事業に挑戦するのか，といったイメージを描くことが必要である。この方向性に基づいて組織体制のあり方や，必要な設備投資計画等を検討し，さらに，売上や利益，マーケットシェアといった具体的な指標に落とし込む。

　この過程においては，中長期目標において想定している期間の中で，いつ事業承継を実行するのかを織り込む必要がある。当然，事業承継後に目標達成にコミットするのは後継者であるから，後継者とともに目標設定を行うことが望ましい。その際，事業承継後（ポスト承継）に後継者が行う取組みについても中

長期目標に織り込むことができれば，事業承継を契機とした再成長も期待できる。

(イ) 事業承継計画の策定プロセス

設定した中長期目標を踏まえ，資産・経営の承継の時期を盛り込んだ事業承継計画を策定する。具体的には，次に掲げる①〜⑤のプロセスにより策定することになろう。なお，その際，成果物としての事業承継計画書の作成自体を目的とするのではなく，策定プロセスにおいて現経営者と後継者，従業員等の関係者間で意識の共有化を図ることに重きを置くことが重要である。また，図表6のステップ2「経営状況・経営課題等の把握（見える化）」を十分に実施することが，実効的な事業承継計画の策定の前提となることに留意すべきである。

① 自社の現状分析

　ステップ2「経営状況・経営課題等の把握（見える化）」を通じて把握した自社の現状をもとに，次世代に向けた改善点や方向性を整理する。

② 今後の環境変化の予測と対応策・課題の検討

　事業承継後の持続的な成長のためには，変化する環境を的確に把握し，今後の変化を予測して適切な対応策を整理することが望ましい。

③ 事業承継の時期等を盛り込んだ事業の方向性の検討

　自社の現状分析，環境変化の予測を踏まえ，現在の事業を継続していくのか，あるいは事業の転換を図っていくのか等，事業領域の明確化を行う。さらに，それを実現するためのプロセスについても具体的なイメージを固めていく。その中には，前述のとおり事業承継の時期や方法を盛り込む。

④ 具体的な目標の設定

　前述の中長期目標の内容について，売上や利益，マーケットシェアといった具体的な指標ごとの目標を設定する。

⑤ 円滑な事業承継に向けた課題の整理

　以上の分析・整理を踏まえ，後継者を中心とした経営体制へ移行する際の具体的課題を整理する。

(3) 小　括

ここまでみてきたように，中小企業の事業承継において，税理士がその一翼を担うことが期待されているのであるが，税理士がその力量を発揮することが

できるのは，当然ながら，まずは自身のフィールドたる租税法領域に関する確固たる知識を盤石なものにしてからである。

　本書はあくまでも事業承継に関して租税法の観点からみた問題点を中心に取り上げ検討を加えたものではあるが，まず，本書をお読みいただくに当たって，税理士をはじめとする租税専門家には多くの期待が寄せられているということを改めて認識しておく必要があると考える。

第 1 章

事業承継と生命保険制度

22　第1章　事業承継と生命保険制度

3　中小企業の現状

(1)　経営者年齢の上昇

　中小企業の経営者年齢の分布は，この20年間で大きく変化している（図表1）。現在，中小企業経営者の平均引退年齢は67歳～70歳といわれており（図表2），今後数年間で多くの経営者が引退し，中小企業が事業承継のタイミングを迎えることが予想される。中小企業は我が国の企業数の約99％，従業員数の約70％を占めており，地域経済・社会を支える存在として，また雇用の受け皿として極めて重要な役割を担っている。社会の中核を担う中小企業がこれまでの経営基盤を損なわないように，事業承継に向けた取組みをスムーズに進めることが，経営者と後継者のみならず，我が国のこれからを左右する重要な課題とされている。

(2)　後継者の決定状況

　中小企業庁のアンケート調査によると，60歳以上の経営者の50％が「廃業を予定している」と回答している（図表3）。廃業を予定する理由として，回答の上位には「当初から自分の代でやめようと思っていた」(38.2%)，「事業に将来性がない」(27.9%)というものもあるが，「子どもに継ぐ意思がない」(12.8%)，「子どもがいない」(9.2%)，「適当な後継者が見つからない」(6.6%)と，後継者の確保が難しいことを理由とする割合が3割近くに上っている（図表4）。

　廃業を予定していると回答した中小企業のうち，4割を超える企業が「今後10年間の事業の将来性について，事業の維持，成長が可能」とも回答しており，事業は継続できるにもかかわらず，後継者を確保することができずに廃業を選択せざるを得ない状況に陥っているという実態がある。廃業になると，中小企業がこれまでの事業運営で培ってきた貴重な経営資源が失われてしまうことになりかねない。

図表1　中小企業の経営者年齢の分布（年代別）

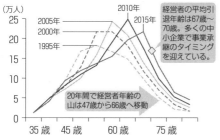

資料：中小企業庁委託調査「中小企業の成長と投資行動に関するアンケート調査」（2015年12月，㈱帝国データバンク），㈱帝国データバンク「COSMOS1 企業単独財務ファイル」，「COSMOS2 企業概要ファイル」再編加工

図表2　中小企業の平均引退年齢の推移

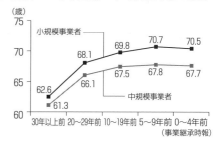

資料：中小企業庁委託調査「中小企業の事業承継に関するアンケート調査」（2012年11月，㈱野村総合研究所）

（出所）中小企業庁「経営者のための事業承継マニュアル」4頁（平成29年3月）より

図表3　後継者の決定状況

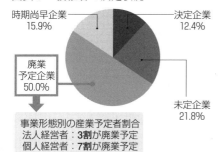

図表4　廃業を予定している理由

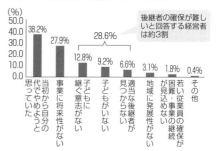

資料：日本政策金融公庫総合研究所「中小企業の事業承継に関するインターネット調査」（2016年2月）再編加工

（出所）中小企業庁「経営者のための事業承継マニュアル」5頁（平成29年3月）より

24 第1章 事業承継と生命保険制度

4 中小企業の事業承継

(1) 事業承継の形態

中小企業庁が作成した「事業承継ガイドライン」（平成28年12月）は，事業承継について，親族内承継，役員・従業員承継，社外への引継ぎ（M&A等）の3つの類型に区分している。

ア 親族内承継

1つ目は，現経営者の子をはじめとする親族に事業を承継させる方法であり，「事業承継」という言葉から一般的に想起されるのはこの親族内承継であろう。他の方法と比べて，会社内外の関係者から心情的に受け入れられやすいこと，後継者を早期に決定することで事業承継までの準備期間を長く確保することができること，相続等により財産や株式を後継者に移転できるため所有と経営の一体的な承継が期待できること等のメリットがある。

しかしながら，近年において，事業承継全体に占める親族内承継の割合が急激に落ち込んでいる。現経営者に子どもがいる場合であっても，事業の将来性や経営の安定性等に対する不安の高まりや，家業にとらわれない職業の選択，リスクの少ない安定した生活の追求等，子ども側の多様な価値観の影響も少なからず関係している。これまで，親族内承継では経営者確保のための自社株対策や相続税・贈与税対策を行えば足りるかのように捉えられてきたが，現在の中小企業経営者は，後継者にとって「引き継ぐに値する企業であるか」が問われていることを認識する必要がある。事業承継を行う前に，経営力の向上に努め，経営基盤を強化することにより，後継者が安心して引き継ぐことができる経営状態まで引き上げることが，現在の中小企業経営者には求められている。

イ 役員・従業員承継（親族外承継）

2つ目は，親族以外の役員・従業員に承継する方法である。経営者としての能力のある人材を見極めて承継することができること，社内で長期間働いてきた従業員であれば経営方針等の一貫性を保ちやすいといったメリットがある。

親族内承継の減少を補うように，役員・従業員承継の割合は近年急増している。大きな課題であった後継者の資金力問題については，種類株式や持株会社，

従業員持株会を活用するスキームが浸透したこと，親族外後継者も事業承継税制の対象に加えられたこと等が相まって，より実施しやすい環境が整いつつある。

ウ 社外への引継ぎ（M&A等）

3つ目は，株式譲渡や事業譲渡等により承継を行う方法である。後継者としての適任者が親族や社内にいない場合でも，広く外部に候補者を求めることができ，現経営者は会社売却の利益を得ることができる等のメリットがある。

M&A等を活用して事業承継を行う事例は，中小企業における後継者確保の困難化等の影響も受け，近年増加傾向にある。また，中小企業のM&A等を専門に扱う仲介業者等が増えてきたことや，国の事業引継ぎ支援センターが全国に設置されたことからM&A等の認知が高まったことも増加の一因となっているものと考えられる。

日本税理士会連合会も，平成30年10月から顧問税理士が関与先企業の窓口となって引継ぎ先を探すためのマッチングサイトである「担い手探しナビ」の取扱いを開始している。社外への引継ぎを成功させるためには，本業の強化や内部統制体制の構築により，企業価値を十分に高めておく必要がある。現経営者にはできるだけ早期に専門家に相談を行い，企業価値の向上に着手することが望まれる。

(2) 事業承継の意義

事業承継という言葉は様々な意味に捉えられる。上場企業等のサラリーマン社長が交代した場合，一般的にこれを事業承継とはいわないであろう。他方，同じ上場企業でも数十年にわたり君臨したカリスマ経営者が勇退する場合はどうであろうか。そのほか，中小企業で，代表者は交代したものの後継者が自社株を全く保有していない場合や，その反対に，代表者は変わらないものの自社株だけが現経営者から他の者に移転した場合はどうであろうか。

本書においては，原則的に，後継者が代表者に就任し，かつ，その後継者が一定以上の自社株を確保すること（議決権を確保すること），すなわち，後継者が当該企業の経営権と所有権を確保することを事業承継の実現として定義する。

図表1

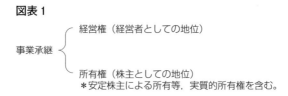

ア　経営権について

　代表者を変更する場合，取締役会で代表取締役選定の決議を行い（会社362③），その後２週間以内に登記手続を行う（会社911③十四）。その際には，年金事務所や税務署等への届出，銀行口座の名義変更手続等も必要になる。

　法的な手続とは別に，後継者が経営者としての資質を備えるためにはある程度の準備期間が必要とされよう。中小企業庁が作成した資料によれば，後継者の育成に必要な期間について，「約５年」あるいは「５年〜10年」と回答した経営者が全体の半数以上に上る（図表２）。

　事業承継後も円滑に事業を運営するためには，金融機関をはじめとする会社の取引先から後継者が信任を得る必要もある。許認可事業等を行っている場合においては，後継者に一定の資格が求められる場合もあるであろう。

　いずれにせよ，事業運営を承継できる後継者を確保するには時間がかかる。将来を見据えて，現経営者が勇退する以前の早い時期から後継者の選定，育成を進める必要があることはいうまでもない。

図表2　後継者の育成に必要な期間

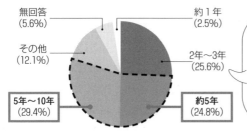

後継者の育成に必要な期間について，「約５年」「５年〜10年」と回答した経営者は全体の半数以上に上ります。事業運営を承継できる後継者を確保するには時間がかかるので，将来を見据えて後継者の選定，育成を進める必要があります。

資料：中小企業基盤整備機構「事業承継実態調査報告書」（2011年３月）再編加工
（出所）中小企業庁「経営者のための事業承継マニュアル」20頁（平成29年３月）より

イ 所有権について

現経営者が保有する自社株を後継者に移転する方法としては，売買，贈与，相続等のほか，後継者を代表者とする持株会社を設立し，その会社へ自社株を譲渡するという手法が採られることもある。

中小企業の自社株は，流動性が乏しい一方で，経営の実態以上にその価額が高額化しているケースがある。そのような状況で，現経営者が後継者に株式を贈与する場合，後継者は莫大な贈与税を負担することになるし，現経営者が後継者に株式を売却したくても後継者が高額の買取り資金を準備できないなどの問題が考えられる。そして結局，何もしないでいる間に現経営者が高齢になり，

図表3　問31（自社の株価評価（相続税評価額）を行っているか）

	回答数	割合
①年に1回程度評価している	376	22.1%
②定期的ではないが過去に評価したことがある	575	33.8%
③評価したことがない	748	44.0%
n数	1,699	100.0%
無回答	208	

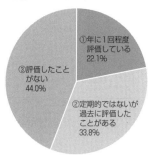

図表4　問33（自社株式の評価額）
条件：「問31①年に1回程度評価している，②定期的ではないが過去に評価したことがある」

	回答数	割合
①1千万円以下	173	20.0%
②1千万円超5千万円以下	177	20.5%
③5千万円超1億円以下	116	13.4%
④1億円超3億円以下	183	21.2%
⑤3億円超5億円以下	80	9.3%
⑥5億円超10億円以下	65	7.5%
⑦10億円超	69	8.0%
n数	863	100.0%
無回答	88	

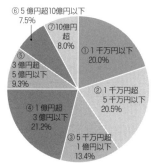

（出所）東京商工会議所「事業承継の実態に関するアンケート調査報告書」37頁（平成30年1月）より

相続が発生してしまうことも珍しくない。平成30年度税制改正では，その効果的な解決策の1つとして事業承継税制の特例措置が創設され，中小企業の経営者，税理士をはじめとする租税専門家の間で注目されている。

なお，確保する議決権については，一般的には過半数以上（会法309①）で，可能であれば特別決議（会社309②）を行うことのできる3分の2以上が望ましいとされている。

5　近年の動向

(1)　政府の認識

中小企業の事業承継が進まない現状について，政府は強い危機感を持っており，内閣府の資料等では次のように記述されている（平成29年12月8日付け閣議決定「新しい経済政策パッケージについて」）。

> 　「2025年までに70歳を超える中小企業・小規模事業者の経営者は約245万人であり，うち約半数の127万人が後継者未定である。これは日本企業全体の約3割に相当する。現状を放置し，中小企業の廃業が急増すると，10年間の累計で約650万人の雇用，約22兆円のGDPが失われるおそれがある。廃業企業の約半数程度は生産性も高く，黒字企業である。中小企業・小規模事業者の円滑な世代交代を通じた生産性向上を図るため，今後10年間程度を事業承継の集中実施期間として取組を強化する。このため，早期・計画的な事業承継準備から事業承継後の経営革新等への支援まで，M&Aの推進強化を含めたシームレスな支援を行う。事業承継税制については，将来経営環境の変化にもかかわらず過大な負担が生じうる猶予制度や，深刻な人手不足の中で求められる雇用要件等が，制度の活用を躊躇する要因になっているとの指摘を踏まえ，抜本的な拡充を実現する。」

このような現状認識のもとで様々な施策が検討，実行されている。

(2)　M&Aマーケットの活性化

後継者が親族内，あるいは社内の役員・従業員にいない場合は，社外の第三者への引継ぎ（M&A等）による事業存続の途がある。これまでM&Aに対しては，「身売り」，「マネーゲーム」といったマイナスイメージが持たれることもあったが，近年では，M&Aによる事業の維持，譲受け先の事業との融合による飛躍などプラス面が注目され，事業承継の1つのあり方として認知されている。

M&Aで事業を引き継ぐための準備の1つに企業の「磨き上げ」がある。磨き上げは，事業の競争力向上や内部統制の構築など，企業価値を高める取組みのことをいう。企業価値を高めることで，より良い譲受け先が見つかる可能性や，譲渡価格が上がる可能性が高まる。

中小企業のM&Aは，株式譲渡（自社株式を他の会社や個人に譲渡）と事業譲渡

30　第1章　事業承継と生命保険制度

図表1　純資産価額とのれん代による企業評価の算定事例

| 時価純資産 | ＋ | のれん代 | ＝ | 企業価値 |

＜事例＞

① 時価純資産

簿価純資産（貸借対照表から）	200
土地の含み損	▲30
保険の解約返戻金	10
退職給付引当金の未計上	▲20
合計	160

② のれん代

損益計算書から	
売上高	500
通常（営業）利益	30

➡経常利益の2年分（30×2年分）を
　のれん代60として計上

③ 企業価値の算出

時価純資産 160　＋　のれん代 60　＝　企業価値 220

（出所）中小企業庁「経営者のための事業承継マニュアル」44頁（平成29年3月）より

（会社・個人事業主の事業を他の会社や個人事業主に譲渡）のいずれかの方法で行われることが一般的である。M&Aにおける会社の企業価値は，最終的には譲受け先との交渉を経て合意に至った価格であるが，①資産・負債の状況，②収益やキャッシュフローの状況，③市場相場の状況などが企業価値を算定する目安となる。一般に中小企業のM&Aの場合は，時価純資産にのれん代（年間利益に一定年数分を乗じたもの）を加味した評価方法が用いられることが多くなっている。

　なお，平成30年度税制改正では中小企業・小規模事業者の再編・統合等に係る租税負担の軽減措置，平成31年度税制改正では中小機構出資の事業承継ファンドから出資を受けた中小企業に対する特例が創設され，中小企業のM&Aを後押ししている。

⑶　経営者保証のガイドライン

　事業承継の直後は，後継者の経験・ノウハウ不足のため企業の経営が不安定になる可能性も否定できない。そのため，金融機関は，事業承継時の経営者保証の解除に対しては消極的であることが一般的であった。このような経営者保証がスムーズな事業承継を阻害する要因の1つとなっていることなどを受けて，日本商工会議所と一般社団法人全国銀行協会が設置した「経営者保証に関するガイドライン研究会」によって「経営者保証に関するガイドライン」（平成25年12月）が策定された。同ガイドラインでは，金融機関に対して，事業承継時の

図表2　金融機関に経営者保証の解除の申し出・相談を行った結果

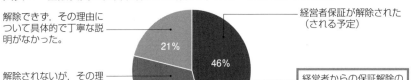

資料：(株)東京商工リサーチ「経営者保証に関するガイドライン認知度アンケート報告書」(2016年2月)再編加工
(出所)中小企業庁「経営者のための事業承継マニュアル」40頁（平成29年3月）より

現経営者との保証契約の解除，あるいは後継者との保証契約の必要性等について改めて検討することを求めている。このガイドラインに沿って事業者が財務基盤の強化などの取組みを進めることで，金融機関が経営者の個人保証の解除に応じる場合がある。クライアントの関心が高いテーマであるため，税理士等も理解を深めておくことが必要である。

> かつては，金融機関は，経営者保証の解除に消極的であったが，経営者保証ガイドラインの公表後は，申し出や相談の結果，経営者保証の解除や保証に係る具体的な理由の説明を受けることができたなど，個人保証の問題解消につながる動きがある（図表2）。

(4) 事業承継5ヶ年計画

中小企業庁は，中小企業経営者の高齢化の進展等を踏まえ，地域の事業を次世代にしっかりと引き継ぐとともに，事業承継を契機に後継者がベンチャー型事業承継などの経営革新等に積極的にチャレンジしやすい環境を整備するため，平成29年に以後5年程度を事業承継支援の集中実施期間とする「事業承継5ヶ年計画」を策定した。この計画では，以下の観点から，事業承継の支援体制，支援施策を抜本的に強化することとされている。

① 経営者の「気付き」の提供

地域ごとに，それぞれの支援機関がつながる事業承継プラットフォームを立ち上げ，事業承継診断等によるプッシュ型の支援を行い，事業承継ニーズを掘り起こす。

② 後継者が継ぎたくなるような環境を整備

　資金繰り・採算管理等の早期段階からの経営改善の取組みを支援する。また，早期承継のインセンティブを強化し，後継者や経営者による経営の合理化やビジネスモデルの転換など成長への挑戦を支援する。

③ 後継者マッチング支援の強化

　事業引継ぎ支援センターの体制強化や，民間企業との連携により，小規模M&Aマーケットを整備する。

④ 事業からの退出や事業統合等をしやすい環境の整備

　サプライチェーンや地域における事業承継，事業再編・統合を促進し，中小企業の経営力強化を後押しする。

⑤ 経営人材の活用

　次期経営者候補やアドバイザーとして，経営スキルの高い外部人材を活用しやすい環境を整備する。

(5)　事業承継税制の特例措置

　事業承継税制は，後継者である受贈者・相続人等が，中小企業における経営の承継の円滑化に関する法律（以下「円滑化法」という。）の認定を受けている非上場会社の株式等を贈与又は相続等により取得した場合において，その非上場株式等に係る贈与税・相続税について，一定の要件のもと，その納税を猶予し，後継者の死亡等により，納税が猶予されている贈与税・相続税の納付が免除される制度である。平成30年度税制改正では，これまでの事業承継税制に加えて特例措置が創設され，納税猶予の対象となる非上場株式等の制限（総株式数の3分の2まで）の撤廃や，納税猶予割合の引上げ（80％から100％に引上げ）等が行われた。特例措置の適用期間は平成30年4月1日から令和9年12月31日までの贈与・相続等に限定されている。なお，特例措置を利用するためには，会社の後継者や承継時までの経営見通し等を記載した「特例承継計画」を策定し，認定経営革新等支援機関（税理士，商工会，商工会議所等）の所見を記載の上，令和5年3月31日までに都道府県知事に提出し，その確認を受ける必要がある（事業承継税制の概要については，🔍第2章を参照）。

(6) 民法（相続法）の改正

　平成27年2月の法務大臣による諮問により，民法（相続法）の改正が法務省法制審議会の民法（相続関係）部会を中心に議論され，昭和55年以来，約40年ぶりの大幅な見直しが行われた。中間試案・追加試案の提示とそれらに係るパブリックコメント等を経て，平成30年3月に改正法案が国会に提出，審議を経て同年7月に成立，公布されている。その内容は，配偶者の居住権を保護するための方策，遺産分割等に関する見直し，遺言制度に関する見直し，遺留分制度に関する見直し，相続の効力等に関する見直し，相続人以外の者の貢献を考慮するための方策等，多岐にわたる。

　改正法の施行期日は原則として令和元年7月1日であるが，自筆証書遺言の方式を緩和する方策は同年1月13日から，配偶者居住権及び配偶者短期居住権の新設等は令和2年4月1日から等，内容によって施行時期が異なることに注意する必要がある。

　なお，民法の改正と同時に「法務局における遺言書の保管等に関する法律」が成立している。同法は，相続を巡る紛争を防止するという観点から，法務局において自筆証書遺言に係る遺言書を保管する制度を新たに設けるものであり，施行期日は令和2年7月10日とされている。

(7) 平成31年度税制改正

　中小事業者の事業承継を促進すべく，今後も多くの税制改正等が行われることが予想されるが，平成31年度税制改正では，個人事業者の事業承継を促進するため，個人事業者の事業用資産に係る納税猶予制度が創設された。

　この制度は，平成31年1月1日から令和10年12月31日までの間に，贈与・相続等により特定事業用資産を取得した受贈者・相続人等が，今後事業を継続していく場合には，担保の提供等を条件に，その受贈者・相続人等が納付すべき贈与・相続税額のうち，特定事業用資産の課税価格に対応する税額の納税を猶予するものである。ここでいう特定事業用資産とは，贈与者・被相続人の事業（不動産貸付事業等を除く。）の用に供されていた土地（面積400 m²までの部分に限る。），建物（床面積800 m²までの部分に限る。）及び建物以外の減価償却資産（固定資産税又は営業用として自動車税若しくは軽自動車税の課税対象となっているものその他これらに準ずるものに限る。）で青色申告書に添付される貸借対照表に計上されているもの

をいう。

　猶予税額の計算方法は，非上場株式等についての相続税の納税猶予制度の特例と同様である。受贈者・相続人等は，認定経営革新等支援機関の指導及び助言を受けて作成した特定事業用資産の承継前後の経営見通し等を記載した承継計画を，平成31年4月1日から令和6年3月31日までの間に都道府県に提出する必要がある。なお，この納税猶予の適用を受ける場合には，特定事業用宅地等に係る小規模宅地等についての相続税の課税価格の計算の特例の適用を受けることができない（同制度との選択適用については，🔍⓬Q28参照）。

〔参考文献〕
『事業承継ガイドライン』（中小企業庁2016）
『経営者のための事業承継マニュアル』（中小企業庁2017）
『中小企業の事業承継に関する集中実施期間について（事業承継5ヶ年計画）』（中小企業庁2017）
『新しい経済政策パッケージについて』（内閣府2017）
『事業承継に関するアンケート調査』（東京商工会議所2018）
『平成30年度中小企業・小規模事業者関係税制改正について』（中小企業庁2017）
『民法及び家事事件手続法の一部を改正する法律案』（法務省2018）
日本税理士協同組合連合会HP（http://www.nichizei.or.jp/m_and_a/index.html〔平成31年1月15日訪問〕
法務省HP（http://www.moj.go.jp/MINJI/minji07_00222.html〔平成31年1月15日訪問〕

6　事業承継対策としての生命保険の活用

(1) はじめに
　中小企業では，経営者の事故・病気による死亡等により突然発生する事業承継に備えて生命保険が広く利用されている。その具体的な利用目的によって，保険契約者が経営者等の個人である場合と，中小企業である場合の2つのケースが考えられる。契約者・被保険者を現経営者，死亡保険金受取人をその遺族とするケースでは，遺族は受け取った保険金をその後の遺族の生活保障，相続における代償分割のための代償金，相続税の納税資金等に充てることになる。契約者・死亡保険金受取人を中小企業，被保険者を現経営者とするケースでは，中小企業は受け取った保険金を，当面の運転資金，金融機関等からの借入金の返済，遺族に支払う役員死亡退職金等に充てることになる。我が国の中小企業における経営者の役割の重要性，責任の重さ等を考慮すると，経営者の死亡時に受取人が一定の資金を得ることができる生命保険は，非常に理に適った事業承継対策ということができる。

(2) 事業承継における生命保険の利用方法
　事業承継対策としての生命保険の利用方法については，借入金返済資金，運転資金，自社株対策資金，相続対策資金の4つに類型化することができる。すなわち，生命保険によって，それぞれの資金を準備するものである。

図表

（出所）エヌエヌ生命保険株式会社「事業継続のための，4つの対策資金」より

36　第1章　事業承継と生命保険制度

ア　借入金返済資金

多くの中小企業は金融機関等から資金を借り入れて事業を運営している。借入れは売上のために必要な投資ともいえ，業種等によって金額の多寡はあるものの，借入れの実施とその返済資金の確保は，中小企業にとって極めて重要な意味を持つことになる。

そこで，経営者が死亡した場合に備え，生命保険によって，金融機関等への借入金返済資金を準備する。これにより，突然の事業承継の発生直後において，借入金返済という大きな負荷がなくなり，いわば身軽な状態で後継者が経営を開始することができる。この場合の生命保険の契約形態としては，契約者・死亡保険金受取人を法人，被保険者を経営者とし，保険種類としては，定期保険等を利用することが一般的である。

イ　運転資金

中小企業にとっての日々の事業活動のための資金，いわゆる運転資金の重要性はここで改めて述べるまでもない。赤字になったからといって必ずしも経営が破綻するとは限らないが，運転資金がショートした場合は高い確率で破綻に向かうことになろう。

そこで，生命保険によって，経営者が死亡した後の運転資金を準備する。先代経営者が死亡したことで売上が減少した場合，法人の資金繰りが不安定になる可能性があるが，保険金でこれを補塡することができる。この場合の生命保険の契約形態としては，契約者・死亡保険金受取人を法人，被保険者を経営者とし，保険種類としては定期保険等を利用することが一般的である。

このようなケースでは，死亡保険金を年金で受け取ることができる特約等を付加することがある。一時金と異なり，法人の事業年度の進行に合わせて年金を受け取ることができるため，運転資金の補塡手段として適しており，多くの法人で利用されている。また，被保険者が医師から余命の告知を受けた場合，被保険者の生前に，法人等が保険金を受け取ることができる特約も存在する。長期の入院等のため経営者が不在で会社の運転資金が不安定になった場合でも，このような特約を付けることで保険金を利用することができる。

ウ　自社株対策資金

中小企業の株式は，上場企業の株式のように自由に換金することが難しい。流動性が乏しいにもかかわらず，会社の発展とともに時価がいつの間にか高額

化し，相続において相続人が納税資金を支払うことが困難になる場合がある。また，自社株以外に目ぼしい相続財産がない場合，後継者だけが株式を相続してしまうことで，相続人間に大きな不公平が生じてしまうことも考えられる。後継者以外の者が自社株の一部を相続した場合は，会社や後継者がこれらの株式をその者から買い取るよう求められることもあろう。

　そこで，経営者が死亡した場合に備え，生命保険によって，自社株に係る相続税の納税資金を準備する。また，自社株の分散や相続財産がアンバランスになることによる相続人たる遺族間での争いを回避するため，自社株の買取り資金や後継者以外の相続人に対する代償金を準備する。この場合の生命保険の契約形態としては，契約者・被保険者を経営者，死亡保険金受取人をその遺族として納税資金を準備する場合や，契約者・死亡保険金受取人を法人，被保険者を経営者とし，法人が自社株を遺族から買い取るための資金を準備する。保険種類としては定期保険，終身保険等を利用することが一般的である。

　エ　相続対策資金

　中小企業の経営者の退職金は，役員としての在任年数や社業への貢献度等を考慮すると高額になることも多い。会社の経営の安定のためには，長期にわたって計画的に準備することが必要である。経営者が突然死亡した場合，売上の減少等により会社の資金繰りが逼迫する中で，経営者の退職金を十分に支払うことができないケースも想定される。

　そこで，生命保険によって，経営者が死亡した場合の死亡退職金，弔慰金を支払うための資金を準備する。これにより，遺族は法人から死亡退職金，弔慰金を受け取ることによって，相続税の支払や経営者死亡後の生活資金等に充てることができる。この場合の生命保険の契約形態としては，契約者・死亡保険金受取人を法人，被保険者を経営者として，保険種類としては定期保険等を利用することが一般的である。

　オ　小　括

　ここでは，事業承継対策としての生命保険の利用方法を4つに分けて説明したが，実際には「借入金の返済と運転資金の確保に備える」等，1つの生命保険契約で利用者側に複数の意図が存在する場合もある。また，契約当初の目的は借入金返済資金の確保にあったが，時間の経過とともにその企業が置かれた環境も変化し，相続対策資金として利用する等，その目的が変化することも考

38　第1章　事業承継と生命保険制度

えられる。法人として契約していた生命保険契約が，環境の変化によって不要になってしまったが，経営者個人としては生命保険が必要であるから，契約者を法人から個人に変更して，契約を継続するといったケースも決して珍しくない。このような場合，契約者を変更する際に，法人での経理処理が必要であり，個人への課税も発生する可能性がある。契約者を変更した以後の保険料は経営者個人が負担することになる。

　税理士等には，顧客の意思とその状況を十分分析して，事業承継対策としての生命保険の利用について的確なアドバイスをすることが求められよう。

(3)　事業承継税制と生命保険の併用

　平成30年度税制改正では事業承継税制が拡充され，中小企業経営者，税理士等の間で大きな話題になった。自社株の承継における後継者の税負担の心配がなくなることで，「自社株対策としての生命保険はもはや不要になったのではないか」といった声もあったため，この点についても言及したい。

ア　事業承継税制の改正

　平成21年4月1日に，租税特別措置法が改正され，非上場株式に係る贈与税・相続税の納税猶予制度（いわゆる「事業承継税制」）が創設された。中小企業の後継者が先代経営者からの贈与，相続又は遺贈により取得した非上場株式に係る贈与税・相続税の一部を納税猶予する制度である。しかし，その制度の複雑さ，適用条件の厳しさ等に起因して，中小企業経営者，税理士等の間での評判は芳しいものではなく，当初の期待ほど利用件数は伸びなかった。

　そこで，その後，事業承継税制は，利用者の利便性を高める重要な見直しが行われることとなった。特筆すべきは平成25年度税制改正であり，雇用確保要件の緩和，後継者の親族間承継要件の廃止，先代経営者の役員退任要件の緩和（贈与税）等の見直しが行われ，平成27年1月から適用されている。

　これらの見直しによって事業承継税制の利用件数は増加したものの，我が国の中小企業の事業承継は未だ十分に進んでいるとはいえない状況であった。そこで，平成30年度税制改正では更に大幅な見直しが行われることになった。すなわち，適用期限を10年以内に限定した事業承継税制の特例措置の創設である。なお，ここでは，平成30年度税制改正により拡充された事業承継税制を「新事業承継税制」といい，従来から存在する事業承継税制を「旧事業承継税制」と

呼称することとする。

新事業承継税制では，適用対象となる対象株数・相続税の納税猶予割合の拡大，雇用確保要件の弾力化等，これまで利用者にとって事業承継税制を利用するための難点とされていた部分が大幅に改善されている。適用を受けるためには，令和5年3月31日までに都道府県に対して特例承継計画を提出することが必要で，令和9年12月31日までの贈与・相続等が対象になる。なお，適用期限までに計画的に新事業承継税制を利用するということになると，相続よりも贈与での利用が想定される。したがって，以下では，贈与での利用を念頭に論じることとする。

イ　新事業承継税制と生命保険の併用

新事業承継税制を利用することによって，自社株に係る贈与税・相続税負担への懸念が減少することになるが，これをもって，生命保険の利用価値が消滅するわけではない。例えば，新事業承継税制と組み合わせて生命保険を次のように利用することが考えられる。

(ア)　新事業承継税制の利用まで

新事業承継税制を利用する場合，受贈者になる後継者の確定等，その適用要件を満たすまでに一定の時間がかかるケースが考えられる。この場合に，適用要件を満たし，先代経営者から後継者へ自社株の贈与を行うまでの期間における突然の相続の発生に備えて，生命保険を利用する。適用要件等が整う前に予期せぬ相続が発生すると，税制上の優遇措置を受けることもできず，相続人等が自社株に対する高額の相続税を負担しなければならない可能性があるからである。そこで，生命保険を使ってその納税資金を準備する。このケースでは，契約者・被保険者を現経営者，死亡保険金受取人を自社株を相続することになる後継者として，保険期間は新事業承継税制の利用期限に合わせた10年以内の定期保険を利用することが考えられる。

(イ)　先代経営者の退職金の準備

新事業承継税制を利用して10年以内に自社株を贈与する場合を想定する。自社株を贈与しようとする者が会社の代表取締役である場合，その者が退任し，受贈者が代表取締役に就任することが新事業承継税制を適用するための要件である。したがって，このタイミングで法人が先代経営者に退職金を支払うことが想定される。この退職金を準備するために生命保険を利用する。このケース

では，契約者・死亡保険金受取人を法人，被保険者を代表取締役（すなわち特例措置適用時における贈与者）とし，保険種類は長期平準定期保険，逓増定期保険等を利用することが考えられる。これにより，後継者は先代経営者の役員退職金を計画的に準備することができ，事業承継前後の資金繰りを悪化させず，スムーズなスタートを切ることができる。

(ウ) 後継者ではない相続人への配慮

新事業承継税制の適用によって後継者の贈与税・相続税が猶予されることになる一方，後継者ではない相続人（以下「非後継者」という。）には，特段，課税上のメリットは生じない。自社株が先代経営者の財産の大部分を占めており，事業承継のため後継者が自社株を相続することになった場合，相続人間には，相続財産としての不公平だけでなく，課税上の不公平も生じてしまうことになる。

新事業承継税制で相続税の納税猶予額を計算する場合，まず通常の相続税を計算する。次に，後継者にはその対象になる自社株以外の相続財産はないものと仮定して相続税額を計算し，これが納税猶予額となる。

〔納税猶予額等の計算例〕

相続人	子A（後継者）	子B（非後継者）	子C（非後継者）	合計
課税価格	4億円	1億円	1億円	6億円
相続税額	1億1,320万円	2,830万円	2,830万円	1億6,980万円
納税猶予額	1億1,320万円	－	－	1億1,320万円
納税額	0円	2,830万円	2,830万円	5,660万円

＊子Aが取得する財産は自社株のみとする。
課税価格の合計額　4億円＋1億円＋1億円＝6億円
基礎控除額　3,000万円＋600万円×3人＝4,800万円
課税遺産総額　6億円－4,800万円＝5億5,200万円
法定相続分に応ずる各法定相続人の取得金額
5億5,200万円×1/3＝1億8,400万円
算出税額　1億8,400万円×40％－1,700万円＝5,660万円
相続税の総額　5,660万円×3＝1億6,980万円
各相続人等の税額
子A　1億6,980万円×4億円/6億円＝1億1,320万円（納税猶予額）
子B　1億6,980万円×1億円/6億円＝2,830万円
子C　1億6,980万円×1億円/6億円＝2,830万円

上記の計算例で，後継者Aは4億円の自社株を相続し，非後継者BとCはその他の財産を各1億円ずつ相続する。後継者Aには自社株以外の相続財産はない。このような場合，Aについては通常の相続税額と納税猶予額が同額になり，新事業承継税制を利用した場合の相続税の納税額は零ということになる。

さて，非後継者BとCについてはどうであろうか。4億円を相続したAの納税額が零になる一方で，1億円しか相続していないBとCがそれぞれ2,830万円の相続税を納めることになる。相続財産の合計が増えることで税率が上昇する法定相続分課税方式を採用する相続税の仕組み上，相続税が高額になった要因の1つは，Aの4億円もの相続財産であるということもできる。非後継者BとCの相続税の負担増は，納税猶予という優遇措置を享受することができるAとは対照的である。このままでBとCが納得するであろうか。

このような相続人間の不公平を調整するために，生命保険を利用することができる。このケースでは，契約者・被保険者を先代経営者，死亡保険金受取人を非後継者，保険種類は長期平準定期保険，終身保険等とすることが考えられる。これにより，非後継者が負担することになる相続税の納税資金を準備することができる。

また，死亡保険金受取人を後継者とすることで，遺産分割の際に後継者が非後継者に支払う代償金の資金を準備することも考えられる。

⑷　小　括

ここでは，事業承継対策としての生命保険の利用方法を，借入金返済資金，運転資金，自社株対策資金，相続対策資金の4つに分けて説明した。生命保険を利用することにより，それぞれの資金を準備することができる。また，平成30年度税制改正で創設された新事業承継税制について，生命保険がこの制度と併用できることについて説明した。

中小企業の経営者の多くは既に生命保険に加入しているであろう。しかし，加入目的を十分検討せず，いわゆる「お付き合い」で契約している場合も少なくないと思われる。経営者個人や法人が，高額の保険料を支払っているにもかかわらず，契約者自身がその意味を理解せず，保険金や保険期間等の契約内容を具体的に把握していないことも多いであろう。

経営者が事業承継に向き合うに当たって，自社株の高額化，相続税の納税資

金の不足等，自身の事業承継上の課題を明確化することにより，既に加入している生命保険について見直しを行い，その有効利用を検討することが重要である。その際には，無駄な生命保険契約はなくし，足りないものは追加するという助言を行うことも，中小企業のアドバイザーである税理士等に求められる役割であるといえる。

第 2 章

事業承継に係る税務の取扱い（基本編）

7 事業承継税制

(1) はじめに

　中小企業経営者の高齢化と少子化に伴う後継者不足も相まって，中小企業が
やむなくその事業を畳むケースも多い。こうした中小企業の衰退が我が国の経
済の先行きにも大きな不安を抱かせる要因の1つとなっていることは多くの論
稿や報道等で指摘されているところである。また，事業承継の局面では，通常，
後継者に対して贈与税あるいは相続税が課されるが，計画なき事業承継におい
ては，納税資金不足により事業継続が困難になるケースも想定される。そこで，
税制の観点から計画的な事業承継を推進すべく，いわゆる事業承継税制が設け
られているわけであるが，従来の事業承継税制は「使い勝手が悪い制度」であ
ったという感が否めず，実務上の批判も多かったと思われる。そのような中，
平成30年度税制改正において，従来の事業承継税制を拡充した特例制度が創設
されたことで，そうした実務上の問題点が取り除かれつつあるのが現在の状況
ということができそうである。また，平成31年度税制改正において，新たに，
いわば「個人版事業承継税制」とも称すべき制度が創設され，事業承継税制は
一層の発展を遂げている。なお，平成30年度税制改正で創設された事業承継税
制（以下，便宜的に「新事業承継税制」ともいう。）と，それ以前に設けられていた事
業承継税制（以下，便宜的に「旧事業承継税制」ともいう。）は，当面の間，併存して
運用されることになるが，以下では，平成30年度税制改正において創設された
新事業承継税制について確認することとしたい。

　本章では，事業承継税制の基本編として，実務上特に留意しておくべきと思
われるいくつかの基礎的事項を取り上げている。また，事業承継計画において
必要不可欠な株式評価についても基礎的な部分を確認することとした。

　一口に事業承継税制と称しても，その範囲や論点は多岐にわたるが，ここで
は基礎的事項を紹介するにとどめ，制度の抱える理論的な問題点や課題等につ
いては後の章を参照されたい。

(2) 贈与税及び相続税の納税猶予の特例

ア 事業承継税制に係る平成30年度税制改正の新旧対比

　事業承継税制とは，一定の要件を満たした事業承継について，贈与税・相続税の納税を猶予あるいは免除する制度をいう。事業承継税制は，贈与税の納税猶予と相続税の納税猶予に大別することができるところ，実務上は，生前贈与の時点で贈与税の納税猶予制度を利用した上で，相続開始，すなわち先代経営

図表1　新旧対比

内容	旧事業承継税制の制度	新旧制度の併存	
		既存制度	新制度（10年時限措置）
納税猶予制度	納税猶予 ＊免除は後継者死亡，破産等の場合のみ	従来のまま変更なし	• 特例承継計画の提出（施行後5年以内）が必要 • 旧制度の免除要件に加えて，経営環境変化に応じた減免制度を創設
雇用確保要件	5年平均で80%維持 ＊維持できない場合には，利子税と併せて全額納付	従来のまま変更なし	5年平均80%を下回った場合，理由書を都道府県知事へ提出すれば，猶予打切りとならない。 ＊理由が経営悪化の場合，認定経営革新等支援機関による指導助言が必要
対象株式割合の上限	議決権数2/3まで	従来のまま変更なし	2/3→3/3へ引上げ
納税猶予割合	贈与税額100%を免除	従来のまま変更なし	旧制度と同じ（相続への切替え時も猶予は100%）
	相続税額80%を免除	従来のまま変更なし	80%→100%へ引上げ
対象者の拡大	〔先代要件〕 代表者・筆頭株主であること	代表者・筆頭株主以外の者も対象	
	〔後継者要件〕 代表者・筆頭株主であること	従来のまま変更なし	代表取締役3人まで対象（議決権割合1～3位） ＊それぞれ，株式保有割合が10%以上であることが条件
相続時精算課税制度の適用	20歳以上の推定相続人又は孫が適用可	従来のまま変更なし	特例後継者が20歳（18歳）以上，かつ，その贈与者が60歳以上の場合であれば適用可

（出所）松岡章夫＝山岡美樹『事業承継税制の特例のポイント』4頁（大蔵財務協会2018）を基に筆者加筆

46　第2章　事業承継に係る税務の取扱い（基本編）

者の死亡時において，相続税の納税猶予制度に切り替えて事業承継税制を利用するケースが多いものと思われる。

　旧事業承継税制と新事業承継税制に係る改正内容を対比すると図表1のとおりとなる。上述のとおり，旧事業承継税制と新事業承継税制は，当面の間，制度として併存することになるが，旧事業承継税制については対象者に係る部分を除き，従来の税制がそのまま維持されている（図表1において「従来のまま変更なし」としている箇所を指す。）。

イ　新事業承継税制の特徴

(ア)　特例承継計画の策定と提出

　新事業承継税制においては，特例承継計画（☞特例承継計画とは）の提出が要件とされており，特例会社は，平成30年4月1日から令和5年3月31日までの間に特例承継計画を都道府県に提出し，中小企業における経営の承継の円滑化に関する法律（以下「円滑化法」という。）12条《経済産業大臣の認定》1項の認定を受ける必要がある（円滑化規17①②）。

> ☞　**特例承継計画とは**，認定経営革新等支援機関（☞認定経営革新等支援機関とは）の指導及び助言を受けた特例会社が作成した計画で，特例会社の後継者，承継時までの経営見通し等が記載されたものをいう。
>
> ☞　**認定経営革新等支援機関とは**，平成24年8月30日に施行された中小企業経営力強化支援法に基づき，中小企業に対して専門性の高い支援事業を行う経営革新等支援機関として国が審査・認定する機関をいう。認定制度は，税務，金融及び企業財務に関する専門的知識や支援に係る実務経験が一定レベル以上の個人，法人，中小企業支援機関等を，経営革新等支援機関として認定することにより，中小企業に対して専門性の高い支援を行うための体制を整備するものと位置付けられている（中小企業庁HP（https://www.chusho.meti.go.jp/keiei/kakushin/nintei/〔平成31年4月26日訪問〕））。

(イ)　適用株数の拡大と納税猶予割合の引上げ

　旧事業承継税制では，納税猶予の対象となる非上場株式等について，発行済株式総数の3分の2までとする制限が設けられていたが，新事業承継税制では，その制限が撤廃され，特例経営承継受贈者又は特例経営承継相続人（後継者）が，先代経営者等から取得した非上場株式等の全てが納税猶予の対象とされることとなった。また，納税猶予割合についても，従来相続税について80％だったところが，100％まで引き上げられた（なお，贈与税については従来から100％）。

　すなわち，旧事業承継税制の下で，発行済株式の全てを後継者が承継した場合，対象株式3分の2に対して納税猶予割合80％を乗じるため，結果的に約

53%程度の納税猶予であったのに対し，新事業承継税制においては，取得した全ての非上場株式に対する贈与税又は相続税の全額が納税猶予の対象とされることになり，承継後に譲渡等の一定の事由に該当しない限り，実質的に事業承継に関して贈与税及び相続税を負担する必要がなくなった。

㈡ 雇用確保要件の緩和

旧事業承継税制においては，いわゆる雇用確保要件を満たさないこととなった場合，猶予税額の全額を納付しなければならない（措法70の7④二，70の7の2③二）。すなわち，基準日における常時使用従業員の数の5年間の平均値が，起算日（原則相続開始時又は贈与時）における従業員数の80％未満となった場合には，納税猶予を受けることができないこととなり，その時点での納税資金確保の問題などが制度の使い勝手の悪さの1つに挙げられていたところである。この点，新事業承継税制では，かかる雇用確保要件を満たさないこととなった場合であっても，納税猶予の期限は確定しないこととされた（措法70の7の5③，70の7の6③，70の7の8③）。

> ✒ もっとも，この場合には，その満たせない理由を記載した書類（認定経営革新等支援機関の意見が記載されているものに限る。）を都道府県に提出しなければならない。また，その理由が，経営状況の悪化である場合又は正当なものと認められない場合には，認定経営革新等支援機関からの指導及び助言を受けた上で，当該提出書類にその内容を記載しなければならない。

㈢ 株式を承継させる者と承継する者の範囲拡大等

旧事業承継税制では，株式を承継させる者は代表権がある先代経営者に限られ，かつ，株式を承継する者も代表権のある又は見込まれる後継者1人に限定されていたが，新事業承継税制においては，代表者以外の者を含む複数人からの承継も適用対象とされ，また，1人当たり10％以上の議決権を保有することを条件として，代表権を有する最大3人への承継も対象とされることとなった。

> ✒ ただし，少数株主である者から株式の贈与を受ける場合に新事業承継税制を適用すると，かかる贈与者に相続が発生した際，当該株式を後継者が相続により取得したものとみなして相続税の計算が行われるため，当該株式が原則的評価の方法により評価されることになり，配当還元方式で評価する場合よりも評価額が高く算定される場合があることに注意が必要である。

その他，新事業承継税制においては，先代経営者の推定相続人以外の後継者に対する贈与についても相続時精算課税の選択が可能となった（措法70の2の7）。すなわち，子や孫以外の親族や，親族外の従業員等に対してなされる事業承継

48　第2章　事業承継に係る税務の取扱い（基本編）

についても税制上の手当てが施されたことにより，後継者の候補の拡大等，事業承継の円滑化が図られている。

　なお，「民法の一部を改正する法律」が令和4年4月1日から施行され成年年齢が20歳から18歳に引き下げられることに伴い，従来20歳以上とされていた年齢要件は18歳以上に引き下げられる（以下同じ。）。

　🖉　ただし，先代経営者の相続の際，贈与を受けた親族外の後継者も相続税の納税義務者
　　となることには留意が必要である。また，実務的には，税制上の問題とは別に遺留分侵
　　害に当たる可能性にも配慮が必要であろう。

(3)　非上場株式等に係る贈与税の納税猶予の特例制度

ア　制度概要

　新事業承継税制においては，特例経営承継受贈者（後継者）が，特例贈与者（先代経営者等）から贈与により特例会社の株式等を取得し，所定の要件を充足した場合には，その特例経営承継受贈者の納付すべき当該株式等に係る贈与税の納税猶予が認められている（措法70の7の5）。なお，当該特例の適用を受けるためには，前記のとおり，円滑化法12条1項の認定を受ける必要がある。もっとも，この制度はあくまでも納税猶予であることから，一定の事由に該当した場合には，猶予税額と利子税を納付しなければならない（後述）。

租税特別措置法70条の7の5《非上場株式等についての贈与税の納税猶予及び免除の特例》（抄）

　　特例認定贈与承継会社の非上場株式等（議決権に制限のないものに限る。）を有していた個人として政令で定める者（以下「特例贈与者」という。）が特例経営承継受贈者に当該特例認定贈与承継会社の非上場株式等の贈与（平成30年1月1日から平成39年12月31日までの間の最初のこの項の規定の適用に係る贈与及び当該贈与の日から特例経営贈与承継期間の末日までの間に贈与税の申告書の提出期限が到来する贈与に限る。）をした場合において，当該贈与が次の各号に掲げる場合の区分に応じ当該各号に定める贈与であるときは，当該特例経営承継受贈者の当該贈与の日の属する年分の贈与税で贈与税の申告書の提出により納付すべきものの額のうち，当該非上場株式等で当該贈与税の申告書にこの項の規定の適用を受けようとする旨の記載があるもの（以下「特例対象受贈非上場株式等」という。）に係る納税猶予分の贈与税額に相当する贈与税については，当該年分の贈与税の申告書の提出期限までに当該納税猶予分の贈与税額に相当する担保を提供した場合に限り，同法第33条の規定にかかわらず，当該特例贈与者の死亡の日まで，その納税を猶予する。
　一　特例経営承継受贈者が1人である場合　次に掲げる贈与の場合の区分に応じそれぞれ次に定める贈与

イ　当該贈与の直前において，当該特例贈与者が有していた当該特例認定贈与承継会社の非上場株式等の数又は金額が，当該特例認定贈与承継会社の発行済株式又は出資（議決権に制限のない株式等（株式又は出資をいう。以下この条において同じ。）に限る。次号において同じ。）の総数又は総額の３分の２から当該特例経営承継受贈者が有していた当該特例認定贈与承継会社の非上場株式等の数又は金額を控除した残数又は残額以上の場合　当該控除した残数又は残額以上の数又は金額に相当する非上場株式等の贈与

ロ　イに掲げる場合以外の場合　当該特例贈与者が当該贈与の直前において有していた当該特例認定贈与承継会社の非上場株式等の全ての贈与

二　特例経営承継受贈者が２人又は３人である場合　当該贈与後におけるいずれの特例経営承継受贈者の有する当該特例認定贈与承継会社の非上場株式等の数又は金額が当該特例認定贈与承継会社の発行済株式又は出資の総数又は総額の10分の１以上となる贈与であって，かつ，いずれの特例経営承継受贈者の有する当該特例認定贈与承継会社の非上場株式等の数又は金額が当該特例贈与者の有する当該特例認定贈与承継会社の非上場株式等の数又は金額を上回る贈与

🖉　納税猶予の特例の適用を受けるためには，贈与税の申告期限までに納税猶予分の贈与税額に相当する担保を提供しなければならない（措法70の７の５①）。

イ　特例経営承継受贈者（事業を継ぐ側）

特例経営承継受贈者とは，特例贈与者である先代経営者等から贈与により承継会社の非上場株式の取得をした個人で，次に掲げる要件の全てを満たす者（その者が２人又は３人である場合には，当該特例認定承継会社が定めた２人又は３人までに限る。）をいう（措法70の７の５②六）。

イ　当該個人が，当該贈与の日において20歳以上であること

ロ　当該個人が，当該贈与の時において，当該特例認定贈与承継会社の代表権（制限が加えられた代表権を除く。）を有していること

ハ　当該贈与の時において，当該個人及び当該個人と政令で定める特別の関係がある者（同族関係者）の有する当該特例認定贈与承継会社の非上場株式等に係る議決権の数の合計が，当該特例認定贈与承継会社に係る総株主等議決権数の100分の50を超える数であること

二　次に掲げる場合の区分に応じそれぞれ次に定める要件を満たしていること

　(1)　当該個人が１人の場合　当該贈与の時において，当該個人が有する当該特例認定贈与承継会社の非上場株式等に係る議決権の数が，当該個人と同族関係者のうちいずれの者が有する当該特例認定贈与承継会社の非上場株式等に係る議決権の数をも下回らないこと

　(2)　当該個人が２人又は３人の場合　当該贈与の時において，当該個人が有する当該特例認定贈与承継会社の非上場株式等に係る議決権の数が，当該特例認定贈与承継会社の総株主等議決権数の百分の十以上であること及び当該個人と同族関係者のうちいずれの者が有する当該特例認定贈与承継会社の非上場株式等に係る議

50 第2章 事業承継に係る税務の取扱い（基本編）

　　決権の数をも下回らないこと
　ホ　当該個人が，当該贈与の時から当該贈与の日の属する年分の贈与税の申告書の提
　　出期限（当該提出期限前に当該個人が死亡した場合には，その死亡の日）まで引き
　　続き当該贈与により取得をした当該特例認定贈与承継会社の特例対象受贈非上場株
　　式等の全てを有していることヘ　当該個人が，当該贈与の日まで引き続き3年以上
　　にわたり当該特例認定贈与承継会社の役員その他の地位を有していること
　ト　当該個人が，当該特例認定贈与承継会社の非上場株式等について旧事業承継税制
　　の規定の適用を受けていないこと
　チ　当該個人が，当該特例認定贈与承継会社の経営を確実に承継すると認められる要
　　件として財務省令で定めるものを満たしていること

　このように，贈与の場合には，その贈与時において，年齢が20歳以上である
ことや，当該承継会社の代表権を有していること，当該個人及び同族関係者の
有する当該承継会社の議決権数の合計が，当該承継会社の総議決権数の100分
の50を超える数であることなどが求められる。なお，後掲するが，相続の場合
とは要件が異なる部分がある。

ウ　特例贈与者（事業を継がせる側）

　特例贈与者とは，贈与の時前において，特例会社の代表権を有していた個人
で，次に掲げる要件の全てを満たす者をいう（措令40の8の5①一）。

　イ　当該贈与の直前（当該個人が当該贈与の直前において当該特例認定贈与承継会社
　　の代表権を有しない場合には，当該個人が当該代表権を有していた期間内のいずれ
　　かの時及び当該贈与の直前）において，当該個人及び同族関係者の有する当該特例
　　認定贈与承継会社の同項5号に規定する非上場株式等に係る議決権の数の合計が，
　　当該特例認定贈与承継会社の同項6号ハに規定する総株主等議決権数の100分の50
　　を超える数であること
　ロ　当該贈与の直前（当該個人が当該贈与の直前において当該特例認定贈与承継会社
　　の代表権を有しない場合には，当該個人が当該代表権を有していた期間内のいずれ
　　かの時及び当該贈与の直前）において，当該個人が有する当該特例認定贈与承継会
　　社の非上場株式等に係る議決権の数が，当該個人と同族関係者のうちいずれの者が
　　有する当該非上場株式等に係る議決権の数をも下回らないこと
　ハ　当該贈与の時において，当該個人が当該特例認定贈与承継会社の代表権を有して
　　いないこと

　なお，少数株主である贈与者については，このような要件は設けられていな
い（指令40の8の5①二）。

エ　小　括

　会社を引き継ぐ側と継がせる側の要件は上記のとおりであるが，これらは経

営を確実に承継させることを担保する要件といえそうである。つまり，「これらの要件を充足していれば，およそ会社は順調に承継されるであろう。」として設けられている要件であるが，そうした税制の態度は，議決権の数への着目からも見て取れる。総議決権50％超といった基準は，要するに「親戚のうるさい大株主」がいないことを求めているのである。例えば，先代経営者である父から息子へ代表権を引き継いだとしても，叔父が総議決権の50％を保有しているようでは，子が会社を完全に支配できるとはいえない。こうした状況下では，法の推進する円滑な事業承継が保障されないことから，その適用の対象外としているのである。

オ　適用対象会社

　贈与税の納税猶予の特例の適用を受けることのできる会社を，特例認定贈与承継会社といい，①中小企業者の要件，②円滑化法の認定要件，③租税特別措置法上の要件のそれぞれを満たさなければならない。

㈠　中小企業者の要件

　対象会社は，贈与の時において，円滑化法2条《定義》に規定する「中小企業者」に該当していなければならない（措法70の7の5②一）。同条及びその委任を受けた同法施行令では，業種ごとに資本金額と従業員数に係る要件を設けている。それらをまとめると図表2，図表3のとおりとなる。

図表2　円滑化法2条の定める分類

業　種	下記のいずれかを満たすもの	
	資本金の額又は出資の総額	常時使用する従業員の数
1号：製造業，建設業，運輸業，その他の業種（以下の業種を除く）	3億円以下	300人以下
2号：卸売業	1億円以下	100人以下
3号：サービス業	5,000万円以下	100人以下
4号：小売業	5,000万円以下	50人以下

52　第2章　事業承継に係る税務の取扱い（基本編）

図表3　円滑化法施行令の定める分類

業種	下記のいずれかを満たすもの	
	資本金の額又は出資の総額	常時使用する従業員の数
1：ゴム製品製造業（自動車又は航空機用タイヤ及びチューブ製造業並びに工業用ベルト製造業を除く。）	3億円以下	900人以下
2：ソフトウェア業又は情報処理サービス業	3億円以下	300人以下
3：旅館業	5,000万円以下	200人以下

(イ)　円滑化法の認定要件

　新事業承継税制を受けるための前提として，中小企業者である会社は，認定経営革新等支援機関の指導・助言により特例承継計画を策定し，贈与が行われた年の翌年1月15日まで又は当該認定に係る被相続人の死亡の日の翌日から8か月以内に，所定の認定申請書を都道府県知事に提出し，認定を受ける必要がある（円滑化法12①一，円滑化規6①七）。

　要件としては，以下の全てを満たさなければならない。

> イ　当該贈与の時以後において，上場会社等又は風俗営業会社のいずれにも該当しないこと
> ロ　当該贈与の日の属する事業年度の直前の事業年度の開始の日以後において，資産保有型会社に該当しないこと
> ハ　贈与認定申請基準事業年度において資産運用型会社に該当しないこと
> ニ　贈与認定申請基準事業年度において総収入金額が零を超えること
> ホ　当該贈与の時において，常時使用する従業員の数が1人以上（当該中小企業者の特別子会社が外国会社に該当する場合にあっては5人以上）であること
> ヘ　当該贈与の時以後において，当該中小企業者の特定特別子会社が上場会社等，大会社又は風俗営業会社のいずれにも該当しないこと
> ト　当該中小企業者の代表者が経営承継受贈者であること
> チ　贈与者が有していた株式等を，当該会社の発行済株式総数の3分の2に達するまで又は全株贈与すること
> リ　当該中小企業者が会社法108条1項8号に掲げる事項についての定めがある種類の株式を発行している場合にあっては，かかる株式を経営承継受贈者以外の者が有していないこと
> ヌ　贈与認定申請基準日における常時使用従業員数が当該贈与の時における常時使用

> 従業員数の80％を下回らないこと

　上記ニにいう総収入金額とは，会社計算規則88条《損益計算書等の区分》１項４号に掲げる営業外収益及び同項６号に掲げる特別利益を除くものとされている。

　また，リにいう会社法108条《異なる種類の株式》１項８号に掲げる事項についての定めがある種類の株式とは，拒否権付株式（いわゆる「黄金株」）を指す。ここでは，黄金株を後継者以外が保有していないことを要件としている。

㈻　租税特別措置法上の要件

⒜　８つの要件　　さらに，承継会社は，上記円滑化法２条に規定する中小企業者のうち，特例円滑化法認定（☞特例円滑化法認定とは）を受けた会社で，贈与の時において，次に掲げる要件の全てを満たす必要がある（税制上の要件を満たした承継会社を「特例認定贈与承継会社」という。措法70の７の５②一，措令40の８の５⑨）。

☞　**特例円滑化法認定**とは，円滑化法12条１項の経済産業大臣（同法16条《都道府県が処理する事務》の規定に基づく政令の規定により都道府県知事が行うこととされている場合にあっては，当該都道府県知事）の認定をいう。

> イ　当該会社の常時使用従業員の数が１人以上であること
> ロ　当該会社が，資産保有型会社又は資産運用型会社に該当しないこと
> ハ　当該会社の株式等及び特別関係会社の株式等が，非上場株式等に該当すること
> ニ　当該会社及び特別関係会社が，風俗営業会社に該当しないこと
> ホ　当該会社の特別関係会社外国会社に該当する場合にあっては，当該会社の常時使用従業員の数が５人以上であること。
> ヘ　贈与の日の属する事業年度の直前の事業年度における総収入金額が，零を超えること
> ト　黄金株を経営承継受贈者以外の者が有していないこと
> チ　特別関係会社が，中小企業における経営の承継の円滑化に関する法律２条に規定する中小企業者に該当すること

⒝　３年以内の贈与　　特例認定贈与承継会社が，贈与前３年以内に，経営承継受贈者及び同族関係者から現物出資又は贈与により取得をした資産がある場合において，かかる承継会社の資産の価額の合計額に対する現物出資等資産の価額の割合が70％以上であるときは，贈与税の納税猶予の特例を適用することはできない（措法70の７㉙，70の７の５㉔）。これは，後継者の個人資産を会社にあらかじめ贈与し，株式等の形に変えて贈与税の特例措置を受けるような法の

潜脱を防ぐための措置である。もっとも，こうした防止規定は，旧事業承継税制においても同様の規定があったところであり，新事業承継税制においても準用する形で設けられている。

> ✐ なお，割合の計算において用いられる現物出資等資産の価額については，贈与の時において承継会社が現物出資等資産を有していない場合であっても，贈与があった時に有しているものとして価額を算定することとされているため注意が必要である。

カ　資産保有型会社と資産運用型会社

上記のとおり，法は，一定の場合を除いて，資産保有型会社と資産運用型会社を贈与税の納税猶予の特例措置の対象から除外している。これは，例えば不動産を有する個人が，法人に資産を移転させ事業承継税制を適用することで，贈与税ないしは相続税の負担を軽減させるといった行為を防止するための措置である。

㈦　資産保有型会社

資産保有型会社とは，贈与の日の属する事業年度の直前の事業年度の開始の日から納税の猶予に係る期限が確定する日までの期間内のいずれかの日において，次の算式による割合が100分の70以上になる会社をいう（措法70の7の5②三，措法70の7の6②三）。

$$\frac{\text{特定資産の帳簿価額の合計額＋配当等及び過大役員給与等の合計額}}{\text{総資産の帳簿価額の総額＋配当等及び過大役員給与等の合計額}} \geqq 70\%$$

→　資産保有型会社に該当

なお，上記算式における特定資産には，次のようなものが含まれる（措規23の9⑭，円滑化規1⑫二）。

①　現金，預貯金その他これらに類する資産（特例経営承継受贈者及び同族関係者に対する貸付金，未収金その他これらに類する資産を含む。）

②　有価証券及び有価証券とみなされる権利（ただし，当該会社の特別子会社（☞特別子会社とは）が，資産保有型子会社又は資産運用型子会社に該当しない場合には，かかる特別子会社の株式は除く。）

③　遊休不動産及び賃貸不動産

④　ゴルフ場その他の施設の利用に関する権利

⑤　絵画，彫刻，工芸品その他の有形の文化的所産である動産，貴金属及び

宝石

☞ **特別子会社**とは，対象会社及び代表者，同族関係者が合わせて総株主等議決権数の50％超を保有する会社をいう。

①の特定資産には，保険積立金なども含まれることとなる。また，役員用社宅などについては③のものとして特定資産に該当する。もっとも，⑤のような資産を販売目的で所有する場合には，特定資産には含まれない。また，上記配当等及び過大役員給与等（すなわち，損金不算入とされる部分の役員給与）に含める金額は，判定の日以前5年以内において特例経営承継受贈者及び同族関係者が受けたものとされている。

(イ) 資産運用型会社

資産運用型会社とは，贈与の日の属する事業年度の直前の事業年度の開始の日から納税の猶予に係る期限が確定する日までに終了する事業年度の末日までの期間内のいずれかの事業年度における総収入金額に占める特定資産の運用収入の合計額の割合が100分の75以上となる会社をいう（措法70の7②九，70の7の5②四）。

(ウ) 事業の実態がある場合

上記のとおり，承継会社が資産保有型会社あるいは資産運用型会社に該当する場合には，原則として贈与税の納税猶予の特例の対象外となるが，その例外として，当該会社につき事業実態がある場合には特例の適用を受けることができる（措令40の8の5⑤，40の8の6⑥）。具体的には，次に掲げる要件の全てに該当する場合には，事業実態があるものと判断され，特例の適用対象となる。

> イ 当該資産保有型会社等が，贈与の日まで引き続き3年以上にわたり，商品の販売その他の業務を行っていること
>
> ロ イの贈与の時において，当該資産保有型会社等の常時使用親族外従業員（経営承継受贈者及び当該経営承継受贈者と生計を一にする親族以外の従業員）の数が5人以上であること
>
> ハ イの贈与の時において，当該特別関係会社が，ロの親族外従業員が勤務している事務所，店舗，工場その他これらに類するものを所有し，又は賃借していること

キ 小 括

このように，事業承継税制の対象会社についても，種々の要件が求められているのであるが，大きく分けることが許されるとすれば，そのポイントは3つ

である。1つは，「我が国の中小企業の事業承継を促進すべし」とする法の目的に沿う会社であること，2つは，相続税等の潜脱がなされやすい会社でないこと，3つは，事業の実態があることである。

(ア) 法の目的

事業承継税制の目的は，我が国において喫緊の課題となっている中小企業の廃業に歯止めをかけ，次世代に引き継ぐことであるから，上場企業は対象とならない。また，風俗営業会社のように，法の保護すべき会社とはいえないような会社は対象外となっている。

(イ) 相続税等の潜脱防止

事業承継税制の制度を利用した相続税逃れを防ぐため，資産の保有・運用を中心とするような会社は適用対象外となっている。例えば，父が，自らの所有する不動産を出資して会社を設立し，かかる会社を子に引き継がせるといったケースについて事業承継税制の適用を認めてしまうと相続税等の潜脱に繋がることになりかねない。

(ウ) 事業実態

上記(ア)や(イ)と通じるところであるが，事業実態のないような会社についてはその適用対象から除外されている。例えば，従業員数の基準や，収入金額基準などがそれである。とかくペーパーカンパニーは，法の潜脱に利用されることが多いことから，その適用対象外としているのである。

ク 贈与者が死亡した場合

特例贈与者である先代経営者が死亡した場合には，猶予されている贈与税は免除される（措法70の7の5⑪）。しかし，事業承継に伴い贈与を受けた非上場株式等は，相続又は遺贈により取得したものとみなして相続税が課税されることになる（措法70の7の7①）。なお，この場合において，その死亡による相続又は遺贈に係る相続税の課税価格の計算の基礎に算入すべき非上場株式等の価額については，その贈与の時における価額を基礎として計算する。

もっとも，かかる相続についても，一定の要件を充足する場合には，その対応する相続税の全額について納税猶予の適用を受けることができる（措法70の7の8）。

　　✍ 特例贈与者の死亡の場合のほか，贈与者の死亡前に特例経営承継受贈者が死亡した場合や，特例経営承継受贈者が次の後継者へ非上場株式等を贈与し，かかる後継者が贈与

税の納税猶予の特例を受ける場合，その他一定の法的整理等が行われた場合にも，猶予されている贈与税の全額が免除される。

ケ　猶予期限の確定

特例経営承継受贈者又は特例認定贈与承継会社につき以下の事由が生じた場合には，猶予されていた贈与税を納付しなければならない（猶予期限の確定。措法70の7③，措法70の7の5③，措令40の8の5⑱）。また，併せて利子税の納付義務も負う。

なお，特例経営贈与承継期間内に下記の事実が生じた場合には，その生じた日から2か月を経過する日までに猶予税額の全額を納付しなければならない。また，期間後に下記の事実が生じた場合には，譲渡等をした特例対象非上場株式等の割合に応じて，当該日から2か月を経過する日までに猶予税額を納付しなければならない。ただし，以下の事由のうち，①ないし③及び⑭ないし⑱については期間後の要件は課されていないため，これらについては期間内に生じた場合に限り猶予税額を納付する必要がある。

①　特例経営承継受贈者が特例認定贈与承継会社の代表権を有しないこととなった場合

②　特例経営承継受贈者及び同族関係者の有する議決権の数の合計が当該特例認定贈与承継会社の総株主等議決権数の100分の50以下となった場合

③　特例経営承継受贈者の同族関係者が，当該特例経営承継受贈者が有する議決権の数を超える数の議決権を有することとなった場合

④　特例経営承継受贈者が適用対象非上場株式等の一部の譲渡又は贈与（以下「譲渡等」という。）をした場合

⑤　特例経営承継受贈者が適用対象非上場株式等の全部の譲渡等をした場合

⑥　特例認定贈与承継会社が吸収分割型分割又は金銭等を交付する組織変更を行った場合

⑦　特例認定贈与承継会社が解散をした場合（合併により消滅する場合を除く。）又は会社法その他の法律の規定により解散をしたものとみなされた場合

⑧　特例認定贈与承継会社が資産保有型会社又は資産運用型会社のうち政令で定めるものに該当することとなった場合

⑨　特例認定贈与承継会社の事業年度における総収入金額が零となった場合

⑩　特例認定贈与承継会社が，資本金の額の減少をした場合又は準備金の額の減少をした場合

⑪　当該経営承継受贈者が納税猶予の特例の適用を受けることをやめる旨を記載した届出書を納税地の所轄税務署長に提出した場合

⑫　特例認定贈与承継会社が合併により消滅した場合（当該合併により当該特例認定贈与承継会社に相当するものが存する場合として財務省令で定める場合を除く。）

⑬ 特例認定贈与承継会社が株式交換等により他の会社の株式交換完全子会社等となった場合（当該株式交換等により当該特例認定贈与承継会社に相当するものが存する場合として財務省令で定める場合を除く。）
⑭ 特例認定贈与承継会社の株式等が非上場株式等に該当しないこととなった場合
⑮ 特例認定贈与承継会社又は特定特別関係会社が風俗営業会社に該当することとなった場合
⑯ 特例認定贈与承継会社が発行する黄金株を特例経営承継受贈者以外の者が有することとなった場合
⑰ 特例認定贈与承継会社の株式等の全部又は一部について，議決権を制限した場合
⑱ 贈与者が特例認定贈与承継会社の代表権を有することとなった場合
⑲ 都道府県知事への報告を怠った場合，税務署長への継続届出書の提出がなかった場合

✍ なお，①特例経営承継受贈者が代表権を有しないこととなった場合については，その代表権を有しないこととなったことについてやむを得ない理由がある場合を除くこととされているが，これは後継者である特例経営承継受贈者の精神や身体の障害等による場合をいう（措規23の9⑮）。

✍ 新事業承継税制では雇用確保要件が緩和されているため，旧事業承継税制において要件とされていた5年平均80%基準はここには含まれない。この場合に，その満たせない理由を記載した書類を都道府県に提出しなければならないことなどは前述のとおりである。

　猶予税額の全部又は一部を納付する場合には，法定申告期限からの利子税（年3.6%）を併せて納付しなければならないが，特例期間である5年経過をした後に納税猶予の期限が確定し，猶予税額の全部又は一部を納付するときは，かかる特定期間中については利子税は課されない。

コ　同族会社等の行為又は計算の否認規定の準用

　旧事業承継税制に引き続き，新事業承継税制においても，同族会社等の行為又は計算の否認規定を準用する旨が定められている。すなわち，旧事業承継税制上の規定である租税特別措置法70条の7《非上場株式等についての贈与税の納税猶予及び免除》14項は，「相続税法第64条第1項（同条第2項において準用する場合を含む。）及び第4項の規定は，第1項の規定の適用を受ける経営承継受贈者若しくは当該経営承継受贈者に係る贈与者又はこれらの者と政令で定める特別の関係がある者の相続税又は贈与税の負担が不当に減少する結果となると認められる場合について準用する。」としており，新事業承継税制では，かかる規定を更に準用する形で同族会社等の行為又は計算の否認規定を設けていることに留意が必要である（措法70の7の5⑩，70の7の6⑪等）。

⑷　非上場株式等に係る相続税の納税猶予の特例制度

ア　制度概要

　新事業承継税制においては，特例経営承継相続人等（後継者）が，被相続人（先代経営者等）から贈与又は遺贈により特例会社の株式等を取得し，所定の要件を充足した場合には，その特例経営承継相続人等の納付すべき当該株式等に係る相続税の納税猶予が認められている（措法70の7の6）。なお，この制度はあくまでも納税猶予であることから，一定の事由に該当した場合には，猶予税額と利子税を納付しなければならないことなどは，贈与税の納税猶予の特例と同様である。

租税特別措置法70条の7の6　《非上場株式等についての相続税の納税猶予及び免除の特例》（抄）

　　特例認定承継会社の非上場株式等（議決権に制限のないものに限る。以下この項において同じ。）を有していた個人として政令で定める者（以下「特例被相続人」という。）から相続又は遺贈により当該特例認定承継会社の非上場株式等の取得（平成30年1月1日から平成39年12月31日までの間の最初のこの項の規定の適用に係る相続又は遺贈による取得及び当該取得の日から特例経営承継期間の末日までの間に相続税の申告書の提出期限が到来する相続又は遺贈による取得に限る。）をした特例経営承継相続人等が，当該相続に係る相続税の申告書の提出により納付すべき相続税の額のうち，当該非上場株式等で当該相続税の申告書にこの項の規定の適用を受けようとする旨の記載があるもの（以下「特例対象非上場株式等」という。）に係る納税猶予分の相続税額に相当する相続税については，政令で定めるところにより当該相続税の申告書の提出期限までに当該納税猶予分の相続税額に相当する担保を提供した場合に限り，同法第33条の規定にかかわらず，当該特例経営承継相続人等の死亡の日まで，その納税を猶予する。

イ　特例経営承継相続人等

　制度の内容は，贈与税の納税猶予の特例とほぼ同じであるが，特例経営承継相続人等の定義のみ確認しておきたい。

　ここで，特例経営承継相続人等とは，特例被相続人から相続又は遺贈により特例経営承継会社の非上場株式等の取得をした個人で，次に掲げる要件の全てを満たす者（その者が2人又は3人である場合には，当該特例認定承継会社が定めた2人又は3人までに限る。）をいう（措法70の7の6②七，措規23の12の3⑨）。

　　イ　当該個人が，当該相続の開始の日の翌日から5月を経過する日において，当該特

60　第2章　事業承継に係る税務の取扱い（基本編）

　　　例認定承継会社の代表権を有していること
　　ロ　当該相続の開始の時において，当該個人及び同族関係者の有する当該特例認定承
　　　継会社の非上場株式等に係る議決権の数の合計が，当該特例認定承継会社に係る総
　　　株主等議決権数の100分の50を超える数であること
　　ハ　次に掲げる場合の区分に応じそれぞれ次に定める要件を満たしていること
　　(1)　当該個人が1人の場合　当該相続の開始の時において，当該個人が有する当該
　　　　特例認定承継会社の非上場株式等に係る議決権の数が，当該個人と同族関係者の
　　　　うちいずれの者が有する当該特例認定承継会社の非上場株式等に係る議決権の数
　　　　をも下回らないこと
　　(2)　当該個人が2人又は3人の場合　当該相続の開始の時において，当該個人が有
　　　　する当該特例認定承継会社の非上場株式等に係る議決権の数が，当該特例認定承
　　　　継会社の総株主等議決権数の100分の10以上であること及び当該個人と同族関係
　　　　者のうちいずれの者が有する当該特例認定承継会社の非上場株式等に係る議決権
　　　　の数をも下回らないこと
　　ニ　当該個人が，当該相続の開始の時から当該相続に係る相続税の申告書の提出期限
　　　（当該提出期限前に当該個人が死亡した場合には，その死亡の日）まで引き続き当
　　　該相続又は遺贈により取得をした当該特例認定承継会社の特例対象非上場株式等の
　　　全てを有していること
　　ホ　当該個人が，旧事業承継税制の適用を受けていないこと
　　ヘ　当該個人が，相続開始の直前において，当該特例認定承継会社の役員であること
　　　（被相続人が60歳未満で死亡した場合を除く。）

(5)　個人版事業承継税制

ア　概　要

　平成31年度税制改正において，新たに個人事業者の事業承継を促進するため
の税制が構築されることになった。これは，いわば個人版事業承継税制ともい
えるものであるが，個人事業者の事業用資産に係る贈与税又は相続税の納税猶
予制度を10年間の時限措置として創設するものである。

イ　個人事業者の事業用資産に係る相続税の納税猶予制度の創設

　認定相続人（☞認定相続人とは）が，平成31年1月1日から令和10年12月31日
までの間に，相続等により特定事業用資産（☞特定事業用資産とは）を取得し，事
業を継続していく場合には，担保の提供を条件に，その認定相続人が納付すべ
き相続税額のうち，相続等により取得した特定事業用資産の課税価格に対応す
る相続税の納税を猶予することとされた。

　☞　**認定相続人**とは，承継計画（☞承継計画とは）に記載された後継者であって，円滑化
　　法の規定による認定を受けた者をいう。

☞ **特定事業用資産**とは，不動産貸付事業等を除く被相続人の事業の用に供されていた土地（面積400 m^{2}まで），建物（床面積800 m^{2}まで）及び建物以外の減価償却資産（固定資産税又は営業用として自動車税若しくは軽自動車税の課税対象となっているもの等）で青色申告書に添付される貸借対照表に計上されているものをいう。

☞ **承継計画**とは，認定経営革新等支援機関の指導及び助言を受けて作成された特定事業用資産の承継前後の経営見直し等が記載された計画であって，平成31年4月1日から令和6年3月31日までの間に都道府県に提出されたものをいう。

　猶予税額の計算方法について，非上場株式等についての相続税の納税猶予制度の特例と同様とするなどとされているとおり，基本的な取扱いは中小企業に係る新事業承継税制と類似の制度設計となっている。また，同特例における資産管理会社要件を踏まえた要件を設定するとして，租税回避行為を防止する措置を講ずることとされている点も同様である。

　なお，この納税猶予の特例を受ける場合には，特定事業用宅地等につき，小規模宅地等についての相続税の課税価格の計算の特例を受けることができないこととされており，従来の小規模宅地等特例との選択適用となることに留意が必要である。

ウ　個人事業者の事業用資産に係る贈与税の納税猶予制度の創設

　認定受贈者（18歳（令和4年3月31日までの贈与については，20歳）以上である者に限る。以下同じ。）が，平成31年1月1日から令和10年12月31日までの間に，贈与により特定事業用資産を取得し，事業を継続していく場合には，担保の提供を条件に，その認定受贈者が納付すべき贈与税額のうち，贈与により取得した特定事業用資産の課税価格に対応する贈与税の納税を猶予することとされた。

　贈与税の納税猶予制度においても，基本的な取扱いは中小企業に係る新事業承継税制と類似の制度設計となっている。例えば，認定受贈者が贈与者の直系卑属である推定相続人以外の者であっても相続時精算課税の適用対象となることや，贈与者の死亡時においては，対象となった特定事業用資産をその贈与者から相続等により取得したものとみなして，贈与時の時価により他の相続財産と合算して相続税を計算することとされている。

8　株式評価

⑴　はじめに

　事業承継税制においては，**7**で述べたとおり納税猶予とひいてはその免除が認められているものの，例えば贈与者の死亡時には，対象となった株式を相続によって取得したものとみなし，贈与時の時価により相続税額を計算する。また，新事業承継税制においては親族外の後継者にも納税猶予を認めることとされていることから，株式評価はかかる税制の適用に当たって非常に重要なポイントとなる。以下では，財産評価基本通達を参考に，取引相場のない株式の評価についての基礎的事項を解説する。

⑵　株主の属性と取引相場のない株式の評価方法

　取引相場のない株式については，株主の属性によってその評価方法が異なる。すなわち，①会社支配に影響力のある同族株主の取得した株式については原則的評価方式（☞原則的評価方式とは）により評価がなされるのに対して，②少数株主については特例的評価方式（☞特例的評価方式とは）により評価がなされる。これは，支配株主と少数株主とでは，取引相場のない株式の価値がそれぞれ異なると解されるためである（一物二価）。

- ☞　**原則的評価方式**とは，「類似業種比準方式」（☞類似業種比準方式とは），「純資産価額方式」（☞純資産価額方式とは），あるいはその2つの折衷方式による評価の方法をいう。
- ☞　**特例的評価方式**とは，「配当還元方式」（☞配当還元方式とは）による評価の方法をいう。
- ☞　**類似業種比準方式**とは，評価会社と事業内容の類似する業種に属する複数の上場会社（標本会社）の株価の平均値に，配当，利益，純資産の3要素を比準することで株価を評価する方法をいう（マーケットアプローチ）。
- ☞　**純資産価額方式**とは，株式を会社財産に対する持分と捉え，会社の資産の額から負債の額を控除した純資産価額をもって株価を評価する方法をいう（ネット・アセットアプローチ）。
- ☞　**配当還元方式**とは，過去の配当実績を一定の利率（10%）で還元した価額をもって株価を評価する方法をいう。

8 株式評価 63

図表1　同族株主の判定基準と評価方式

a．同族株主（☞同族株主とは）のいる会社

株主の態様				評価方式
同族株主	取得後の議決権割合が5％以上の株主			原則的評価方式（類似業種比準方式又は純資産価額方式若しくはその折衷方式）
	取得後の議決権割合が5％未満の株主	中心的な同族株主（☞中心的な同族株主とは）がいない場合		
		中心的な同族株主がいる場合	中心的な同族株主	
			役員又は役員となる株主	
			その他の株主	特例的評価方式（配当還元方式）
同族株主以外の株主				

b．同族株主がいない会社

株主の態様				評価方式
議決権の割合の合計が15％以上の株主グループに属する株主	取得後の議決権割合が5％以上の株主			原則的評価方式
	取得後の議決権割合が5％未満の株主	中心的な株主（☞中心的な株主とは）がいない場合		
		中心的な株主がいる場合	役員又は役員となる株主	
			その他の株主	特例的評価方式
議決権の割合の合計が15％未満の株主グループに属する株主				

☞　**同族株主**とは，課税時期における評価会社の株主のうち，株主の1人及びその同族関係者（法人税法施行令4条《同族関係者の範囲》に規定する特殊の関係のある個人又は法人をいう。）の有する議決権の合計数がその会社の議決権総数の30％以上である場合におけるその株主及びその同族関係者をいう（評基通188(1)）。ただし，株主の1人及びその同族関係者の有する議決権の合計数が最も多いグループの有する議決権の合計数が，その会社の議決権総数の50％超である会社にあっては，その50％超の議決権割合を有するグループに属する株主のみが同族株主となる。

☞　**中心的な同族株主**とは，課税時期において同族株主の1人並びにその株主の配偶者，直系血族，兄弟姉妹及び一親等の姻族（これらの者の同族関係者である会社のうち，これらの者が有する議決権の合計数がその会社の議決権総数の25％以上である会社を含む。）の有する議決権の合計数がその会社の議決権総数の25％以上である場合におけるその株主をいう（評基通188(2)）。

☞　**中心的な株主**とは，課税時期において株主の1人及びその同族関係者の有する議決権の合計数がその会社の議決権総数の15％以上である株主グループのうち，いずれかのグ

ループに単独でその会社の議決権総数の10％以上の議決権を有している株主がいる場合におけるその株主をいう（評基通188(4)）。

(3) 原則的評価方式による評価

原則的評価方式による評価については，まず①会社規模の判定を行い，次いで②特定の評価会社の判定を経て，③株式の評価方法を決定する。

ア 会社規模の判定

会社規模としては，①大会社，②中会社の大，③中会社の中，④中会社の小，⑤小会社に分類される。会社規模は，ａ）評価会社の総資産価額及び従業員数を加味した基準と，ｂ）直前期末以前１年間における取引金額により判定する（評基通178，179）。なお，卸売業，小売・サービス業，それ以外の業種により総資産価額の判定ラインが異なる。

図表２　会社規模の判定一覧

ａ）評価会社の総資産価額及び従業員数を加味した基準

総資産価額と従業員数			5人以下	5人超20人以下	20人超35人以下	35人超70人未満	70人以上
卸売業	小売・サービス業	それ以外					
20億円以上	15億円以上	15億円以上					大会社
4億円以上	5億円以上	5億円以上				中会社の大	
2億円以上	2.5億円以上	2.5億円以上			中会社の中		
7,000万円以上	4,000万円以上	5,000万円以上		中会社の小			
7,000万円未満	4,000万円未満	5,000万円未満	小会社				

ｂ）直前期末以前１年間における取引金額基準

直前期末以前１年間における取引金額			会社規模
卸売業	小売・サービス業	それ以外	
30億円以上	20億円以上	15億円以上	大会社
7億円以上	5億円以上	4億円以上	中会社の大
3.5億円以上	2.5億円以上	2億円以上	中会社の中
2億円以上	6,000万円以上	8,000万円以上	中会社の小
2億円未満	6,000万円未満	8,000万円未満	小会社

（出所）吉村一成『取引相場のない株式の評価と対策』80，81頁（清文社2018）の図を筆者一部加工

イ　特定の評価会社の判定

特定の評価会社（以下「特定会社」という。）の株式に該当する場合には，原則として純資産価額方式によって評価する。特定会社の株式とは次に掲げる株式をいう（評基通189）。

① 比準要素数1の会社の株式（☞比準要素数1の会社の株主とは）

② 株式等保有特定会社の株式

③ 土地保有特定会社の株式

④ 開業後3年未満の会社の株式

⑤ 直前期末における1株当たりの配当金額，利益金額，純資産価額の3要素が0の会社の株式

⑥ 開業前又は休業中の会社の株式

⑦ 清算中の会社の株式

☞ **比準要素数1の会社の株式**とは，直前期末において，「1株当たりの配当金額」，「1株当たりの利益金額」及び「1株当たりの純資産価額（帳簿価額によって計算した金額）」のそれぞれの金額のうち，いずれか2要素が0であり，かつ，直前々期末の金額のうち，そのいずれか2要素以上が0である評価会社の株式をいう。

ウ　会社規模区分ごとの評価方法

特定会社に該当しない場合，すなわち一般の評価会社の場合には，上記により判定した会社規模によって評価方法が異なる。会社規模別の評価方法によった場合の評価額の一覧は図表3のとおりである（なお，少数株主の場合には会社規模を問わず特例的評価方式である配当還元方式になるため，ここでは株主の形態が支配株主区分の場合を記載する。）。

図表3　会社規模と評価額の一覧（支配株主区分）

会社規模	いずれかの選択	
大会社	類似業種比準価額	純資産価額
中会社の大	類似業種比準価額×0.9＋純資産価額×0.1	
中会社の中	類似業種比準価額×0.75＋純資産価額×0.25	
中会社の小	類似業種比準価額×0.6＋純資産価額×0.4	
小会社	類似業種比準価額×0.5＋純資産価額×0.5	

エ 類似業種比準価額

類似業種比準方式とは，評価会社と事業内容の類似する業種に属する複数の上場会社（標本会社）の株価の平均値に，１株当たりの配当金額，年利益金額，簿価純資産価額の３要素を比準することで株価を評価する方法である。類似業種比準価額の算定においては，１株当たりの資本金の額が50円であるとした金額に引き直して計算を行う。また，１株当たりの資本金等の計算に当たっては，自己株式を控除して計算する。

〔類似業種比準価額の算定（評基通180）〕

類似業種比準価額＝

$$A \times \left[\dfrac{\dfrac{Ⓑ}{B} + \dfrac{Ⓒ}{C} + \dfrac{Ⓓ}{D}}{3} \right] \times 斟酌率 \times \dfrac{1株当たりの資本金等の額}{50円}$$

A：類似業種の株価
Ⓑ：評価会社の１株当たりの配当金額
Ⓒ：評価会社の１株当たりの利益金額
Ⓓ：評価会社の１株当たりの純資産価額（帳簿価額）
B：課税時期の属する年の類似業種の１株当たりの配当金額
C：課税時期の属する年の類似業種の１株当たりの年利益金額
D：課税時期の属する年の類似業種の１株当たりの純資産価額（帳簿価額）
斟酌率：大会社0.7，中会社0.6，小会社0.5

一般的に上場会社と類似性があると解される「大会社」に比べると，「中会社」及び「小会社」は上場会社との類似性が希薄であると解されることから，評価の安全性に配慮するために斟酌率が設けられている。

  ✐　従来，１株当たりの利益金額（C）については，その他の要素の３倍とされていたが（配当：利益：純資産＝１：３：１），現在は１：１：１の割合とされている。これに伴い，好業績の会社株式については評価額が下がることとなった一方，配当金額が大きい会社や内部留保の多い会社については評価額が上昇する結果となる。

  ✐　なお，配当，利益については経常的なものに限るとされており，特別配当や固定資産売却益といった非経常的なものは含めず計算する。

オ 純資産価額

純資産価額方式とは，会社の資産の額から負債の額を控除した純資産価額をもって株価を評価する方法であり，これは会社の清算価値に着目した評価方法ともいい得る。「１株当たりの純資産価額（相続税評価額によって計算した金額）」は，

課税時期における各資産の相続税評価額の合計額から課税時期における各負債の金額の合計額及び財産評価基本通達186-2《評価差額に対する法人税額等に相当する金額》により計算した評価差額に対する法人税額等に相当する金額を控除した金額を課税時期における発行済株式数で除して計算した金額とされる。

〔純資産価額（評基通185）〕

$$純資産価額（1株当たり）=\frac{\overset{総資産価額}{（相続税評価額）}-\overset{負債金額}{（相続税評価額）}-評価差額に対する法人税等相当額}{発行済株式数（自己株式を除く。）}$$

評価差額に対する法人税等相当額（☞評価差額に対する法人税等相当額とは）の控除は，会社が清算したものと仮定した場合における法人税等の控除を意味するが，これは，個人事業主が事業用資産を直接所有することと，株主が株式を通じて間接的に会社の資産を有することの均衡を保つための措置である。

　☞　**評価差額に対する法人税等相当額**とは，相続税評価額による純資産価額から帳簿価額による純資産価額を控除した残額がある場合におけるその残額に37％（法人税，事業税，道府県民税及び市町村民税の税率の合計に相当する割合）を乗じて計算した金額をいう。

　✐　ただし，株式の取得者とその同族関係者の有する議決権の合計数が評価会社の議決権総数の50％以下である場合においては，1株当たりの純資産価額に80％を乗じて計算した金額による。

(4) 特例的評価方式による評価

経営への関与が少ない同族株主以外の株主や少数株主が株式を取得した場合，実質的には，単に配当を期待するにとどまると考えられることから，会社の規模にかかわらず，特例的評価方式である配当還元方式により株式の評価を行う（評基通178ただし書）。すなわち，過去の配当実績を10％の還元率で割り戻して株価を算出する方法であり，簡便的な方法と位置付けることができる。

〔配当還元価額の算定（評基通180）〕

$$配当還元価額=\frac{その株式に係る年配当金額}{10\%}-\frac{その株式の1株当たりの資本金等の額}{50円}$$

ここで，年配当金額が2円50銭未満のもの及び無配のものにあっては2円50

銭の配当があったものとして計算する。なお，一般的には，配当還元方式による評価額は，原則的評価方式よりも低い株価が算出される。ただし，配当還元方式による評価額が原則的評価方式の金額を超える場合には，原則的評価方式より計算した金額によって評価する。

✍ 資本還元率を10％とする取扱いは，取引相場のない株式が，預金や公社債等など比較的安定したものとは異なること等に配慮し，評価の安全性を図る理由による。

✍ 無配当の場合であっても年配当金額を2円50銭とする取扱いは，取引相場のない株式の発行会社においては，配当可能利益があったとしても配当せずに会社に留保するケースが多い実態に鑑みた措置である。

第3章

事業承継に係る税務の取扱い(実務編)

70　第3章　事業承継に係る税務の取扱い（実務編）

9　株式譲渡・組織再編等と事業承継

基礎 Q1　社長が従業員持株会に株式の譲渡をした場合

> 　非上場の同族会社である当社は，従業員の福利厚生を図るため従業員持株会を設立することとしました。そこで，従業員持株会が取得する株式については，当社の社長が所有する株式を充てる予定です。この場合，社長から従業員持株会への株式の譲渡による社長に係る所得税や従業員持株会の構成員に係る贈与税の取扱いはどのようになりますか。

(1)　論　点

　社長の株式譲渡は，所得税の分離課税の対象となる。ここでの論点は，従業員持株会の構成が民法667条《組合契約》で規定するいわゆる任意組合か，それ以外の人格のない社団等によって税務上の取扱いがどのようになるかにある。

(2)　解　説

ア　任意組合と人格のない社団等

　検討に当たって，まず任意組合と人格のない社団等について簡単に確認しておきたい。両者は似て非なるものであり，課税関係も異なってくることから留意が必要である。

　民法667条1項は「組合契約は，各当事者が出資をして共同の事業を営むことを約することによって，その効力を生ずる。」とするが，任意組合とは，民法の同条以下に定めるところに従って成立する組合をいう。ここで，任意組合の成立要件としては，①2人以上の当事者が存在していること，②各当事者が出資していること，③共同事業を営む目的が存在すること，④各当事者の意思が合致していることの4要件が求められると解されるところ（航空機リース事件名古屋地裁平成16年10月28日判決・判タ1204号224頁参照。同事件については，酒井・ブラッシュアップ109頁），任意組合は，代表者等の定めのある組織体ではなく権利義務の主体となり得ないことから，組合の事業活動の成果たる損益は組合に帰属せず，

組合員である個人に帰属するものとして，かかる個人に対して所得課税する構成員課税（いわゆるパススルー課税）が採用されている。

これに対して，法人税法2条《定義》8号は，人格のない社団等について「法人でない社団又は財団で代表者又は管理人の定めがあるものをいう。」と定義する。そして，同法3条《人格のない社団等に対するこの法律の適用》は「人格のない社団等は，法人とみなして，この法律…の規定を適用する。」とし，同法4条1項において，人格のない社団等が法人税の納税義務者となることを定めている。人格のない社団等の成立要件としては，①団体としての組織を備え，②多数決の原則が行われ，③構成員の変更にかかわらず団体が存続し，④その組織において代表の方法，総会の運営，財産の管理等団体としての主要な点が確定していることを要すると解されている（最高裁昭和39年10月15日第一小法廷判決・民集18巻8号1671頁参照）。この最高裁の判断は，私法上の「権利能力なき社団」の成立要件を示したものではあるものの，法人税の更正処分について争われたいわゆる熊本ねずみ講事件最高裁平成16年7月13日三第小法廷判決（集民214号751頁）においても踏襲されていると見受けられるため，議論はあるが，ひとまず人格のない社団等の成立要件も同様のものであると解しておきたい。いずれにせよ，法人税法の上記定めにあるとおり，ある団体が人格のない社団等に該当することになれば，法人税の納税義務者となるのであって，任意組合のようにその会員たる個人への構成員課税はなされない。

イ　民法667条で規定する任意組合である場合

前述のとおり，民法667条1項に規定する任意組合の場合，その組合事業に係る課税については構成員課税とされている（所基通36・37共-19）。したがって，社長が株式をこの任意組合等に該当する従業員持株会に対して譲渡した場合は，社長個人と，従業員持株会の各構成員（個人）との間で売買を行ったこととなる。

所得税法において，資産を個人に対し著しく低い価額の対価（資産の譲渡の時における価額の2分の1に満たない金額）によって譲渡をした場合，対価の額がこの資産の譲渡に係る譲渡所得の金額の計算上控除する取得費等の合計額に満たないときは，その不足額（損失）は，譲渡所得の金額の計算上，なかったものとみなされる（所法59②，所令169）。

一方，相続税法においては，民法667条の構成員に対する課税の取扱いは示

72　　第3章　事業承継に係る税務の取扱い（実務編）

されていないが，所得税の取扱い（構成員課税）と異なる課税をすることとする
理由もないと考えられる。このことを前提とすれば，社長と各構成員（従業員）
との間の贈与税の課税について検討すればよいこととなる。著しく低い価額の
対価で財産の譲渡を受けた場合には，財産の譲渡があった時において，財産の
譲渡を受けた者が，この対価と譲渡があった時における財産の時価との差額に
相当する金額について財産を譲渡した者から贈与（財産の譲渡が遺言によりなされ
た場合には，遺贈）により取得したものとみなされて贈与税が課されることとな
る（相法7）。

ウ　人格のない社団等である場合

前述のとおり，人格のない社団等は所得税法においては，法人とみなして所
得税法の規定を適用する（所法4）とあることから，著しく低い価額の対価（資
産の譲渡の時における価額の2分の1に満たない金額）による譲渡があった場合，譲渡
所得の金額は，その時における価額に相当する金額により資産の譲渡があった
ものとして所得税の計算をしなければならない（所法59①二）。

一方，人格のない社団又は財団は相続税法においては，個人とみなして贈与
税又は相続税を課する（相法66①）とあることから，著しく低い価額の対価で財
産の譲渡を受けた場合には，財産の譲渡があった時において，財産の譲渡を受
けた者が，この対価と譲渡があった時における財産の時価との差額に相当する
金額について財産を譲渡した者から贈与（財産の譲渡が遺言によりなされた場合には，
遺贈）により取得したものとみなされて贈与税が課される（相法7）。

(3)　まとめ

所得税及び贈与税の課税の問題が生じるか否かは，「著しく低い価額の対価」
で取引が行われたかどうかの判断にある。この著しく低い価額の対価であるか
否かの判断に当たっては，その時における価額が問題となる。この点につき，
実務上は，所得税については，所得税基本通達59-6《株式等を贈与等した場合の
「その時における価額」》により算定した価額で判断することとなり，相続税は，相
続税法22条《評価の原則》で規定するところの時価である財産評価基本通達178
《取引相場のない株式の評価上の区分》から189-7《株式の割当てを受ける権利等の発生し
ている特定の評価会社の株式の価額の修正》までにより算定した価額で判定すること
となる（🔍第4章⓭も参照）。

⑨ 株式譲渡・組織再編等と事業承継　73

基礎 Q2　従業員持株会に株式を譲渡する場合の株式の価額

> 　非上場の同族会社である当社は，民法667条１項に規定する組合契約により従業員持株会を成立させました。そこで，当社社長が所有している株式を従業員持株会で買い取りたいと考えています。株式の買取価額を決めるに当たり税務上留意する点はありますか。なお，会社の発行済株式数は1,000株（１株当たり議決権個数１）で社長は800株を保有しており，従業員持株会に対しそのうちの200株の譲渡を予定しています。社長と従業員持株会の構成員との間に親族関係は全くありません。

(1)　論　点

　株式を任意組合に該当する従業員持株会に対して譲渡した場合は，社長と従業員持株会の各構成員（個人）との間で売買を行ったこととなる。この場合，売主側の社長には，所得税法59条《贈与等の場合の譲渡所得等の特例》２項の適用の有無が，買主側の構成員には，相続税法７条《贈与又は遺贈により取得したものとみなす場合》の適用の有無が問題となる（🔍⑨ Q1参照）。すなわち，その取引金額が「著しく低い価額の対価」に当たるか否か，換言すれば，著しく低い価額の対価であるかを判断するための「株式の譲渡の時における価額」が論点となる。この点について，売主側は所得税基本通達59-6《株式等を贈与等した場合の「その時における価額」》の検討が，買主側は，財産評価基本通達の検討が必要となる。

(2)　解　説
ア　株式を譲渡した場合の「その時における価額」（所基通59-6）について

　所得税法59条の規定の適用に当たっての「その時における価額」は，実務上，所得税基本通達23～35共-9《株式等を取得する権利の価額》に準じて算定した価額による。一般的に，非上場会社の株式は取引されることが稀であることから，同通達の23～35共-9の(4)ニによることとなるところ，同通達に定める「１株又は１口当たりの純資産価額等を参酌して通常取引されると認められる価額」は，原則として，一定の条件のもとに，財産評価基本通達の例により算定した価額として取り扱われている。

　財産評価基本通達の例による場合，財産評価基本通達188《同族株主以外の株主

74　第3章　事業承継に係る税務の取扱い（実務編）

等が取得した株式》(1)に定める「同族株主」に該当するか否かの判定は，株式を譲渡する直前の議決権の数により，同通達188(2)《同族株主以外の株主等が取得した株式の評価》に定める「中心的な同族株主」に該当するときは，当該発行会社は常に同通達178《取引相場のない様式の評価上の区分》に定める「小会社」に該当するものとして評価することとなる。

　しかし，この点について，訴訟が提起されており，第一審東京地裁平成29年8月30日判決（税資267号順号13045）では「譲渡直前」の状況で判断するとされたのに対して，控訴審東京高裁平成30年7月19日判決（裁判所HP）は原審判断を覆して，「譲渡直後」の状況で判断するとされている（この点については，🔍第4章⓭─218頁以下参照）。

　本件の場合，社長の有する議決権割合は80％であることから，財産評価基本通達188(2)の「中心的な同族株主」に該当するため，「小会社」として評価することとなる。なお，評価に当たっては，土地又は上場有価証券を有しているときは，同通達185《純資産価額》の「1株当たりの純資産価額（相続税評価額によって計算した金額）」の計算に該当し，これらの資産については，譲渡の時における価額によること，同通達186-2《評価差額に対する法人税額等に相当する金額》の評価差額に対する法人税額等に相当する金額は控除しないことに留意する。

イ　株式を取得した場合の「その時における価額」について

　株式を無償で取得した場合は，財産評価基本通達により算定した価額により課税されることから，少なくともこの価額より低い価額で取得した場合にはその差額が相続税法7条により社長から贈与により取得したものとみなされて課税される。本件の場合，譲渡後も社長の議決権数が50％を超えることから，従業員持株会の構成員は財産評価基本通達188で定める「同族株主以外の株主等が取得した株式」に該当するため，その評価は同通達188-2の配当還元方式により行う。

(3)　まとめ

　実務上，中心的な同族株主と同族株主以外の株主との間での非上場会社の株式の取引において課税が問題とならない取引金額を示すとすれば，次のとおり整理することができる。

　①　次の場合，取引金額は財産評価基本通達188-2により算定した取引価額

でよい。

> 所得税基本通達59-6により算定した価額≦財産評価基本通達188-2により算定した価額

② 上記①以外の場合，取引金額が所得税基本通達59-6における「小会社」として算定した価額の2分の1以上の取引価額が必要となる。

76 　第3章　事業承継に係る税務の取扱い（実務編）

基礎 Q3　従業員持株会を利用した社長財産の圧縮

　　非上場の同族会社である当社は，民法667条１項で規定する任意組合契約により従業員持株会を成立させました。この場合，社長が所有している株式を従業員持株会で買い取ることで，社長の財産の圧縮効果（相続税の節税効果）が期待できると聞いていますが，そのような効果があるのでしょうか。

(1)　論　点

　社長が所有する財産を圧縮する方法の１つに，社長が所有する財産を減少させる方法がある。本件の場合，社長は株式を従業員持株会に譲渡することから，社長の所有する株式が減少し財産は減少するが，その一方で現金等を取得するので財産が増加する。譲渡する当社株式につき財産評価基本通達によって計算した価額に比して，受け取る現金等の金額（増加額）が少ない場合，社長の財産の圧縮効果があることになる。すなわち，ここでの実務上の論点は，会社株式の取引価額を，社長の所有する当社株式を財産評価基本通達により計算した価額よりも低くすることができるか否かにある。

(2)　解　説

　任意組合である従業員持株会の構成員である従業員に贈与税が課税されない株式の取引価額は，一般的には配当還元方式により評価した価額となることから，株式の取引価額がかかる方式により評価した価額以上になることを前提として，売主である社長側としては，所得税基本通達59-6《株式等を贈与等した場合の「その時における価額」》の「その時における価額」に注意する必要がある（🔍**9**　Q1，Q2参照）。

ア　社長が財産評価基本通達188(2)に定める「中心的な同族株主」に該当するとき

　この場合，社長は，財産評価基本通達178に定める「小会社」に該当するものとして評価した価額の２分の１以上の取引価額で取引をすればよい。

　小会社の評価方法は，次のとおりである。

$$\begin{array}{l}\text{小会社の}\\\text{評価額}\end{array} = \begin{array}{l}\text{類似業種}\\\text{比準価額}\end{array} \times \frac{1}{2} + \text{純資産価額} \times \frac{1}{2}$$

（注）相続税評価額によって計算する純資産価額は，土地（土地の上に存する権利を含む。）又は金融商品取引所に上場されている有価証券を有しているときは，譲渡の時における価額により計算する。

社長の有する株式の取引金額（株式1株当たりの単価）について，財産評価基本通達に従い評価した価額を下回る取引価額とすることができる場合には節税効果があるといえよう。

イ　社長が財産評価基本通達188の同族株主以外の株主等に該当する場合

この場合，配当還元方式で計算した金額で取引を行えばよい（🔍第2章**8**(4)参照）。

任意組合である従業員持株会に譲渡した場合，その構成員である従業員に贈与税が課税されない価額は，配当還元方式により評価した価額となる（🔍**9** Q1, Q2参照）ことから，社長が所有する当社株式の評価額も同額となるため，財産の圧縮効果はない。

ウ　社長が上記ア，イ以外に該当する場合

取引相場のない株式の評価に係る財産評価基本通達178から189-7までにより評価した価額の2分の1以上の取引価額で行えばよい。

この場合は，取引価額を，社長の有する株式を財産評価基本通達に従い評価した価額を下回る価額とすることができることから，財産の圧縮効果がある。

(3)　まとめ

上記**イ**以外は効果があることとなる。ところで，従業員持株会を成立させる意義は，主に従業員の福利厚生やモチベーションの向上にあり，従業員に対して贈与税の課税がされないように配慮する必要があると考える。贈与税の課税がない取引金額は，一般的には，配当還元方式により評価した価額以上であればよいので（🔍**9** Q1, Q2参照），当該金額をもとに取引価額を設定し取引を行い，その結果として，社長の財産の圧縮効果（相続税の節税効果）も伴えばよいのではないかと考える。

78　第3章　事業承継に係る税務の取扱い（実務編）

基礎 Q4　株式交換や株式移転による持株会社の設立

> 　製品を製造するA社，A社製品を販売するB社，A社，B社に建物を賃貸するC社があります。これら各会社株式については，親族で100％所有しています。事業も順調であり，今後の事業承継を見据えて各社の経営管理の一括化，株式の一括管理及び株価上昇を抑制することを目的として持株会社の活用を考えています。持株会社の設立には，株式交換や株式移転の方法があると聞いていますが，課税上の取扱いはどのようになるのでしょうか。

⑴　論　点

　持株会社を活用する場合の会社法上の取扱い及び税務上の取扱いが論点となる。

⑵　解　説

ア　会社法上の取扱い

　会社法2条《定義》31号において，株式交換とは，株式会社がその発行済株式（株式会社が発行している株式をいう。）の全部を他の株式会社又は合同会社に取得させることをいい，同条32号で，株式移転とは，1又は2以上の株式会社がその発行済株式の全部を新たに設立する株式会社に取得させることをいうと規定している。株式交換は，完全な親子関係（親会社となる会社が子会社の株式を100％所有する親子関係）になるための手続であり，一方，株式移転は，1以上の会社が発行済株式の全部を，新設する会社に取得させることにより既存の会社が新設会社の100％子会社となるための手続である。

イ　法人税法上の取扱い

　法人税法62条の9《非適格株式交換等に係る株式交換完全子法人等の有する資産の時価評価損益》では，非適格株式交換等を行った場合には，株式交換等完全子法人又は株式移転完全子法人が非適格株式交換等の直前の時において有する時価評価資産の評価益（非適格株式交換等の直前の時の価額がその時の帳簿価額を超える場合のその超える部分の金額をいう。）又は評価損（非適格株式交換等の直前の時の帳簿価額がその時の価額を超える場合のその超える部分の金額をいう。）は，非適格株式交換等の日

の属する事業年度の所得の金額の計算上，益金の額又は損金の額に算入すると規定している。しかし，株式交換や株式移転の方法が，同法2条《定義》12号の17で規定する適格株式交換等，同条12号の18で規定する適格株式移転に該当する場合は，前記の規定の適用による時価課税はないこととされている。

ウ　所得税法上の取扱い

株式交換については，その有する株式（以下「旧株」という。）について，その旧株を発行した法人の行った株式交換（この法人の株主に法人税法2条12号の6の3に規定する株式交換完全親法人の株式以外の資産が交付されなかったものに限られる。）により，この株式交換完全親法人に対し旧株の譲渡をし，かつ，株式交換完全親法人の株式の交付を受けた場合には，所得税法の規定の適用については，旧株の譲渡はなかったものとみなされる特例がある（所法57の4①）。

また，株式移転についても，旧株につき，その旧株を発行した法人の行った株式移転（この法人の株主に法人税法2条12号の6の6に規定する株式移転完全親法人の株式以外の資産が交付されなかったものに限られる。）により，この株式移転完全親法人に対し旧株の譲渡をし，かつ，この株式移転完全親法人の株式の交付を受けた場合には，所得税法の規定の適用については，旧株の譲渡がなかったものとみなされる特例がある（所法57の②）。

(3)　まとめ

持株会社を活用するに際は，株式交換の方法を用いた場合も株式移転の方法を用いた場合も同様に，法人税法及び所得税法では課税がされることなく持株会社に移行することができる。会社法上の取扱いについては，株式交換の方法によるときは，A社，B社，C社の株式をまとめる持株会社をあらかじめ設立しておく必要があり，株式移転の方法による場合は，持株会社をあらかじめ設立しておく必要はないといえる。

80   第3章　事業承継に係る税務の取扱い（実務編）

基礎 Q5　自社株評価額の上昇の抑制

> 　私は中小企業を経営しています。当社の自社株の評価額が高額になっているため，私が亡くなり相続が発生するときに多額の相続税の負担が生じることを金融機関から指摘されました。何らかの方法で自社株の評価額を抑えつつ，後継者に移転することができないかと考えています。
>
> 　また，「最近，自社株の評価方法が変わった」という話も耳にしました。自社株の評価方法がどのように変わったのか，当社の自社株の評価額を抑えるためにはどのような手段があるのかについて教えてください。

(1)　論　点

　平成29年に類似業種比準方式の見直しが行われた（国税庁「『相続税及び贈与税における取引相場のない株式等の評価明細書の様式及び記載方法等について』の一部改正について（法令解釈通達）」（平成29年4月27日））。その影響を踏まえた上で，本件ではどのような対策が考えられるのか検討する。

(2)　解　説

ア　取引相場のない株式の評価方法

　取引相場のない株式（「上場株式」，「気配相場等のある株式」以外の株式）は，相続や贈与等で株式を取得した株主が，発行会社の経営支配力を持っている同族株主等か，それ以外の株主かにより，それぞれ原則的評価方式又は特例的な評価方式により評価する（🔍第2章**8**参照）。

イ　平成29年の通達改正

　平成29年の通達改正では，取引相場のない株式等の評価について，類似業種比準方式の見直しと会社規模の判定基準の見直し等が行われ，同年1月1日以後の相続，遺贈又は贈与に適用されている。

(ｱ)　類似業種比準方式の見直し

① 　類似業種の株価について，課税時期の属する月以前2年間平均を加えることとされた。

② 　類似業種の配当金額，利益金額及び純資産価額（帳簿価額によって計算した金額）について，連結決算を反映させたものとされた。

9 株式譲渡・組織再編等と事業承継　81

③　配当金額，利益金額及び純資産価額（帳簿価額によって計算した金額）の比重について，1：1：1とすることとされた。

〔改正前の算式〕

$$A \times \left[\cfrac{\dfrac{\circledB}{B} + \dfrac{\circledC}{C} \times 3 + \dfrac{\circledD}{D}}{5}\right] \times 0.7 \,（注）$$

「A」＝類似業種の株価
「B」＝類似業種の1株当たりの配当金額
「C」＝類似業種の1株当たりの利益金額
「D」＝類似業種の1株当たりの純資産価額（帳簿価額によって計算した金額）

「Ⓑ」＝評価会社の1株当たりの配当金額
「Ⓒ」＝評価会社の1株当たりの利益金額
「Ⓓ」＝評価会社の1株当たりの純資産価額（帳簿価額によって計算した金額）

　（注）0.7は，中会社の場合は「0.6」，小会社の場合は「0.5」となる。

〔改正後の算式〕

$$A \,（注1） \times \left[\cfrac{\dfrac{\circledB}{B} + \dfrac{\circledC}{C} + \dfrac{\circledD}{D}}{3}\right] \times 0.7 \,（注2）$$

　（注1）課税時期以前3か月の各月の平均株価のうち最も低い株価による。ただし，納税義務者の選択により，類似業種の前年平均株価又は課税時期以前2年間の平均株価を採用することができる。
　（注2）「0.7」の部分は，中会社の場合は「0.6」，小会社の場合は「0.5」となる。

㈠　会社規模の判定基準の見直し等

取引相場のない株式等を評価する際の会社規模の判定基準における大会社及び中会社の総資産価額（帳簿価額によって計算した金額），従業員数及び直前期末以前1年間における取引金額について，近年の上場会社の実態に合わせて通達の改正がなされた。

ウ　自社株評価額の対策

類似業種比準方式の場合，1株当たりの配当金額，利益金額，簿価純資産価額が高い会社の株価は高く評価されることになる。ここでは1株当たりの利益金額が変化することによって株価がどのように変化するかを試算する。役員退職金等を損金に算入した結果として，その会社の利益金額が減少した場合，株価に対してどの程度の影響があるかを理解することができる。

82　第3章　事業承継に係る税務の取扱い（実務編）

〔具体例〕

【対象会社】建設業（大会社）

　発行株式総数　20万株

　ケース1　配当金額0円　利益金額150円　簿価純資産価額1,000円

　ケース2　配当金額0円　利益金額100円　簿価純資産価額1,000円

【類似業種の数値】

　建設業（国税庁「平成30年分の類似業種比準価額計算上の業種目及び業種目別株価等について（法令解釈通達）」（平成30年11月20日）を参考にした。）

　株価292円　配当金額4.7円　利益金額46円　簿価純資産価額308円

（平成28年以前）

$$292円 \times \frac{\dfrac{0}{4.7} + \dfrac{150}{46} \times 3 + \dfrac{1,000}{308}}{5} \times 0.7 = 531円（円未満切捨て）$$

（平成29年1月1日以降）

　ケース1

$$292円 \times \frac{\dfrac{0}{4.7} + \dfrac{150}{46} + \dfrac{1,000}{308}}{3} \times 0.7 = 441円（円未満切捨て）$$

　ケース2（1株当たりの利益金額が減少した場合）

$$292円 \times \frac{\dfrac{0}{4.7} + \dfrac{100}{46} + \dfrac{1,000}{308}}{3} \times 0.7 = 367円（円未満切捨て）$$

減少した株式価額　（441円 − 367円）× 20万株 = 14,800,000円

＊利益金額等は1株当たりの数値である。

＊利益金額以外は変化しないものとして計算している。

＊計算過程で小数点2位未満を切捨てしている。

(3)　まとめ

　平成29年の通達改正では取引相場のない株式の評価方法の見直しが行われ，平成29年1月1日以降の相続等に適用されている。中小企業の経営者は，現在

の株価について把握しておくことが望ましい。

　上記の計算例では，平成29年の通達改正前は531円だった株価が，同改正による算式の見直しにより441円になり，さらに，1株当たりの利益金額が減少したケースでは株価は367円となった。もちろん，これは仮定の数値に基づいた計算の一例にすぎないが，実務上の参考としてほしい。

84　第3章　事業承継に係る税務の取扱い（実務編）

基礎 Q6　持株会社の活用による株価上昇の抑制

> 　同族会社であるＡ社は，業績が好調でそれに伴って自社株の株価も上昇
> しています。Ａ社株式の評価方式は類似業種比準方式であり，今後も株価
> が上昇する可能性があります。そこで，甲が100％保有するＡ社株式の株
> 価の上昇を抑えるために株式交換あるいは株式移転の方法により持株会社
> Ｂ社を設立して，新会社（Ｂ社）を親会社とし，Ａ社を子会社とすることで，
> Ａ社株式の株価の上昇を抑えることはできるのでしょうか。

(1)　論　点

　財産評価基本通達で定める類似業種比準方式による評価方式は，評価対象会
社の配当金額，利益金額，純資産価額（帳簿価額によって計算した金額）の要素を
もとに評価を行うことから，業績が好調な会社は利益金額が上がり，その結果
評価対象会社の株式の価額は上昇することになる。類似業種比準方式における
株価抑制対策としては，配当金額を抑えることや，退職金の支払によって利益
を抑えることが考えられる。しかしながら，類似業種比準方式は，評価対象会
社の配当金額や利益金額を抑えたとしても，評価対象会社が比準する類似業種
の株価等は通達により定められることから，類似する業種が好調な場合は前記
した株価抑制対策の効果には限界がある。そこで，株式交換や株式移転の方法
によってＡ社を子会社化することで，Ａ社株式の株価上昇を抑制することがで
きるかが問題となる。

(2)　解　説

　新設会社及び持株会社については，特定の評価会社の株式として評価を行う
必要がある（評基通189）。

ア　開業後３年未満の会社の株式

　課税時期において開業後３年未満の会社の株式の価額は，財産評価基本通達
185《純資産価額》の本文の定めにより計算した１株当たりの純資産価額（相続税
評価額によって計算した金額）によって評価する（評基通189-4）。

イ　株式等保有特定会社の株式

　課税時期において評価会社の有する各資産を財産評価基本通達の定めるとこ

ろにより評価した価額の合計額のうちに占める株式等の価額の合計額の割合が50％以上である株式等保有特定会社の株式の価額は，同通達185の本文の定めにより計算した1株当たりの純資産価額（相続税評価額によって計算した金額）によって評価する（評基通189-3）。

　なお，株式交換あるいは株式移転時のA社株式の相続税評価額と親会社が受け入れたA社株式の帳簿価額との差額（現物出資等受入れ差額）に対する法人税等相当額の控除はできない点に注意を要する。

(3)　まとめ

　上記解説のとおり持株会社であるB社の評価方式は，純資産価額方式となる。そこで，B社資産をA社株式のみとして，次のとおり仮定した場合の株価上昇の抑制効果は，図表1のとおりになる。

　①　A社株式の株式交換（移転）時の相続税評価額は1億円である。
　②　A社株式の受け入れ価額（帳簿価額）は1,000万円である。
　③　A社株式の評価額は毎年1億円上昇する。

　なお，株式交換（移転）時のA社株式の相続税評価額1億円と親会社が受け入れたA社株式の帳簿価額1,000万円との差額9,000万円に対する法人税等相当額の控除はできないことに注意を要する。

図表1　株式評価上昇の抑制効果

	株式交換時	1年目	2年目	3年目	4年目
事業法人の株価	1億円（①）	2億円（②）	3億円（③）	4億円（④）	5億円（⑤）
法人税等相当額	（※）×37%＝0円	（※）×37%＝37,000千円	（※）×37%＝74,000千円	（※）×37%＝111,000千円	（※）×37%＝148,000千円
法人税等相当額控除後	1億円	163,000千円	225,000千円	289,000千円	352,000千円

　　　帳簿価額　　　現物出資等受入れ差額
※　（①～⑤）－（1,000万円＋（1億円－1,000万円））

　このように，持株会社B社を設立することにより，B社株式を純資産価額方式で評価する際にA社株式の含み益分（株価上昇分）について法人税等相当額が控除できるため，これを利用してA社株価の抑制をすることができる。

86　第3章　事業承継に係る税務の取扱い（実務編）

基礎 Q7　MBO による事業承継

> 当社には親族後継者がなく従業員や役員の中に事業承継の候補者がいますが，社長所有の承継対象会社株式の買取りに多額の資金が必要で困っています。そこで，従業員や役員が別会社を設立することにより資金調達を行い，その別会社が社長の承継対象会社株式を買い取って，その後その別会社と承継対象会社が合併する MBO という手法があると聞きました。この手法について，メリット・デメリットを含めて教えてください。

⑴　論　点

親族内に後継者がいないため，親族外の従業員や役員に事業承継をすることを検討している企業は少なくない。親族外承継で大きな問題となるのが，従業員や役員が社長所有の株式を買い取るための資金である。この資金調達を成功させるための手法として MBO が中小企業でも利用されている。ここでは，MBO の手法を確認し，そのメリット・デメリットやその成功のためのポイントを確認したい。

⑵　解　説

ア　MBO とは

㋐　MBO とは

MBO（Management Buy-Out）とは，役員・従業員による株式取得のことであり，事業承継の類型のうち「親族外承継」に該当する。社内の役員・従業員が後継者となり，対象会社の株式・事業用資産を現経営者から承継する。従業員による株式取得の場合は，特に EBO（Employee Buy-Out）ということがある。

 ✍ MBO は一般的に上場企業が上場を取りやめるための手段として利用されるが，ここでは中小企業の親族外承継の手段として取り上げる。

 ✍ MBO では，対象会社の株式・事業用資産の買取り資金が多額となるが，後継者個人に信用力がないことが多いため，金融機関，ファンド，ベンチャーキャピタル（Venture Capital：VC）などの支援を受けることから，信用力の増加を梃の原理になぞらえてレバレッジド・バイアウト（Leveraged Buy-out：LBO）と呼ばれる手法を用いることもある。

(イ) 中小企業の親族外承継の推移と事業承継における MBO の位置付け

平成19年以降の推移をみてみると，親族外承継は，親族内承継に比べて件数が多く全体の5割超を占めている。中小企業でも親族外承継は一般的なものといえよう。

事業承継は，大きく3つの類型（親族内承継，親族外承継，M&A 等）に区分できる。MBO はこの類型のうち親族外承継の類型に該当する。なお，「M&A 等」の社外への承継を「親族外承継」に分類して，「親族外承継」を更に「社内承継」と「社外承継」に分類することもあるが，ここでは，中小企業庁の「事業承継ガイドライン」（平成28年12月）の分類に従って解説する（同ガイドライン15頁）。

(a) **親族内承継**　親族内承継は現経営者の親族に承継させる方法である。事業承継全体に占める親族内承継の割合は5割以下である。

(b) **親族外承継**　親族以外の役員・従業員に承継する方法である。「事業承継ガイドライン」によると，MBO のメリットとして，「経営者としての能力のある人材を見極めて承継することができること，社内で長期間働いてきた従業

図表2　親族外承継の推移

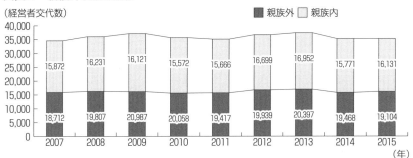

資料：(株)東京商工リサーチ
(注) 1. (株)東京商工リサーチが保有する企業データベースに収録されており，2015年12月時点で活動中であることが確認でき，2006～2015年の間に1度以上経営者交代している中小企業を対象としている。
2. ここでいう親族内承継とは，同一の名字で生年月日の異なる人物に経営者交代した企業を集計している。親族外承継とは，名字が異なり，かつ生年月日が異なる人物に経営者交代したものを集計している。したがって，名字の異なる親族に経営者交代した場合は親族外承継に集計されているが，結婚等で名字が変わった場合はいずれにも含まれない。
(出所) 中小企業庁「中小企業白書〔2017年版〕」より

員であれば経営方針等の一貫性を保ちやすい」ことを挙げ，MBOの重要ポイントとして，「親族株主の了解を得ること」や「現経営者のリーダーシップのもとで早期に親族間の調整を行い，関係者全員の同意と協力を取り付け，事後に紛争が生じないようしっかりと道筋を付けておくこと」を挙げている（事業承継ガイドライン16頁）。

(c) **M&A等** 株式譲渡や事業譲渡等により承継を行う方法である。M&A等のメリットは，「親族や社内に適任者がいない場合でも，広く候補者を外部に求めることができ，また，現経営者は株式売却の利益を得ることができる」ことが挙げられ，M&A等の事例は，昨今の後継者の確保の困難化等の影響も受けて，近年では増加傾向にある（事業承継ガイドライン16頁）。

イ MBOの手法

(ア) MBOについて

親族外承継においては，後継者が安定した経営を行うために一定数の株式や事業用資産の取得が必要となる。そのための手法として，自社の役員・従業員による株式取得（MBO）があり，有償の譲渡による株式・事業用資産の承継が行われる。

しかし，現経営者の親族外の役員・従業員は，買取資金を調達できないことが多い。そこで，資金調達の手法として，金融機関からの借入れ，後継者候補の役員報酬の引上げなどが一般的には行われる（中小企業における経営の承継の円滑化に関する法律に基づく金融支援は親族外後継者にも利用が可能である。）。さらに，近年では，一定規模を有する中小企業の事業承継において，後継者の能力や事業の将来性を見込んで，ファンドやベンチャーキャピタル等からの投資によってMBO・EBOを実行する事例が増えている（事業承継ガイドライン61頁）。

また，MBOによる株式の承継は，有償譲渡によることが多く買取資金の調達や現経営者及び親族との合意形成が極めて重要となる。なお，遺贈や贈与によって株式を承継する場合は相続税・贈与税の課税を受けることがあるため留意が必要である（事業承継ガイドライン60頁）。

(イ) MBOスキームの流れ

MBOスキームは，次のとおり3つのステップにより行われる（図表3参照）。MBOは，いわば買手の調達資金（自己資金）ではなく，対象会社のキャッシュ・フローによって株式を取得する手法である。ステップ3以降の将来キャッ

図表3　MBOスキーム

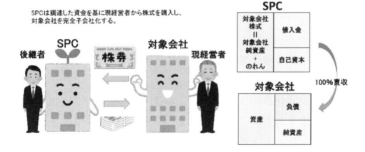

90 第3章 事業承継に係る税務の取扱い（実務編）

シュ・フローによる金融機関への返済計画や，プライベート・エクイティ・ファンド（Private Equity Fund：以下「ファンド」という。）やベンチャーキャピタルへの配当計画が鍵となるスキームである。

(a) **STEP 1** 後継者（役員・従業員）が，自己資金や金融機関からの借入れにより対象会社の株式を取得する特定目的会社（Special Purpose Company：以下「SPC」という。）を設立し，ファンドや VC が SPC に出資する。さらに，自己資金の不足分を金融機関から SPC が借り入れる。

なお，役員・従業員の後継者と経営者親族との関係を調整するために，無議決権株式や配当優先株式等を活用して自社株式を相続人等に分配する手法もある（中小企業庁「経営者のための事業承継マニュアル」36頁（平成29年3月））。

(b) **STEP 2** SPC が現経営者から対象会社株式を買い取り，対象会社を完全子会社化（100％所有）する。この場合の買取価額は，時価によることとなり，非上場株式の譲渡益に係る税率が適用される。また，SPC との合併を予定して完全子会社化するのが一般的である。

(c) **STEP 3** SPC が対象会社を吸収合併する。その後，将来キャッシュ・フローにより，金融機関からの借入れを返済する。

(ウ) **MBO のメリット・デメリット**

(a) **メリット** MBO のメリットとしては，社内事情をよく理解している役員・従業員が承継するため，M&A 等に比較して，スムーズに承継を進めやすいこと，後継者を能力本位で選べること，従業員が仕事に励むインセンティブになることなどが挙げられよう（中小企業庁「会社を未来につなげる 10年先の会社を考えよう」11頁（平成29年3月））。

(b) **デメリット** MBO のデメリットとしては，対象会社株式の買取りに多額の資金が必要となること，売買価額が M&A に比して低くなりやすいこと，後継者が個人保証の引継ぎの問題があること，現経営者の親族の理解が必要なこと，投資ファンド等に出資してもらう場合には株式の転売のおそれがあることなどが挙げられる。

ウ MBO の成功のポイント

MBO の成功のポイントとしては，株式の取得資金の確保，個人保証の引継ぎ，利害関係者の理解の3つであろう。

㈦　株式の取得資金の確保

対象会社の資産や将来キャッシュ・フローを担保として金融機関，ファンド・VC 等から資金調達が成功へのポイントとなる。すなわち，資金提供者が投下資本を回収できると判断できるような説得力のある事業計画の作成が必要となろう。

㈤　個人保証の引継ぎ

事業承継では，現経営者に代わって後継者が会社の保証人となることを求められることがある。そこで，後継者が個人保証の引継ぎに理解を示すこと，あるいは，「経営者保証に関するガイドライン」（平成25年12月）に沿った会社作りを達成して経営者の個人保証なしの借入れを実現することが成功へのポイントとなる（経営者保証については，🔍第1章**5**(3)参照）。

㈥　利害関係者との関係

経営者の交代後もスムーズな事業経営を行っていくには，利害関係者の理解が欠かせない。得意先や仕入先等の取引先や金融機関との関係の維持，他の役員や従業員の理解が重要な成功へのポイントとなる。

92　第 3 章　事業承継に係る税務の取扱い（実務編）

基礎 Q8　MBO による株式の買取価額について

> 親族外後継者である従業員に社長所有の株式を MBO（🔍**9** Q7参照）により移転することを検討しています（親族外承継）。そこで，後継者従業員が設立した別会社が社長所有の承継対象会社株式を買い取る場合の株式の評価額についての留意点を教えてください。
>
> なお，承継対象会社株式は適正な売買実例価額や類似する法人の株式等の価額がない取引相場のない株式です。

(1)　論　点

MBO によって，後継者従業員の設立した別会社による社長所有の承継対象会社株式の買取りは，売手が対象会社の支配株主個人であり，買手が支配株主個人の親族関係者以外の法人である。そこで，この買取りにおける取引相場のない株式の評価はどのように行われるべきかが問題となる。

(2)　解　説

ア　別会社が対象会社株式を購入する場合の評価額

別会社が対象会社の株式を社長から購入する場合の購入価額が問題となるが，購入価額は売手側の個人からみれば，かかる株式が所得税法59条《贈与等の場合の譲渡所得等の特例》1 項の「その時における価額」に，買手側の別会社からみれば，法人税法上における時価により評価されることを念頭に置く必要があると考えられる。

ここでは，個人の側からのアプローチ，法人の側からのアプローチの順に検討する。

(ア)　個人の側からのアプローチ

所得税法は，取引相場のない株式を法人に譲渡する場合の価額につき規定していない。そこで，課税実務上は，所得税法59条 1 項の適用がないように，同項に規定する「その時における価額」により評価される。所得税基本通達59-6《株式等を贈与等した場合の「その時における価額」》によれば，適正な売買実例価額や類似する法人の株式等の価額がない取引相場のない株式については，次によることを条件に，財産評価基本通達の178から189-7まで《取引相場のない株式の評

価）の例により算定した価額とするものとされている（🔍**9** Q1参照）。

財産評価基本通達178～189-7の算定における条件

① 「同族株主」判定は，譲渡等直前の議決権の数により判定する。
② 株式を譲渡等した個人が「中心的な同族株主」のときは，「小会社」で評価する。
③ 当該株式の発行会社有する土地等，上場有価証券は，純資産価額の計算に当たり，譲渡等の時における価額による。
④ 純資産価額の計算に当たり評価差額に対する法人税額等に相当する金額は控除しない。

　所得税法基本通達59-6により，財産評価基本通達178から189-7までの例により算定する場合には，次のとおり評価する。

個人の区分	評基通による評価方式
中心的な同族株主	評基通179の小会社として評価
中心的な同族株主以外の同族株主	評基通179の例により評価
少数株主	評基通188-2配当還元方式による評価

(イ)　法人の側からのアプローチ

　法人税法は，法人が取引相場のない株式を買い受ける場合のその株式の時価評価の方法につき規定していない。そこで，課税実務上は，取引相場のない株式につき法人税法33条《譲渡所得》2項に係る法人税基本通達9-1-13《上場有価証券等以外の株式の価額》及び9-1-14《上場有価証券等以外の株式の価額の特例》を根拠に評価される。

　　✎ 法人税基本通達2-3-4《低廉譲渡等の場合の譲渡に係る対価の額》を根拠に，同通達4-1-5《上場有価証券等以外の株式の価額》及び4-1-6《上場有価証券等以外の株式の価額の特例》に基づく評価を行う場合でも同通達9-1-13及び9-1-14と同様となる。

　法人税基本通達9-1-13及び9-1-14によれば，上場有価証券等以外の株式につき法人税法33条2項の規定を適用する場合の当該株式の価額は，適正な売買実例価額や類似する法人の株式等の価額がない取引相場のない株式については，課税上弊害がない限り，次の条件の下，財産評価基本通達178から189-7までの例によって算定した価額によることを認めている。

94　第3章　事業承継に係る税務の取扱い（実務編）

> **財産評価基本通達178〜189-7の算定における条件**
>
> ①　法人が株式発行会社にとって「中心的な同族株主」のときは，「小会社」で評価する。
> ②　当該株式の発行会社有する土地等，上場有価証券は，純資産価額の計算に当たり，事業年度終了の時における価額による。
> ③　純資産価額の計算に当たり評価差額に対する法人税額等に相当する金額は控除しない。

　法人税基本通達 9-1-14により，財産評価基本通達178から189-7までの例により算定する場合には，法人の区分に応じて，それぞれ次の評価方式により評価することとされている。

法人の区分	評基通による評価方式
中心的な同族株主	評基通179の小会社として評価する
中心的な同族株主以外の同族株主	評基通179の例により評価する
少数株主	評基通188-2配当還元方式による評価する

㈦　個人（売手）と法人（買手）の評価方式が異なる場合

　上記でみたとおり，一方で，個人（売手）の所得税基本通達における株式時価を求める評価方式は，当該個人（売手）の譲渡直前の議決権数を基礎とした株主区分により判断されるが（議論あり。第4章**13**参照），他方で，会社（買手）の法人税基本通達における株式時価を求める評価方式は，当該会社（買手）の株主区分により判断される。

　したがって，個人（売手）側の評価方式と会社（買手）側の評価方式が異なる場合，例えば，売手が中心的な同族株主の個人で，買手が同族株主以外の株主である会社の場合において，株式価額を配当還元方式により算定して売買したときには，売手の個人側で低額譲渡による課税（所法59の二）の問題が生じる点に注意が必要である。これは，通常，配当還元方式による株式評価の方が原則的評価の方法よりも価額が低く算出されることが多いことによる。

¶ レベルアップ！　社長の株式譲渡に係る譲渡所得課税について

　社長が後継者従業員の設立した別会社に承継対象会社株式を譲渡する場合の所得税課税は，分離譲渡所得による比例税率課税となる。別会社への株式譲渡

は比例税率となるため，その株式を承継対象会社へ譲渡した場合のみなし配当による超過累進税率による課税と比べて，そのみなし配当課税対象所得が多額であればあるほどその節税効果は大きなものとなる。

   ✍ 承継対象会社にその株式を譲渡すれば，自己株式の取得となるため譲渡した株主にはみなし配当課税がされる。

   ✍ 所得税の総合課税は5〜45%の超過累進税率であるのに対して，一般株式等に係る譲渡所得等は15%の比例税率である（平成25年〜令和19年まで復興特別所得税（所得税額の2.1%）が加算される。）。なお，住民税については，総合課税の10%の比例税率で，一般株式等に係る譲渡所得等の税率は5%の比例税率である。

ところで，MBOの手法は，別会社の設立，借入れによる資金調達及び承継対象会社と別会社との合併が当初から予定されている場合が多いであろう。そこで，これら一連の行為について，その実態が合理的又は正当な理由がないのに通常用いられない法形式を選択することによって，租税負担の軽減又は排除を図る行為と認められるときは，同族会社等の行為計算の否認規定の対象とされる可能性にも留意が必要と思われる。

96　第3章　事業承継に係る税務の取扱い（実務編）

基礎 Q9　合併による株価引下げ策

　私は，会社を数社経営していますが，次のような2種類の合併を検討しています。合併後すぐに株式の贈与を行いたいと考えていますが，何か税務上問題があるでしょうか。

〔合併例①：債務超過会社との合併〕

合併前　　　　　　　　A社　B/S　　　　　　（億円）

	時価	簿価		簿価
不動産	20	10	負債	30
資産	40	40	資本金等	20
	60	50		50

　　　　　　　　　　　B社　B/S　　　　　　（億円）

	時価	簿価		簿価
資産	20	20	負債	25
			資本金等	−5
	20	20		20

合併後　　　　　　存続会社A社　B/S　　　（億円）

	時価	簿価		簿価
不動産	20	10	負債	55
資産	60	60	資本金等	15
	80	70		70

〔合併例②：合併による会社規模拡大〕

・　C社

　　製造業，従業員15名，総資産価額20億円，取引金額14億円

　　会社の規模：中会社の大

　　発行済株式数：2,000株

　　類似業種比準株価：5万円

　　純資産価額：50万円

　　1株当たり相続税評価額：9万5,000円

　　全体の相続税評価額：1億9,000万円

9 株式譲渡・組織再編等と事業承継　97

- D社
  不動産賃貸業，従業員3名，総資産価額20億円，取引金額1億8,000万円
  会社の規模：中会社の小
  発行済株式数：2,000株
  類似業種比準株価：20万円
  純資産価額：100万円
  1株当たり相続税評価額：52万円
  全体の相続税評価額：10億4,000万円
- 合併後　存続会社C社
  合併比率は，相続税評価額の純資産価額の比によりD社株式に対して1：2で新株を発行したものとする。
  製造業，従業員18名，総資産価額40億円，取引金額15億8,000万円
  会社の規模：大会社
  発行済株式数：6,000株
  類似業種比準株価：9万円
  純資産価額：53万円
  1株当たり相続税評価額：9万円
  全体の相続税評価額：5億4,000万円

(1) 論 点

合併例①に関しては，債務超過の会社との合併について，株価の引下げという租税回避目的であることを理由に否認され得るか否かが論点となる。

合併前にはB社の株価は零であり，A社の株価が純資産価額方式で20億円だったものが，合併後には純資産価額方式で15億円に減少する。この純資産価額方式を適用する場合には，あまり問題はなさそうであるが，類似業種比準方式の適用には以下のA説，B説が考えられる。

合併例②に関しては，合併前に大会社でない場合，純資産価額が高い会社は株価が高く算定される傾向にある。これが合併により，大会社になることで，類似業種比準方式を適用することができれば，株価の引下げが期待できるが，

98　第3章　事業承継に係る税務の取扱い（実務編）

合併例①と同様，以下のA説とB説を想定し得る。

　A説　合併直後は，類似業種比準方式の適用に一定の制限を受ける。

　B説　合併直後から類似業種比準方式の適用ができる。

(2) 解　説

ア　法令の規定

(ア) 相続税法64条4項

相続税法64条《同族会社等の行為又は計算の否認等》4項は次のように規定している。

> 4　合併，分割，現物出資若しくは法人税法第2条第12号の5の2に規定する現物分配又は同条第12号の16に規定する株式交換等若しくは株式移転（以下この項において「合併等」という。）をした法人又は合併等により資産及び負債の移転を受けた法人（当該合併等により交付された株式又は出資を発行した法人を含む。以下この項において同じ。）の行為又は計算で，これを容認した場合においては当該合併等をした法人若しくは当該合併等により資産及び負債の移転を受けた法人の株主若しくは社員又はこれらの者と政令で定める特別の関係がある者の相続税又は贈与税の負担を不当に減少させる結果となると認められるものがあるときは，税務署長は，相続税又は贈与税についての更正又は決定に際し，その行為又は計算にかかわらず，その認めるところにより，課税価格を計算することができる。

この規定が適用されているケースがあるかどうかは不明であるが，ほとんどないのではないかと思われる。しかし，合併に経済合理性が認められない場合には，同規定の適用も考えられよう。

(イ) 相続税法64条4項の適用

イ　税務当局の取扱い

類似業種比準方式の適用について，税務当局の考えは，次頁に紹介する書籍にもあるように，合併直後に類似業種比準方式を適用する場合には，一定の制限を受けるものと解しているのではないかと思われる。

ウ　財産評価基本通達ではない書籍によるべきか否か

上記イの取扱いは，財産評価基本通達にすらないものであって，納税者はこの取扱いに従わなくてもよいのではないかという議論はあり得る。しかし，次頁に掲げる書籍にあるように，比準3要素（🔍第2章8参照）に合理的な数字が得られないという指摘も理解できる。合併の前後で会社実態に変化がない場合

香取稔編『平成27年版株式・公社債評価の実務』234-237頁（大蔵財務協会2015）より

〔質疑8〕合併後に課税時期がある場合の類似業種比準方式の適用関係

（問） 次の吸収合併が行われた場合，各課税時期（X期，Y期，Z期）ごとのA社株価算定において，類似業種比準方式の適用関係はどうなりますか。

（注）X，Y，Zは，それぞれ課税時期を示します。また，A社及びB社はいずれも大会社であり，同種の事業を営むものとします。

（答） 合併後に課税時期がある場合に類似業種比準方式により取引相場のない株式の評価ができるかどうかは，個々の事例ごとに，直前期末（あるいは直前々期）における比準3要素について，合理的な数値が得られるかどうかによりますが，一般的な整理としては次のとおりとなります。

なお，妥当と考えられる評価方法については，下表（参考）のとおりです。

（参考）比準数値のとり方と株式の評価方法

評価方法		課税時期	X	Y		Z
類似業種比準方式	単体方式			×		○（但し利益金額を直前2年間の平均額とすることは不可）
	合算方式	合併の前後で会社実態に変化がある場合	×	合併期日が直前期末の翌日の場合	○（利益金額と純資産価額を基に算定）	
		合併の前後で会社実態に変化がない場合	○（比準3要素を基に算定）	（比準3要素を基に算定）		○（利益金額を直前2年間の平均額とすることが可能）
				合併期日が直前期末の翌日の場合	○（比準3要素を基に算定）	
純資産価額方式			○（評基通189-4に準じて開業後3年未満の会社等として評価）	（評基通189-2に準じて比準要素1の会社として評価。なお，選択によりLの割合を0.25とした併用方式の適用可）		—（但し類似業種比準価額が純資産価額を上回る場合は適用可）
				合併期日が直前期末の翌日の場合	—（但し類似業種比準価額が純資産価額を上回る場合は適用可）	

には，類似業種比準方式の適用も認められているが，比準3要素に合理的な数字が得られない場合には，財産評価基本通達6の適用も考えられる。

> **財産評価基本通達6 《この通達の定めにより難い場合の評価》**
> この通達の定めによって評価することが著しく不適当と認められる財産の価額は，国税庁長官の指示を受けて評価する。

したがって，書籍により見解を表明して，通達と同様に納税者を拘束する手法には疑問があるものの，合併直後は，類似業種比準方式の適用に一定の制限を受けるという考え方を受け入れざるを得ないのではなかろうか。

(3) まとめ

債務超過の会社との合併について，合併直後は，類似業種比準方式の適用に一定の制限を受けると考えておいた方がよいと思われる。

おおむね合併後3年を経過すれば，株価の引下げという目的は達成できるものと考えられ，合併後に株式の贈与をするなどの性急な行動を取らなければ，債務超過会社との合併は効果が大きいと思われる。もっとも，前述したとおり，同族会社等の行為計算の否認規定が設けられていることを看過してはならない。

9 株式譲渡・組織再編等と事業承継　101

基礎 Q10　株価の低減を目的とした事業分割

> 　毎期好業績を挙げている当社（非上場）は，将来の事業承継時において，株価の上昇から株式の買取りや納税のために多額の資金が必要となる懸念があるため，株式の評価額を低減させることを目的として，当社の高収益事業を分割し，子会社の事業としてはどうかとのアドバイスをコンサルタントから受けました。
>
> 　子会社に高収益事業を分割することで株価の低減を図ることができるというのはどのようなことなのでしょうか。

(1)　論　点

　ここでの論点は，事業分割により高収益事業を子会社に移転することで，相続税及び贈与税における非上場株式の評価にどのような影響を与えるかという点である。

(2)　解　説

ア　純資産価額方式におけるいわゆる「37％控除」

　非上場株式の評価は会社の規模に応じて，類似業種比準方式と純資産価額方式を併用する（大会社は選択制）ことになるが（評基通179），純資産価額方式においては，相続税評価額による資産の合計額から負債の合計額を控除した金額が帳簿価額による資産の合計額から負債の合計額を控除した金額よりも大きい場合，つまり評価差額（含み益）がある場合には，その部分に対する法人税等相当額として評価差額に37％を乗じた金額を純資産評価額から控除することとされている（評基通186-2，🔍第2章**8**参照）。

　したがって，当社の高収益事業を子会社に分割し，その後子会社の業績が好調に推移することで，子会社株式の簿価と時価（相続税評価額）との間に評価差額が生じ，当該評価差額の37％相当額を当社の純資産価額の計算上控除することが可能となる。つまり，分社化により，好業績による株式の相続税評価額の増加を含み益化することで，分社化しないで当社で高収益事業を引き続き行う場合に比べて評価額の抑制を図ることが可能となるわけである。

イ　類似業種比準方式における効果

高収益事業を子会社に移転することで，理屈の上では，高い利益が子会社に計上される分，そのまま高収益事業を当社に残した場合と比べて，当社の利益が低減することになる。このことは株式の相続税評価の側面からすると，類似業種比準方式の計算式（🔍第2章**8**(3)エ参照）の分子に当たる©の「評価会社の1株当たりの利益金額」が低減することにより，類似業種比準方式による当社の評価額全体が事業分割により低減するという効果が期待できることになる（なお，長期的には，①の「評価会社の1株当たりの純資産価額」も抑制されることになるので，この面からの低減効果も期待できるといえよう。）。

ウ　分割の手法

本件では，高収益事業を分割することを前提としているため，事業譲渡や非適格組織再編による分社化では，多額の譲渡益課税が当社に生じることが予想されるが，節税と将来における株価の抑制効果を最大限活かすために，ここは極力課税を避けたいところである。したがって，分割の手法としては，適格分社型分割（法法2十二の十三）を用いるのが合理的であると考えられる（適格現物出資を行う場合にも同様の結果が得られるが，現物出資の場合には，原則として検査役の調査（会社33，207）が必要であること等から，薄価による事業の子会社移転を行う場合には分社型分割を用いるのが一般的であると思われる。）。

ただし，資本関係で結ばれた親子会社間の適格分社型分割にあっては，分割後も両社の完全支配関係又は支配関係が継続することが見込まれている必要があるため，例えば，分社化した子会社の株式を他の事業承継者等に譲渡することがあらかじめ見込まれている場合には，適格要件を満たさないことになるため注意が必要である。

> ☞ **分社型分割**とは，分割により交付を受ける対価資産が分割の日において当該分割法人の株主等に交付されない分割をいう。分割対価資産がない分割（無対価分割）の場合には，その分割の直前において分割法人が分割承継法人の発行済株式を保有している場合（分割承継法人が分割法人の発行済株式の全部を保有している場合を除く。）の当該無対価分割をいう（法法2十二の十）。
>
> ☞ **適格分社型分割**とは，法人税法2条12号の11《定義》に定める適格要件を備えた分社型分割をいう。例えば，資本関係で結ばれた親子間の分社型分割においては，分割直前に分割法人及び分割承継法人との間で完全支配関係がある場合には，①金銭等不交付要件（分割の対価として分割承継法人株式，分割承継親法人株式のいずれか一方の株式以外の資産交付がないこと），②完全支配関係継続要件（分割後においてもいずれか一方

による完全支配関係が継続することが見込まれること）を満たすことが必要とされ，分割直前に50％超の支配関係（完全支配関係を除く。）がある場合には，①及び②（完全支配関係を支配関係と読み替える）の要件のほか，③主要資産引継要件（分割により分割事業に係る主要な資産及び負債が分割承継法人に移転していること），④従業者引継要件（分割直前の分割事業に係る従業者のうち，その総数のおおむね80％以上に相当する数の者が分割後に分割承継法人の業務に従事することが見込まれること），⑤事業継続要件（分割事業が分割後に分割承継法人において引き続き行われることが見込まれること）を満たすことが必要とされている。

エ　分割に当たっての留意事項

　高収益事業を子会社に分割することで，当社の資産内容にも大きな影響を受けることが予想されるが，仮に，当社の資産の相続税評価額による合計額の50％以上を株式の価額で占めるような場合には，「株式保有特定会社」に該当し，類似業種比準方式は使用できないことになる（評基通189,189-3）ので留意する必要がある。また，分社化により事業規模が当社と子会社に分割され従前の規模に比しそれぞれが縮小することになるので，類似業種比準方式による評価額の影響が低くなり，期待するほど株式の評価額が低減しない可能性もある。

　また，子会社を新設する場合には，開業3年以内はその子会社の株式の評価は純資産価額方式に限定される（評基通189,189-4）ことにも留意する必要がある。

　このほか，分割による許認可の承継の可否や，法人住民税及び事業税等の税負担の増加等も検討しておく必要があると思われる。

(3)　まとめ

　適格分社型分割により高収益事業を子会社に分割することで，株式の評価額を下げることは期待できるが，上述した留意事項を踏まえシミュレーションしておくことが重要である。特に，子会社の高収益が将来にわたり持続することを前提とするため，事業の見通しにも十分配意する必要がある。

104　第3章　事業承継に係る税務の取扱い（実務編）

基礎 Q11　高収益事業の譲渡による事業承継

> 　当社は，電子部品の製造販売を業としていますが，将来の事業承継を見据えて，後継者である代表取締役の長男に会社を設立させ，当該新設会社に当社の高収益部門を事業譲渡することを考えています。
> 　この事業譲渡に対する当社及び新設会社の税務上の取扱いはどのようになるのでしょうか。
> 　なお，当社の株式は，代表取締役が100％保有しています。

(1)　論　点

　ここでの論点は，株主同士が親族関係にある法人に対する事業譲渡について，税務上どのように取り扱われるかという点である。

(2)　解　説

　質問者の意図は，後継者への事業承継を事業譲渡の手法を用いて部分的に行うとともに，高収益事業を譲渡することで，当社の株式評価額の低減をも同時に図ろうとすることにあると理解することができる。

　ここでは，事業譲渡に係る課税関係について解説する。

ア　当社の課税関係

　本件において新設会社に事業譲渡を行った場合には，当社から新設会社に対して資産及び負債が時価により移転する。したがって，当社において移転資産及び負債に係る譲渡損益が計上されることになる。

　本件では，当社の株主と新設会社の株主は親子の関係にあると認められるため，当社と新設会社とは，一の者との間に当事者間の完全支配関係がある法人相互の関係（法法2十二の七の六）となり，これらの法人間との取引はいわゆるグループ法人税制の対象となる。

　したがって，事業譲渡に係る資産のうちに譲渡損益調整資産がある場合には，それらの資産に係る譲渡利益額又は譲渡損失額に相当する金額は，事業譲渡をした事業年度の所得金額の計算上，損金の額又は益金の額に算入され，その譲渡損益が繰り延べられることとなる（法法61の13）（完全支配関係の有無を判定する際の「一の者」及び譲渡損益の繰延対象となる「譲渡損益調整資産」については，🔍**9**応用 Q14

⑼　株式譲渡・組織再編等と事業承継　　105

(2)ア参照)。

　この場合，譲渡直前の帳簿価額が1,000万円未満の資産は譲渡損益対象資産
とはならないため，事業を時価評価することにより生ずるいわゆる「のれん」
については，譲渡直前における帳簿価額がゼロなので，無形固定資産に該当す
るとしても譲渡損益の繰延べの対象とはならないといった取扱いがある。

　さらに，消費税法上，事業譲渡により資産，負債を一括譲渡した場合，その
個々の資産の譲渡対価の額が資産の譲渡等の対価の額となるため，例えば，譲
渡資産の中に土地がある場合にはその譲渡対価の額は非課税売上として取り扱
われることになるので注意する必要がある。

イ　新設会社の処理

　事業の譲受法人である新設会社は，移転資産及び負債を時価で譲り受けるこ
とになるため，時価純資産に見合う対価の支払が必要となる。

　移転事業に係る主要な資産及び負債のおおむね全部が譲受法人に移転してい
る場合において，事業譲受けの対価が移転を受けた資産又は負債の時価純資産
価額よりも大きい場合には，資産調整勘定として5年間の償却により損金の額
に算入される（法法62の8①④⑤）。一方，事業譲受けの対価が移転を受けた資産
又は負債の時価純資産価額よりも小さい場合には，差額を負債調整勘定として
5年の償却により益金の額に算入される（法法62の8③⑦⑧）。なお，移転する負
債の中に賞与引当金など税務上の負債に該当しないものがある場合には，「差
額負債調整勘定の金額」として5年の償却により益金の額に算入されるほか，
法人税法62条の8《非適格合併等により移転を受ける資産等に係る調整勘定の損金算入
等》第6項に定める「退職給付負債調整勘定の金額」や「短期重要負債調整勘
定の金額」に該当する場合には，同項及び政令の規定に従って益金算入するこ
とになるので，移転する負債の内容をよく確認しておくことが重要である。

(3)　まとめ

　当社では，一定の資産についていわゆるグループ法人税制の適用による譲渡
損益の繰延べが生じる一方，新設会社では，時価純資産額に見合う対価の支払
が必要となるほか，資産調整勘定又は負債調整勘定が生じた場合の償却による
所得の加減算が事業譲受け後の事業年度において生じることがあるので留意す
る必要がある。

106   第3章　事業承継に係る税務の取扱い（実務編）

基礎 Q12　スクイーズアウト

　当社は，電子部品の製造販売を業としていますが，当社には重要な部品製造子会社があります。この子会社の株主には，当社のほか少数の外部株主がいます。当社としては，将来の事業承継を見据えて，株式交換の手法を使って，これらの少数株主から子会社株式の交付を受け対価として金銭を交付することで100％子会社化したいと考えていますが，子会社及び少数株式の税務上の取扱いはどのようになるのでしょうか。

(1)　論　点

　ここでの論点は，いわゆる現金交付型の株式交換によりスクイーズアウトを行った場合の法人税法上の取扱いはどのようになるかという点である。

(2)　解　説

　スクイーズアウトとは，一般的に法人株主が法的な手法を使って強制的に子会社等の少数株主を排除して完全子会社化することをいう。

　少数株主が存在する子会社を100％子会社化する場合，株主と個々に譲渡契約を締結して株式を取得する方法がまず考えられるが，少数株主が多数存在する大規模な法人や買取りに応じない株主がいる場合には実現困難となる。そこで，株主総会の特別決議により強制的に株主から株式を取得し，対価として自社の株式を交付するいわゆる株式交換（会社767）の手法により100％子会社化することが考えられる。しかし，自社の株式を少数株主に交付すると，当該少数株主は自社の株主となることから，事業承継を見据えた株式交換を行う場合には，これを避けるために対価として金銭を交付する「金銭交付型株式交換」という手法を用いることが有効となる。

　しかしながら，このような金銭交付型株式交換については，平成29年度税制改正以前は，法人税法上，いわゆる非適格株式交換等に該当したため，株式交換完全子法人となる子会社について，株式交換時の直前に有する時価評価資産（固定資産，土地（土地の上に存する権利を含み，固定資産に該当するものを除く。），有価証券（売買目的有価証券等を除く。）及び繰延資産で帳簿価格が1,000万円以上のもの）について時価評価を行い評価損益を計上しなければならないことから（旧法法62の９），

ほとんど利用されてこなかったようである。

これに対し，平成29年度税制改正により，3分の2以上の支配株主がいる場合に係る吸収合併又は株式交換については，少数株主に対して金銭を交付する場合についても適格要件のうちの対価要件（対価として株式以外の資産が交付されないことという要件）を満たすこととされた（法法2十二の八，十二の十七）。この取扱いは，平成29年10月1日以後に行われる合併又は株式交換について適用される（平29改正法附則11②，平29改正法令附則2②）。

したがって，本件については，当社が子会社の発行済株式の3分の2以上を保有している場合には，適格株式交換等として当該子会社の時価評価を行わないこととすることができる。この場合，適格要件として，上述した対価要件のほか以下の要件を満たす必要がある（法法2十二の七，法令4の3⑲）。

---

① 支配関係継続要件
　子会社の支配する関係（50％超を保有する関係）が株式交換後も継続することが見込まれていること
② 従業者継続従事要件
　株式交換等完全子法人のその株式交換等の直前の従業者のうち，80％以上が株式交換等完全子法人の業務に引き続き従事することが見込まれること
③ 事業継続要件
　株式交換等完全子法人のその株式交換前の主要な事業が株式交換等完全子法人において引き続き行われることが見込まれること

また，当社が取得する子会社の株式の取得価額は，その取得の時における株式の取得のために通常要する価格となる（法令119①二十七）。一方，金銭等の交付を受け子会社株式を有しなくなった少数株主については，通常の譲渡として譲渡損益を計上することとなる（法法61の2①）。

なお，これまでスクイーズアウトの手法として用いられてきた全部取得条項付種類株式を利用する方法，株式併合を用いる方法，株式売渡請求による方法は，いずれも平成29年度税制改正により，法人税法上の「株式交換等」として位置付けられたため，上述の適格要件を満たさない場合には，株式交換等完全子法人の株式交換等直前に有する時価評価資産について評価損益を計上しなければならなくなったので注意する必要がある。

(3) まとめ

　当社が子会社の発行済株式の3分の2を保有しており，かつ，法人税法上に定める適格要件を満たす場合には，「適格株式交換等」として，子会社の時価評価損益を計上することなく株式交換を行うことが可能である。

　この場合，当社は，交付する金銭をもって子会社株式の取得価額とし，少数株主は，当該株式に係る譲渡損益を計上することになる。

図表 4

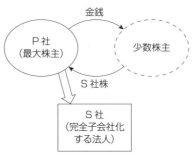

9 株式譲渡・組織再編等と事業承継　109

基礎 Q13　スピンオフ

　当社（非同族会社）は，電子部品の製造販売を業としており，電子部品の種類別にX事業とY事業とがあります。将来，後継者にはX事業を承継させることを計画しており，Y事業は第三者に譲渡することを考えています。

　この場合，直接Y事業を譲渡すると当社に多額の譲渡益が発生するので，会社分割（分割型分割）をして事業を切り出してから譲渡する方法を考えていますが，税務上の取扱いはどのようになるのでしょうか。

(1)　論　点

　ここでの論点は，事業を切り出す方法として，事業譲渡ではなく，適格組織再編成を使った分割を行うことで法人段階での譲渡損益課税を回避しつつ事業の売却をすることができるか否かという点である。

(2)　解　説

　スピンオフとは，一般的に法人内の事業部門を分離して独立した法人にさせることをいう。

　組織再編成において，法人がその有する資産を他に移転する場合には，移転資産の時価取引を原則としつつ，資産を移転する前後で経済実態に実質的な変更がない場合，すなわち，「移転資産に対する支配が再編成後も継続している」と認められる場合には，適格組織再編成として，法人及びその株主において課税が繰り延べられるが，平成29年度税制改正では，支配株主がいない最上位の法人が行うスピンオフについても移転資産に対する支配が継続していると認められる場合には，適格組織再編成として位置付けられることになった。この取扱いは，平成29年4月1日以後に行われるスピンオフについて適用される（平29改正法附則11①，平29改正法令附則2①）。

　なお，スピンオフの手法には分割型分割（☞分割型分割とは）と現物分配（☞現物分配とは）とがあるが，ここでは事業の分割と同時にスピンオフを行う分割型分割を念頭に置いて解説する。

　　☞　**分割型分割**とは，分割により分割対価資産の全てが分割法人の株主に交付される分割をいう。分割対価資産がない分割（無対価分割）の場合には，分割の直前において分割

承継法人が分割法人の発行済株式の全てを保有しているか，分割法人が分割承継法人の株式を保有していない場合の当該無対価分割をいう（法法二十二の九）。

☞　**現物分配**とは，法人（公益法人等及び人格のない社団等を除く。）がその株主等に対し当該法人の剰余金の分配，解散による残余財産の分配，自己株式の取得，出資の消却及び組織変更により金銭以外の資産の交付をすることをいう（法法二十二の五の二）。

適格組織再編成として位置付けられる単独新設分割型分割の適格要件は次のとおりである（法法二十二の十一，法令４の３⑨）。

---

①　金銭等不交付要件
　　分割対価として分割承継法人の株式又は分割承継親法人株式のいずれか一方の株式以外の資産が交付されないこと
②　株式按分交付要件
　　分割に伴って分割法人の株主の持株数に応じて分割対価が交付されること
③　非支配要件
　　分割の直前に分割法人と他の者との間に当該他の者による支配関係がなく，かつ，分割後に分割承継法人と他の者との間に当該他の者による支配関係があることとなることが見込まれていないこと
④　特定役員引継要件
　　分割前の分割法人の役員等（分割法人の分割事業に係る業務に従事している重要な使用人を含む。）のいずれかが分割後に分割承継法人の特定役員（社長，副社長その他法人の経営に従事している者をいう。）となることが見込まれていること
⑤　主要資産負債引継要件
　　分割により分割法人の分割事業に係る主要な資産及び負債が分割承継法人に移転していること
⑥　従業者引継要件
　　分割法人の分割直前の分割事業に係る従業者のうち，80％以上の者が分割後に分割承継法人の業務に従事することが見込まれていること
⑦　事業継続要件
　　分割法人の分割事業が分割後に分割承継法人において引き続き行われることが見込まれていること

　本件では，Ｙ事業を他社に譲渡することを念頭に置いているため，上記の要件のうち，特に③非支配要件について留意しておく必要がある。すなわち，分割後に株式の保有関係において制約がかかっているのは，分割承継法人であり，分割法人には株式の保有関係についての制約はない。したがって，将来承継する予定のＸ事業を分割（単独新設分割型分割）し，Ｙ事業を当社に残すことで，当社の株式を他者に売却すれば本件分割の適格性は維持されることになる。

　このことは，支配株主がいるグループ内での適格分割でも同様である。すな

わち，従前は，適格分割型分割における株式の継続保有要件では，分割後の分割法人及び分割承継法人の両方に対して支配関係（同一の者による支配関係を含む。）が継続することが必要とされていたが，平成29年度税制改正により，分割型分割後の分割承継法人への支配関係の継続が見込まれていれば足り，「分割法人」への支配の継続は問われないこととされた（法令4の3⑥一イ，二イ，⑦一イ，二）。したがって，同族株主グループにおいても，法人段階での譲渡益課税と株主段階におけるみなし配当課税を受けることなく，第三者への事業の切出しが可能である。

(3) まとめ

他社へ譲渡する予定のY事業を残し，X事業について適格要件を備えた分割型分割を行い，その後，Y事業を行う当社の株式を他社に譲渡することで，本件の意図を達成することは可能である。

ただし，株主が当社の株式を他社へ譲渡する際には，株主段階での株式の譲渡益課税が生じることになること，及び許認可を必要とする事業の分割のときには承継が認められない場合が多く，必ずしもスピンオフが使えない場面も考えられるので留意が必要である（このような場合にあっては，あらかじめ受け皿会社をつくり許認可申請しておき，その後適格分割型分割をするといった対応を検討することになろう。）。

図表5

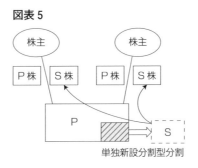

単独新設分割型分割

112　第3章　事業承継に係る税務の取扱い（実務編）

応用 Q14　後継者出資の資産管理会社に収益物件を譲渡する際の譲渡価格

　　同族会社である当社は，製造業を主体とする事業部門と不動産賃貸業を主体とする不動産賃貸部門を有しており，共に安定した業績を挙げています。

　　今般，自社株の評価を下げるために，後継者である長男出資の資産管理会社に不動産賃貸部門で管理している土地及び建物を譲渡することとしました。

　　その際，土地及び建物の譲渡価格は相続税評価額にて行う予定ですが税務上，何か問題があるでしょうか。

(1)　論　点

　本件スキームの目的は，安定した業績を挙げている不動産賃貸部門を切り離し，今後は当該事業から生ずる利益を承継者である長男が保有する法人に計上させることで，自社株の相続税評価額の上昇の抑制を図るとともに，承継者である長男へ収益性物件を実質的に移転させることにある。

　不動産賃貸部門の切離しは，オーナーが所有する法人から長男が所有する法人への土地建物の譲渡という形態を採ることで，いわゆるグループ法人税制を利用し，事実上無税で財産の移転を図ることができるが，後述するように低廉譲渡の場合には，譲渡側では寄附金の損金算入限度額の計算，譲受側では受贈益の課税所得への算入という税務処理が必要となる。

　一般に，不動産売買を業としない法人にとって，所有不動産を関係会社等に譲渡する際の時価をどのように算定するのかについては，法人税法上，特段の規定がないため判断に迷うことも少なくない。一方，相続税及び贈与税については，財産評価基本通達で不動産の評価方法が具体的に示されているため，これを時価として取引することができるのではないかとの考え方も生じ得る。

　そこで以下，法人間での不動産の売買価格算定を財産評価基本通達によることの可否について検討する。

ア　A 説

　財産評価基本通達は，相続，遺贈又は贈与により取得した財産の時価を評価するために国税庁が制定したものであり，この通達で定められた方法により評

価した金額は，特段の事情がない限り，税務上はその財産の時価を示すものと考えられることから，同通達で示された評価方法を用いて取引価格を求めても何ら差し支えない。

イ　B　説

財産評価基本通達で示された方法によって評価された金額は，あくまでも相続，遺贈又は贈与により取得した財産の相続税評価額を示しているにすぎず，取引価格としての税務上の時価を示しているものではないため，同通達で示された評価方法を用いて取引価格の時価を求めることはできない。

(2)　解　説

本件は，グループ法人税制を利用することにより資産の移転時における課税を回避することがポイントの1つであるため，グループ法人税制のうち本件に関連した部分についてまず解説し，その上で本題の検討を行うこととしたい。

ア　完全支配関係にある法人に対する資産譲渡に係る法人税法上の取扱い

完全支配関係とは，一の者が法人の発行済株式等の全部を直接又は間接に保有する関係又は一の者との間に当事者間の完全支配の関係がある法人相互の関係をいう（法法2十二の七の六）。そして，一の者が個人の場合には，一の者は，その者及びこれと特殊の関係のある個人となる（法令4の2）。例えば，その者の親族は全て一の者として取り扱われる。

したがって，本件のように，親子がそれぞれ法人を所有している場合には，それぞれの法人相互の関係は，一の者との間に当事者間の完全支配関係がある法人相互の関係となり，これらの法人間の取引はいわゆるグループ法人税制の取扱いの対象となる。

グループ法人税制においては，内国法人が譲渡損益調整資産をその内国法人との間に完全支配関係がある他の内国法人に譲渡した場合には，その譲渡損益調整資産に係る譲渡利益額又は譲渡損失額に相当する金額は，その譲渡した事業年度の所得金額の計算上，損金の額又は益金の額に算入し，その譲渡損益は繰り延べられることとされている（法法61の13）。

この譲渡損益調整資産とは，固定資産，土地（土地の上に存する権利を含み，固定資産に該当するものを除く。），有価証券，金銭債権及び繰延資産とされているが，次のものは含まれない（法法61の13①，法令122の14①）。

114　第3章　事業承継に係る税務の取扱い（実務編）

① 売買目的有価証券

② 譲受法人において売買目的有価証券とされる有価証券

③ 譲渡直前の帳簿価額が1,000万円に満たない資産（①及び②を除く。）

　したがって，本件のように，不動産部門にある土地及び建物を譲渡する場合，譲渡直前の帳簿価額が1,000万円に満たない資産は譲渡損益を繰り延べることができないので，例えば，昔から所有している土地等については十分に注意する必要がある。

イ　譲渡損益調整資産と非上場株式の評価

　含み益のある譲渡損益調整資産を完全支配関係にある他の法人に譲渡した場合には，アで説明したとおり，譲渡法人において，譲渡益が繰り延べられるが，繰り延べられた譲渡利益相当額としての譲渡損益調整勘定は，税務上は利益積立金として計上されることになる。このため，純資産価額方式による株式の評価の際，これを資産に計上して評価の対象とする必要があるか否かが問題となる。

　この点につき，財産評価基本通達は譲渡損益調整勘定に係る評価上の取扱いを明らかにしていない。しかしながら，譲渡損益調整勘定は，譲渡損益を繰り延べたことにより計上されるものであり実体のある資産や負債ではない。例えば，純資産価格方式における株式の評価においては，前払費用や未経過保険料など財産性のない科目が貸借対照表の資産の部に計上されている場合，実務上はこれらを零として評価していることに鑑みると，譲渡益を繰り延べたことにより計上された譲渡損益調整勘定を評価する必要はないと考えられる。

　したがって，非上場株式に係る純資産価額方式による評価においては，譲渡損益調整勘定はないものとして取り扱って差し支えないと思われる。

　なお，類似業種比準方式における1株当たりの利益金額の計算上，繰り延べられた譲渡損益調整資産の譲渡益については，法人税の課税所得金額に加算する必要はないこととされ，譲渡損益調整勘定の戻入益については，原則として非経常的な利益として法人税の課税所得金額から控除することとされている（国税庁質疑応答「1株当たりの利益金額 ⓒ―譲渡損益調整資産の譲渡等があった場合」）。

ウ　譲渡損益調整資産の低廉譲渡

　含み益のある土地建物を簿価で譲渡した場合のように，「資産の低廉譲渡が行われた場合には，譲渡時における当該資産の適正な価額をもって法人税法22

条2項にいう資産の譲渡に係る収益の額に当たると解するのが相当である」（南西通商事件最高裁平成7年12月19日第三小法廷判決・民集49巻10号3121頁）。したがって，譲渡損益調整資産を低廉譲渡した場合には，税務上は，その譲渡に係る対価の額は譲渡時の当該資産の時価によることとなり，譲渡法人側では譲渡利益金額の計上漏れ（所得加算）が生じるとともに，当該譲渡利益金額を繰り延べる処理（所得減算）が必要となる。

　一方，譲受法人側では，その資産の価額のうち，贈与又は経済的利益の供与を受けたと認められる部分があるときは，その資産の取得のために通常要する価額，すなわち時価が取得価額となる。したがって，時価と支払対価との差額は，受贈益として所得に加算する必要がある。

　ここで注意を要するのは，寄附金の取扱いであろう。グループ法人税制における寄附金の取扱いは，寄附をした側では当該寄附金の額が全額損金不算入とされ，寄附を受けた側では，寄附を受けた金額に係る受贈益が全額益金不算入とされるが，この取扱いは，法人による完全支配関係に基づく法人間の寄附金に限られている（法法37②，25の2①）。個人による完全支配関係にある法人間の寄附金がこの取扱いから除かれているのは，もし，これが認められると親から子への経済的価値の移転が法人を通じて無税で行われることになり，相続税・贈与税の回避に利用されるおそれが強いからであると説明されている（「平成22年改正税法のすべて」207頁）。

　したがって，個人による完全支配関係にある法人間の取引を前提とする本件の場合には，仮に土地建物の低廉譲渡による時価と譲渡価額との差額が寄附金の額に該当すると認められると，上述したグループ法人税制における寄附金の取扱いは働かないため，譲渡側では，譲渡収益計上漏れ及び寄附金認容による所得の加算・減算の両建て並びに寄附金の限度超過額が生じた場合の所得加算が生じる一方，譲受側では受贈益の所得加算のみが生じることとなる。したがって，譲受側の法人税負担を生じさせないためには，時価で取引することが重要なポイントの1つといえるであろう。

エ　同族会社間の不動産取引における時価

　A説は，財産評価基本通達が，財産の時価評価が必ずしも容易ではないことから定められていることに鑑みれば，この通達により評価した資産の価額は，たとえ税目が異なる場合であっても税務上は時価として取り扱われるのが相当

116　第3章　事業承継に係る税務の取扱い（実務編）

であるとする考え方である。

　法人税法においては，資産の譲渡が代金の受入れその他資産の増加を来すべき反対給付を伴わないものであっても，譲渡時における資産の適正な対価に相当する収益があると認識すべきものであることが明らかにされている（法法22②）。ここでいう適正な対価とは，相互に特殊関係のない独立当事者間の取引において通常成立するはずの対価相当額をいうと解されている（金子宏『所得課税の法と政策』345頁（有斐閣2003））。一方，相続税法においても，時価とは客観的な交換価値のことであり，不特定多数の当事者間で自由な取引が行われた場合に通常成立する価額をいうと解されている（評基通1⑵）。

　したがって，法人税も相続税も時価の概念は共通していると認められるとすれば，財産評価基本通達により評価された価額は，少なくとも課税庁の立場からすれば法人税においても時価として認めざるを得ないのではないかとの発想が生じ得る。

　しかしながら，課税実務では，必ずしも「時価＝相続税評価額」とはしておらず，時価を相続税評価額ではなく通常の取引価格としている判決・裁決が数多く見受けられるところである（例えば，東京地裁平成19年8月23日判決・判タ1264号184頁，国税不服審判所平成15年6月19日裁決・裁決事例集65号576頁など）。

　この点，財産評価基本通達の取扱いにおいても，例えば，土地の相続税評価に用いる路線価は，相続税及び贈与税の課税に当たって1年間同じものが適用されるため，その1年の間に地下が下落しても，その価格が路線価を下回らないようにする必要がある。このように，1年の間の地価の変動にも耐え得るものでなければならないこと等の評価上の安全性を総合勘案して，公示価格の80％程度という基準が定められている（東京地裁平成19年8月23日判決・税資257号順号10763）。また，上場株式の相続税評価について，相続による財産の移転が，被相続人の死亡という偶発的な要因に基づき発生するものであるところ，上場株式の価格はその時々の市場の需給関係によって値動きすることから，時には異常な需給関係に基づき価格が形成されることもあり得るため，評価上の安全を確保するために一定期間の平均額を認める取扱いが設けられている（評基通169，東京高裁平成7年12月13日判決・行集46巻12号1243頁）。

　これらの例からみても明らかなとおり，財産評価基本通達は，納税者間の公平の維持，納税者及び租税行政庁双方の便宜，徴税費の節減等の観点から画一

的かつ詳細に評価方法を定めているものである（金子・租税法715頁）。したがって，通達に従って評価された価額は，相続税では建て前としては客観的交換価値として取り扱われても，実務上は必ずしも一般的な取引時価（適正価格）が求められているわけではないと理解すべきであると思われる。

もっとも，法人税法上の取引時価と相続税法上の時価とは，時価概念自体には違いはないとする意見も当然にあろう。

しかし，実務上は，財産評価基本通達に基づかない方法で評価した場合には，相続税又は贈与税の課税リスクに晒されることから，これを避けるために「時価」とされている財産評価基本通達に基づく評価を行っているのであり，必ずしも取引時価を求めるために同通達を用いるわけではない。財産評価基本通達の定めによって評価した価額によるとする評価の原則をうたった同通達1⑵の文言は，あくまでも相続税法における時価評価の原則を示しているにすぎないと考えられる。

財産評価基本通達をこのように理解すると，この通達によって評価された価額を法人税法上の時価として取り扱うことは適当ではないといわざるを得ないのではないかと思われる。

したがって，B説に立って実務を行う必要があると考えられるが，このことは，取引に当たり時価算定を財産評価基本通達によらないで自らの判断で行う必要があることを示している。この点，かろうじて土地については，次のとおり，ある程度の価格情報を求めることは可能である。

① 相続評価額÷80％として求める方法
② 鑑定評価を利用する方法
③ 周辺の取引事例から算定する方法

①は，路線価が公示価格の80％を目安に設定されていることに着目して，公示価格レベルの価格を算定しようというものである。②は費用がかかるデメリットがあるが，価格に対する客観的な説明資料が準備できるメリットがある（ただし，鑑定評価の内容に合理性がないとして課税された最近の事例として，広島高裁平成24年8月2日判決（税資262号順号12017）がある。）。③は周辺に取引事例がある場合に参考になる。いずれにしても，集められる情報を複数入手し，比較検討することが有効であろう（時価を公示価格と取引事例との比較法によって求めた最近の事例として，国税不服審判所平成24年11月13日裁決（裁決事例集未登載）がある。）。

118　第3章　事業承継に係る税務の取扱い（実務編）

また，建物の時価については，以下の方法が考えられる。

①　再調達価格から減価償却額をマイナスして求める方法

②　鑑定評価を利用する方法

③　固定資産税評価額を用いる方法

なお，実務では，単に譲渡側の未償却残高（帳簿価額）をそのまま取引価格にしている事例も見受けられるところである。また，固定資産税評価額をもとに時の経過に伴う所要の補正をした金額が適正な時価であるとの裁決（国税不服審判所平成24年8月16日裁決・審判所HP）もみられることから，結果として相続税評価額と同一の価格を使用したとしても課税上の問題は生じない場合が多いのではないかと思われる。

⑶　まとめ

以上の検討のとおり，本件においては，土地・建物の譲渡を時価で行うことが重要となるが，時価の算定は，財産評価基本通達による相続税評価額によるのではなく，かかる評価額を参考にしつつも，他の情報を適宜収集し適正な時価を求めることに留意する必要がある。

119

10 相続と事業承継

基礎 Q15　相続で取得した株式をその株式を発行した会社に譲渡した場合

> 　被相続人は，非上場会社である当社の発行済株式 1 万株を100％所有し
> ていました。相続人は 3 名で，遺産分割協議により，後継者となる相続人
> が8,000株，他の相続人 2 名がそれぞれ1,000株ずつ取得しました。この 2
> 名の相続人から当社に対して相続で取得した当社株式を買い取ってほしい
> 旨の申し出がありました。当社株式を譲渡する相続人の課税関係はどのよ
> うになりますか。

(1)　論　点

　当社の株主が，当社に対する株式の譲渡により金銭の交付を受けた場合，こ
の受け取った金銭に係る所得区分が問題となる。すなわち，分離課税の譲渡所
得となれば国税と地方税で20.315％（復興特別所得税を含む。），総合課税の所得と
なれば累進税率の適用となり，課税方式が異なることとなる。

(2)　解　説

ア　株式をその株式の発行会社に譲渡した場合

　会社の株主が，会社の自己株式の取得により金銭の交付を受けた場合におい
て，その金銭の額が会社の法人税法 2 条《定義》16号に規定する資本金等の額
のうちその交付の基因となった会社株式に対応する部分の金額を超えるときは，
所得税法の規定の適用については，その超える部分の金額に係る金銭は，配当
所得とみなされて課税される（所法25①）。

イ　相続税の申告期限の翌日から 3 年を経過する日までに譲渡した場合

　相続又は遺贈により財産を取得した個人で納付すべき相続税額があるものが，
相続の開始があった日の翌日から相続税の申告書の提出期限の翌日以後 3 年を
経過する日までの間に，相続税の課税価格の計算の基礎に算入された非上場会
社の発行した株式をその発行した当該非上場会社に譲渡した場合において，譲

渡をした個人が譲渡の対価として非上場会社から交付を受けた金銭の額が非上場会社の法人税法 2 条16号に規定する資本金等の額のうちその交付の基因となった株式に対応する部分の金額を超えるときは，その超える部分の金額については上記所得税法25条《配当等とみなす金額》1 項の規定は適用されず，譲渡をした個人が譲渡の対価として非上場会社から交付を受けた金銭の額は，その全てについて租税特別措置法37条の10《一般株式等に係る譲渡所得等の課税の特例》（分離課税）が適用される（措法 9 の 7 ）。

ウ　相続財産に係る譲渡所得の課税の特例

　相続又は遺贈による財産の取得をした個人で相続税額があるものが，相続の開始があった日の翌日から相続に係る申告書の提出期限の翌日以後 3 年を経過する日までの間に相続税額に係る課税価格の計算の基礎に算入された資産の譲渡をした場合における譲渡所得に係る所得税法33条《譲渡所得》3 項の規定の適用については，同項に規定する取得費は，この取得費に相当する金額に相続税額のうち譲渡をした資産に対応する部分として政令で定めるところにより計算した金額を加算した金額とすることができる（措法39）。

⑶　まとめ

　当社の株式を相続した相続人が，相続税の申告期限の翌日から 3 年を経過する日までに，相続税の課税価格の計算の基礎に算入された株式をその発行会社である当社に譲渡した場合，その相続人が譲渡の対価として当社から交付を受けた金銭の額は，その全てについて租税特別措置法37条の10が適用される上に，相続財産に係る譲渡所得の課税の特例も適用することができる。

基礎 Q16　相続で取得した株式と相続以外の原因により取得した株式を所有している場合のみなし配当の特例

　私は，非上場会社であるA社の株式を生前に同社の社長であった父からの贈与により1万株取得し所有しています。また，死亡した父が所有していたA社株式1万株を相続により取得し所有（合計2万株）しています。そのうち2,000株を，相続税の納税資金の一部とするため相続税の申告書の提出期限までにA社へ譲渡します。本件譲渡株式の2,000株全てを父から相続により取得したと取り扱ってもよいでしょうか。

(1)　論　点

　Q15で解説したとおり，租税特別措置法9条の7《相続財産に係る株式とその発行した非上場会社に譲渡した場合のみなし配当課税の特例》により，株式を相続した相続人が，相続税の申告期限の翌日から3年を経過する日までに，相続税の課税価格の計算の基礎に算入された株式をその発行した会社に譲渡した場合，その相続人が譲渡の対価としてその会社から交付を受けた金銭の額は，その全てについて同法37条の10《一般株式等に係る譲渡所得等の課税の特例》が適用され（以下「みなし配当の特例」という。），併せて同法39条《相続財産に係る譲渡所得の課税の特例》（以下「取得費加算の特例」ともいう。）も適用することができる。そこで，本件のように同一銘柄の株式について相続により取得した株式と相続以外の原因により取得した株式がある場合に，譲渡した株式が相続により取得したものとして取り扱ってよいかが問題となる。

(2)　解　説

ア　同一銘柄の株式を譲渡した場合の取得費加算の特例の取扱い

　課税実務では，譲渡所得の基因となる株式を相続等により取得した個人が，当該株式と同一銘柄の株式を有している場合において，租税特別措置法39条1項に規定する特例適用期間内にこれらの株式の一部を譲渡したときには，当該譲渡については，当該相続等により取得した株式の譲渡からなるものとして，同項の規定を適用して差し支えないこととされている（措通39-12）。

122 第3章 事業承継に係る税務の取扱い（実務編）

イ 同一銘柄の株式を譲渡した場合のみなし配当の特例の取扱い

相続又は遺贈により財産を取得した個人で納付すべき相続税額があるものが，相続の開始があった日の翌日から相続税の申告書の提出期限の翌日以後3年を経過する日までの間に，相続税の課税価格の計算の基礎に算入された非上場会社の発行した株式をその発行した当該非上場会社に譲渡した場合において，譲渡をした個人が譲渡の対価として非上場会社から交付を受けた金銭の額が非上場会社の法人税法2条《定義》16号に規定する資本金等の額のうちその交付の基因となった株式に対応する部分の金額を超えるときは，その超える部分の金額についてはみなし配当（所法25①）の規定は適用されず，譲渡をした個人が譲渡の対価として非上場会社から交付を受けた金銭の額は，その全てについて租税特別措置法37条の10が適用され（措法9の7，37の10③），併せて取得費加算の特例の適用を受けることができる。しかし，同一銘柄の株式を譲渡した場合の取扱い通達は示されていない。

ウ 平成24年4月17日付け文書回答

平成24年4月17日付け文書回答では，みなし配当及び取得費加算の特例のいずれもが相続税納付のための相続財産の譲渡に係る課税の負担軽減を目的とするものであること，みなし配当の特例の適用がある場合には取得費加算の特例も同時に適用できることから，その適用に当たり，取得費加算の特例の適用における租税特別措置法関係通達39-12《同一銘柄の株式を譲渡した場合の適用関係》と異なる取扱いをすることは適当でないと考えられるとして，みなし配当の特例の適用に当たっても，同通達の取扱いと同様に，相続等により取得した非上場会社の発行した株式から優先的に譲渡したものとして取り扱うことが相当であるとしている。

⑶ まとめ

譲渡株式2,000株は，みなし配当の特例の適用対象となる父から相続で取得したA社株式1万株の範囲内であり，その全てが父から相続により取得したものと取り扱われることとなり，譲渡株式2,000株全てに同特例の適用がある。その結果，A社から本件譲渡の対価として交付を受けた金銭の額についてみなし配当課税は行われず，その全てが申告分離課税の株式等に係る譲渡所得等に係る収入金額とみなされ，併せて取得費加算の特例も適用することができる。

10 相続と事業承継　123

基礎 Q17　遺産分割を代償分割の方法によった場合の相続税の課税価格

　非上場会社であるＡ社は，長男にその株式を全て取得させる遺産分割を考えています。その際，相続財産の総額中，Ａ社株式の価額の占める割合が高いことから相続人間のバランスをとるために，株式を取得しない他の相続人に対して，長男が金銭を支払う代償分割の方法によることを検討しています。この場合の相続税の課税価格はどうなりますか。

(1)　論　点

　会社株式を取得した者について，他の相続人に対して支払った代償金は相続債務ではないが，株式を含め相続により取得した財産の価額（財産評価基本通達の定めにより評価した価額）の合計額から交付した代償金の額を控除して計算してよいのか，一方，代償金の交付を受けた相続人は，交付を受けた代償金は相続財産ではないことから相続税の課税価格に含めて計算するのか，相続税の課税価格の計算方法が問題となる。

(2)　解　説

ア　代償分割とは

　相続財産の分割方法には現物分割，代償分割，換価分割の方法があり，代償分割は相続財産の分割の一方法である。代償分割とは，共同相続人又は包括受遺者のうちの１人又は数人が相続又は包括遺贈により取得した財産の現物を取得し，その現物を取得した者が他の共同相続人又は包括受遺者に対して債務を負担する分割の方法をいい（相基通19の2-8（注）），相続人のうち後継者１人に先代経営者の所有していた株式を取得させ，その代わりに他の相続人に対して代償金を支払うことによって事業承継を図る場合などに用いられる手法である。

イ　代償分割が行われた場合の相続税の課税価格の計算

　代償分割の方法により相続財産の全部又は一部の分割が行われた場合における相続税の課税価格の計算は，代償財産の交付を受けた者と代償財産の交付をした者の区分に応じて，それぞれ次に掲げるところにより行うこととされている（相基通11の2-9）。

124　第3章　事業承継に係る税務の取扱い（実務編）

① 代償財産の交付を受けた者

　相続又は遺贈により取得した現物の財産の価額と交付を受けた代償財産の価額との合計額

② 代償財産の交付をした者

　相続又は遺贈により取得した現物の財産の価額から交付をした代償財産の価額を控除した金額

ウ　代償財産の価額

　上記**イ**①②の代償財産の価額は，代償分割の対象となった財産を現物で取得した者が他の共同相続人又は包括受遺者に対して負担した債務（以下「代償債務」という。）の額の相続開始の時における金額によることとされている（相基通11の2-10）。ただし，次に掲げる場合に該当するときは，当該代償財産の価額はそれぞれ次に掲げるところによるものとする。

① 代償債務の額が，代償分割の対象となった財産が特定され，かつ，当該財産の代償分割の時における通常の取引価額を基に決定されているとき

$$
代償債務の額 \times \frac{代償分割の対象となった財産の相続開始の時における価額（財産評価基本通達の定めにより評価した価額）}{代償債務の額の決定の基となった代償分割の対象となった財産の代償分割の時における価額}
$$

② 共同相続人及び包括受遺者の全員の協議に基づいて代償財産の額を上記①に掲げる算式に準じて又は合理的と認められる方法によって計算して申告があった場合　当該申告があった金額

(3)　まとめ

　代償金を交付した長男は，A社株式を含め取得した現物の財産の財産評価基本通達の定めにより評価した価額の合計額から交付をした代償金の価額を控除し，一方，代償金の交付を受けた他の相続人は，相続により取得した現物の財産の価額と交付を受けた代償金の価額との合計額により相続税の課税価格の計算を行う。

　なお，A社株式の財産評価基本通達の定めにより評価した価額と，代償金額を計算する際のA社株式の代償分割の時における通常の取引価額が異なる場合は，上記**ウ**の調整計算が必要となる。

10 相続と事業承継　125

基礎 Q18　相続により取得した株式とそれ以外の株式がある場合の取得価額の計算

> 　相続により取得したＡ社株式と，売買により取得した同一銘柄のＡ社株式を所有しています。相続により取得したＡ社株式の取得は，租税特別措置法39条《相続財産に係る譲渡所得の課税の特例》の適用を受けることができることから，この株式の売却を検討しています。
>
> 　Ａ社株式所有数1,000株の内訳は，500株は１株当たり2,500円で売買により取得し，残りの500株は父の相続により取得したものです（父はＡ社株式を１株当たり500円で取得していました。）。Ａ社株式を500株譲渡した場合，株式の譲渡所得の計算に当たり取得価額はどのように計算するのでしょうか。

(1)　論　点

　租税特別措置法39条１項に規定する特例適用期間内に，相続により取得した株式とそれ以外により（例えば売買により）取得した同一銘柄を所有している場合に，その株式の一部を譲渡したときは，相続により取得した株式から譲渡したものと取り扱われているところ（措通39-12），株式の譲渡所得の計算を行う場合の株式の取得価額もこの取扱いと同様に相続により取得した株式からなるものとして計算を行うのかが問題となる。

(2)　解　説

ア　相続により取得した株式の取得価額

　相続（限定承認に係るものを除く。），遺贈（包括遺贈のうち限定承認に係るものを除く。）又は贈与により取得した株式等の取得価額は，被相続人又は贈与者の取得価額を引き継ぐこととなる（所法60）。また，相続や贈与などの際に相続人や受贈者が支払った名義書換手数料などの金額も取得価額に含まれる（所基通60-2）。

イ　譲渡所得の基因となる有価証券の取得費の計算

　所得税法施行令118条《譲渡所得の基因となる有価証券の取得費等》において，２回以上にわたって取得した同一銘柄の株式で譲渡所得の基因となるものを譲渡した場合には，その譲渡につき所得税法38条《譲渡所得の金額の計算上控除する取得費》１項の規定によりその譲渡の日の属する年分の譲渡所得の金額の計算上取

126　第3章　事業承継に係る税務の取扱い（実務編）

得費に算入する金額は，当該株式を最初に取得した時（その後，既に当該株式の譲渡をしている場合には，直前の譲渡の時）から当該譲渡の時までの期間を基礎として，当該最初に取得した時において有していた当該株式及び当該期間内に取得した当該株式につき同法105条《総平均法》1項1号に掲げる総平均法に準ずる方法によって算出した1単位当たりの金額により計算した金額が取得価額となる。

ウ　相続により取得した株式から譲渡したものとして取得価額も計算するのかについて

　所得税基本通達33-6の4《有価証券の譲渡所得が短期譲渡所得に該当するかどうかの判定》において，同一銘柄の株式を当該譲渡の日前5年前及び当該譲渡の日前5年以内に取得しているときは，当該譲渡した株式は先に取得したものから順次譲渡したものとして，当該株式のうちに所得税法33条《譲渡所得》3項1号に掲げる所得の基因となる有価証券が含まれているかどうかを判定することとされている。この趣旨は，いずれの株式から譲渡したかが判然としない場合に，納税者に有利に取り扱うものであるが，同通達の注意書きにおいて，当該譲渡した有価証券の取得費は，所得税法施行令118条の規定により計算することに留意するとある。

(3)　まとめ

　相続により取得した株式とそれ以外の理由により取得した同一銘柄を所有している場合に，その株式の一部を譲渡したときは，租税特別措置法39条の適用に当たっては相続により取得した株式から譲渡したものと取り扱われているところ（措通39-12），この趣旨も，いずれの株式から譲渡したかが判然としない場合に，納税者有利に取り扱うこととされていることから，上記ウの取扱いと同様に，譲渡した株式の取得費も，所得税法施行令118条の規定により計算することになる。

$$\frac{\underset{500円 \times 500株}{(相続により取得した株式)} + \underset{2,500円 \times 500株}{(売買により取得した株式)}}{1,000株} = 1,500円$$

⑩ 相続と事業承継　127

応用 Q19　民法（相続関係）改正後の相続・事業承継対策

> 私は中小企業を経営しています。顧問税理士等のアドバイスもあり，相続・事業承継対策を以前から検討していました。ところが，最近になって相続に関する法律が改正されたことを知りました。相続・事業承継対策にどのような影響があるのか不安です。何がどのように変わったのか教えてください。

⑴　論　点

　民法（相続関係）が改正され注目を集めている。法務省法制審議会での審議，2回のパブリックコメント等を踏まえて平成30年7月6日に改正法が成立，同13日に公布された。同改正に併せて「法務局における遺言書の保管等に関する法律」（以下「遺言書保管法」という。）も成立，公布されている。

　ここでは相続・事業承継対策に関心が高い経営者に対して，この改正によって何がどう変わるのか，いわゆる相続・事業承継対策にどのような影響が生じるのかを解説する。

⑵　解　説

ア　民法（相続関係）の改正

　民法のうち相続法の分野については昭和55年以来実質的に大きな見直しが行われていなかったが，社会の高齢化が進展し，相続開始時における配偶者の年齢も相対的に高齢化しているため，その保護の必要性が高まっていた。相続法の見直しは，このような社会経済情勢の変化に対応したものであり，残された配偶者の生活に配慮する等の観点から，配偶者の居住の権利を保護するための方策等が盛り込まれた。ほかにも遺産分割に関する見直し，遺言制度に関する見直しなど，多岐にわたる改正項目が盛り込まれている（法務省HP（http://www.moj.go.jp/MINJI/minji07_00222.html〔平成31年1月15日訪問〕)。

㈠　配偶者短期居住権

　配偶者が相続開始の時に被相続人所有の建物に無償で居住していた場合には，遺産分割によりその建物の帰属が確定するまでの間又は相続開始の時から6か月を経過する日のいずれか遅い日までの間，引き続き無償でその建物を使用す

ることができることになった。

(イ) 配偶者居住権

　配偶者が相続開始時に居住していた被相続人の所有建物を対象として，終身又は一定期間，配偶者にその使用又は収益を認めることを内容とする法定の権利が新設された。遺産分割における選択肢の１つとして，配偶者に配偶者居住権を取得させることができることになったほか，被相続人が遺贈等によって配偶者に配偶者居住権を取得させることができることになった。

(ウ) 配偶者保護のための方策（持戻し免除の意思表示の推定規定）

　婚姻期間が20年以上である夫婦の一方配偶者が，他方配偶者に対し，その居住用建物又はその敷地（居住用不動産）を遺贈又は贈与した場合については，民法903条《特別受益者の相続分》３項の持戻しの免除の意思表示があったものと推定し，遺産分割においては，原則として当該居住用不動産の持戻し計算が不要となった。

(エ) 家庭裁判所の判断を経ないで預貯金の払戻しを認める方策

　各共同相続人は，遺産に属する預貯金債権のうち口座ごとに以下の計算式で求められる額（ただし，同一の金融機関に対する権利行使は法務省令で定める額（150万円）を限度とする。）までについては，他の共同相続人の同意がなくても単独で払戻しをすることができることになった。

$$
\begin{array}{l}
\text{単独で払戻しをする} \\
\text{ことができる額}
\end{array}
=
\begin{pmatrix}
\text{相続開始時の} \\
\text{預貯金債権の額}
\end{pmatrix}
\times \frac{1}{3} \times
\begin{pmatrix}
\text{当該払戻しを求める} \\
\text{共同相続人の法定相続分}
\end{pmatrix}
$$

(オ) 家事事件手続法の保全処分の要件を緩和する方策

　預貯金債権の仮分割の仮処分については，家事事件手続法の要件（事件の関係人の急迫の危険の防止の必要があること）を緩和し，家庭裁判所は遺産の分割の審判又は調停の申立てがあった場合において，遺産に属する預貯金債権を行使する必要があると認めるときは，他の共同相続人の利益を害しない限り，申立てにより，遺産に属する特定の預貯金債権の全部又は一部を仮に取得させることができることになった。

(カ) 遺産の分割前に遺産に属する財産が処分された場合の遺産の範囲

　遺産の分割前に遺産に属する財産が処分された場合であっても，共同相続人全員の同意により，当該処分された財産を遺産分割の対象に含めることができ

ることになった。共同相続人の一人又は数人が遺産の分割前に遺産に属する財産の処分をした場合には，当該処分をした共同相続人については前述の同意を得ることを要しない。

(キ) 自筆証書遺言の方式緩和

全文の自書を要求していた自筆証書遺言の方式を緩和し，自筆証書遺言に添付する財産目録については自書でなくてもよいこととなった。ただし，財産目録の各頁に署名押印することを要する。

(ク) 遺言執行者の権限の明確化等

遺言執行者の一般的な権限として，遺言執行者がその権限内において遺言執行者であることを示してした行為は，相続人に対し直接にその効力を生ずることが明文化された。また，特定遺贈又は特定財産承継遺言（いわゆる相続させる旨の遺言のうち，遺産分割方法の指定として特定の財産の承継が定められたもの）がされた場合における遺言執行者の権限等が明確化された。

(ケ) 遺留分請求に関する法的性質の見直し

遺留分減殺請求権の行使によって当然に物権的効果が生ずるとされていた規律を見直し，遺留分に関する権利の行使によって遺留分侵害額に相当する金銭債権が生ずることとされた。遺留分権利者から金銭請求を受けた受遺者又は受贈者が金銭を直ちに準備できない場合には，受遺者等は裁判所に対し，金銭債務の全部又は一部の支払につき期限の許与を求めることができることになった。

(コ) 遺留分を算定するための財産の範囲の見直し

遺留分算定の基礎となる財産について，相続人に対する贈与については，その時期を問わず原則として全てを遺留分算定の基礎となる財産の価額に算入するとしていた規律を見直し，相続人に対する贈与については，原則として相続開始前の10年間にしたものに限りその価額を算入することとされた。

(サ) 相続の効力等に関する見直し

特定財産承継遺言等により承継された財産については，登記等の対抗要件なくして第三者に対抗することができるとされていた規律を見直し，法定相続分を超える部分の承継については，登記等の対抗要件を備えなければ第三者に対抗することができないこととなった。

(シ) 相続人以外の者の貢献を考慮するための方策

相続人以外の被相続人の親族が無償で被相続人の療養看護等を行った場合に

は，一定の要件の下で相続人に対して金銭請求をすることができることとなった。

㋛　自筆証書遺言に係る遺言書を保管する制度の創設（遺言保管法）

高齢化の進展等の社会経済情勢の変化に鑑み，相続を巡る紛争を防止するという観点から，法務局において自筆証書遺言に係る遺言書を保管する制度が新たに設けられることになった。

イ　施行時期

改正法はそれぞれの規定の内容に照らして周知や準備に要する期間等が考慮された上，平成31年1月から段階的に施行されることになった。相続の発生時期等によって適用される規定が異なることに留意する必要がある。

㋐　施行時期

自筆証書遺言の方式を緩和する方策　平成31年1月13日

原則的な施行期日　令和元年7月1日

配偶者居住権及び配偶者短期居住権の新設等　令和2年4月1日

㋑　遺言保管法の施行時期

遺言書保管法の施行期日　令和2年7月10日

施行前には，法務局に対して遺言書の保管を申請することができない。

ウ　相続・事業承継対策への影響

改正の項目が多岐にわたる分，相続・事業承継対策への影響も広範囲に及んでいる。

㋐　配偶者居住権の創設による遺産分割等への影響

遺産分割における配偶者居住権の評価案が法務省資料で示されているが，建物を全面的に支配できる物権である所有権よりは低価になる。配偶者が法定相続分相当の財産を相続する場合，配偶者居住権を取得することによって，その他の財産も取得しやすくなる。

配偶者居住権は，遺産分割における選択肢の1つとして，又は被相続人の遺言等によって配偶者に取得させることができるようになるため，相続人に配偶者が含まれる遺産分割の際，又は遺言作成等の際には，配偶者居住権を設定するか否かという検討が必要になる。

相続税法上の評価は平成31年度税制改正で示されている（相法23の2）。法施行後の相続税の申告においては，今までの所有権とは異なる相続税法上の評価

も必要になるし，それ以前の相続・事業承継対策段階においても評価額を試算する必要が生じる可能性がある。

　なお，配偶者居住権を設定することで預金等についての配偶者の取り分が増えることによって，配偶者の老後の生活の不安が解消されるということが，かかる居住権の効果としてよく取り上げられる。これに対して，老後の生活資金に着目するのであれば，様々な検討と煩雑な手続を必要とする配偶者居住権ではなく，被相続人を契約者・被保険者，配偶者を死亡保険金受取人とする生命保険を利用するという考え方もある。生命保険金は保険金受取人固有の財産であり，原則として相続財産には含まれないため，配偶者の相続財産の取り分を減らしてしまうことなく，老後の生活資金を確保することができる（なお，配偶者居住権の創設については，泉絢也「配偶者居住権の財産性」税理61巻13号16頁（2018）に詳しい。）。

(イ)　配偶者保護のための方策と贈与税の配偶者控除

　婚姻期間が20年以上である配偶者の一方が他方に対し，居住の用に供する建物又はその敷地（居住用不動産）を遺贈又は贈与した場合，原則として遺産の先渡し（特別受益）を受けたものとして取り扱わなくてよいこととされた。これにより，配偶者は遺産分割においてより多くの相続財産を取得することができるようになるとされている。

　他方，相続税法には「夫婦の間で居住用の不動産を贈与したときの配偶者控除」という規定がある（相法21の6①）。婚姻期間が20年以上の夫婦の間で，居住用不動産又は居住用不動産を取得するための金銭等の贈与が行われた場合，贈与税の基礎控除110万円のほかに最高2,000万円まで控除（配偶者控除）できるという特例であり，贈与税の軽減措置として広く利用されている。

　両者の類似性を考慮すると，今回創設された規定は，贈与税の配偶者控除と常に合わせて検討されることになる。実務上は，いずれかの検討が欠けていても不十分といえるため，相続・事業承継対策を検討する際には留意すべきである。今回創設された規定については贈与税の配偶者控除と異なり，条文上は金銭の贈与が対象とされていないことにも注意する必要がある（なお，この点について，酒井克彦＝臼倉真純「持戻し免除の意思表示の推定規定」税理16巻13号82頁（2018）参照）。

㈡ 自筆証書遺言の方式緩和による遺言書作成機会の増加

自筆証書遺言に，パソコン等で作成した目録を添付したり，銀行通帳のコピーや不動産の登記事項証明書等を目録として添付したりして遺言書を作成することができるようになった。さらに，遺言書保管法の創設により，令和2年10月から法務局で自筆証書遺言を保管する制度が開始される。これにより遺言書の作成が一層進むことが予想される。

自筆以外で作成可能な部分は財産目録にとどまる。遺言書の本体部分については今後も遺言作成者が自筆する必要があるものの，記述量が多く，時間の経過とともに内容が変化する可能性も高い財産目録をパソコン等で作成することができるようになったことで，遺言作成者の負担は大幅に軽減する。パソコン等で財産目録を作成し，適宜最新の状態にしておいて，遺贈先だけを自筆すればよい。相続税法上の財産評価に精通している税理士に財産目録の作成を依頼し，遺言書を相続税対策を検討する際の資料として利用することも考えられる。法務局に保管を申請する際に書面の形式面について法務局の担当者に確認してもらえるとすれば，公正証書遺言よりも簡易で安価な遺言書作成の方法として，今後広く利用されていく可能性がある。クライアントからの相談に備えて，税理士等の専門家も制度の仕組みを十分把握しておく必要がある（なお，今回の改正については，佐藤純通「遺言制度の改正」税理61巻3号101頁（2018）も参照）。

㈢ 遺留分の法的性質等の見直しと事業承継

先代経営者の親族を後継者とする事業承継の場合，相続等において後継者に高額な事業用資産や自社株が集中することで，特別受益や遺留分が問題になることが多い。事業承継対策を検討する際の大きな課題とされているが，遺留分請求に関する法的性質の見直しや遺留分を算定するための財産の範囲の見直しは，その前提条件に変化を与えることになる。

過去に行われた贈与や今後行われる贈与が，いつの時点の相続において，遺留分の算定にどのような影響を与えるのか。遺留分請求が発生した場合に受遺者又は受贈者が金銭を用意できるのか等，今後は民法の改正を踏まえた検討が必要になる。なお，遺留分権利者からの金銭請求に対応するため，先代経営者を契約者・被保険者，受遺者又は受贈者を保険金受取人とする生命保険が有効になる場合がある。

(3) まとめ

　平成30年に行われた民法（相続関係）の改正は，相続・事業承継対策に大きな影響を与える可能性がある。遺言書の作成や遺産分割等の実務だけでなく，配偶者居住権の評価，特別寄与料の課税等，相続税の計算にも影響を及ぼすため，税理士等も十分理解しておくことが必要である（なお，民法（相続関係）の改正が税務に及ぼす影響について詳細に検討したものとして，酒井克彦『キャッチアップ改正相続法の税務』（ぎょうせい2019）を参照されたい。）。

134　第3章　事業承継に係る税務の取扱い（実務編）

11 生命保険を活用した事業承継

基礎 Q20　会社受取り死亡保険金の非上場株式の評価への影響

> 非上場の同族会社である当社は，社長を被保険者とする事業保険（契約者・死亡保険金受取人が当社である定期保険）に加入しています。社長の相続人が相続する社長所有の会社株式の評価において，会社が受け取る死亡保険金の影響について教えてください。なお，当社株式は，適正な売買実例価額や類似する法人の株式等の価額がない取引相場のない株式で特定の評価会社の株式には該当しません。

⑴　論　点

同族会社の同族株主が相続する取引相場のない株式は，原則的評価方式により評価会社が大会社，中会社又は小会社のいずれに該当するかに応じて，それぞれ類似業種比準方式又は純資産価額方式あるいはこれらの折衷方式により評価することとされている（🔍第2章**8**参照）。

そこで，会社が死亡保険金を受け取ることにより，類似業種比準方式又は純資産価額方式の計算にどのような影響があるかが問題となる。

なお，株式を取得する者が，①その会社の中心的な同族株主や役員に該当せずかつ相続後の議決権割合が5％未満である場合，又は，②同族株主以外の株主である場合には，その取得株式は配当還元方式により評価をするが，会社受取りの死亡保険金はかかる方式の計算には影響を与えないため取り上げない。

⑵　解　説

ア　死亡保険金の受取りと取引相場のない株式の評価

取引相場のない株式の評価を財産評価基本通達（評基通179〜188-3）に基づき，純資産価額方式，類似業種比準方式又はそれらの折衷方式によって行う場合には，次の①及び②の理由から，保険金の益金計上額が取引相場のない株式の評価に与える影響は異なる。

① 課税実務上，純資産価額方式の計算に当たっては，その保険事故のあった時に保険金請求権として資産計上することとされている（国税庁質疑応答事例「評価会社が受け取った生命保険金の取扱い」）。

② 類似業種比準方式の計算に当たっては，その比準要素である利益・純資産価額は直前期末以前のものとされていることから，保険金はその保険事故のあった時期には計算上加味されない（評基通180，183）。

イ 純資産価額方式

純資産価額の計算上，資産に保険金相当額を加算し，資産から当該保険金に係る資産計上された保険料相当額を控除，負債に保険差益相当分の法人税額等を加算して計算する（前掲国税庁質疑応答事例参照）。よって，純資産価額の計算上，保険差益から法人税等相当額（37%）を控除した分の増加影響がある。なお，会社が社長の死亡につき死亡退職金を支払えば，純資産価額計算上，支払った死亡退職金相当額を負債に加算する。

ウ 類似業種比準方式

類似業種比準価額の計算については，直前期末以前の利益，純資産価額等を基礎とすることとされているので（評基通180，183），保険金の益金算入は影響を与えないこととなる。なお，会社が社長の死亡につき死亡退職金を支払っても類似業種比準価額に影響を与えない。

(3) まとめ

死亡保険金の受取りによる取引相場のない株式の評価は次のとおりとなる。

ア 大会社

大会社は，類似業種比準方式のみで株式評価を行うため，死亡保険金の受取りによる株式評価への影響はない。

イ 中会社

中会社は，類似業種比準方式と純資産価額方式との折衷方式により株式評価するため，死亡保険金の受取りによって，会社規模に応じて「純資産価額×（1 − L）」相当額につき影響を受ける（Lは会社規模に応じて0.9，0.75，0.6）。

ウ 小会社

小会社も折衷方式により株式評価を行うため，死亡保険金の受取りによって，「純資産価額×0.5」相当額につき影響を受けることとなる。

136　第3章　事業承継に係る税務の取扱い（実務編）

基礎 Q21　役員退職金の原資としての生命保険の活用

　　当社の社長は60歳です。退職の時期はまだ決定していませんが，今後10年前後の間に後継者に事業を承継することが予想されます。

　　社長の退職に当たり当社からは役員退職金を支払うことになりますが，まだその資金を準備していません。準備手段としてどのような方法を用いるべきか，様々な観点から検討を始めています。

　　最近になって，中小企業の多くが生命保険を活用して役員退職慰労金を準備しているという話を耳にしたのですが，どのような点にメリットがあるのでしょうか。

(1)　論　点

　役員退職金，特にオーナー経営者の退職金は比較的高額になるため，その支給金額，支給時期等は，中小企業の経営にとって重要な検討事項である。退職金の準備手段としては様々な方法が考えられるが，ここでは，生命保険が役員退職金の準備手段として有効かどうかを検討する。

(2)　解　説

ア　中小企業の役員退職金の現状

(ア)　経営者の退職時期

　中小企業の平均引退年齢は，小規模事業者で70.5歳，中規模事業者で67.7歳といわれている（中小企業庁「経営者のための事業承継マニュアル」4頁（平成29年3月））。経営者の高齢化が進んでおり，事業承継に向けた取組みをスムーズに進めることが，経営者と後継者のみならず，日本のこれからを左右する重要な課題とされている。エヌエヌ生命が行った調査（エヌエヌ生命「『事業承継の準備と実態』調査」（平成27年11月））によれば，現役の経営者が想定する事業承継の時期として「65歳～69歳」が40.6％と一番多く，次に「70歳～74歳」が22.7％を占めている（図表1）。そうすると，一般的な退職時期は「65歳～74歳」程度と表現できるであろう。本件のように経営者の年齢が60歳であれば，おおむね「今後10年前後の間に」退職を迎えることが予想される。

図表1　事業承継の希望年齢
【Q】何歳までに事業承継をしたいと考えていますか。(単一回答)(50歳以上かつ,承継を考えている経営者)(n＝128)

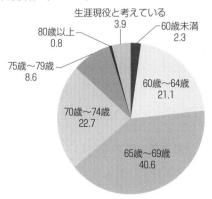

（出所）エヌエヌ生命「『事業承継の準備と実態』調査（平成27年11月）より

図表2　直近に支払った退職慰労金・弔慰金の資金準備方法

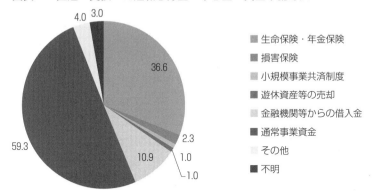

（出所）公益財団法人生命保険文化センター「平成14年度企業の福利厚生制度に関する調査」（平成15年5月発行）より

(イ)　役員退職金の準備手段

中小企業が役員退職金を準備するために具体的にどのような手段を用いているかについては，少し古いデータであるが，生命保険文化センターの調査（公益財団法人生命保険文化センター「平成14年度企業の福利厚生制度に関する調査」(平成15年5月))がある。これによると，退職慰労金や弔慰金の資金準備方法として，「通

138 第3章 事業承継に係る税務の取扱い（実務編）

常事業資金」が59.3％と一番多く，次に「生命保険・年金保険」が36.6％とされている（図表2）。この資料では具体的な保険種類までは分からないが，いわゆる企業年金（☞企業年金とは）や事業保険（☞事業保険とは）が含まれていると考えられる。企業年金は中小企業の中でも比較的大きな企業が利用することが一般的である。他方，事業保険は役員が代表者1人のみといった小規模の企業でも利用することができる。そこで，以下では事業保険について検討する。

　☞　**企業年金**とは，従業員等の退職金を準備するための確定拠出年金や確定給付年金等を指す。
　☞　**事業保険**とは，契約者を法人とする定期保険や養老保険，終身保険を指す。

イ　生命保険による役員退職金の準備

　中小企業では役員退職金の準備手段として生命保険が広く活用されている。契約者と死亡保険金受取人を法人，被保険者を役員として，死亡保険金又は解約返戻金を法人が支払う役員退職金に充当する方法がある。ここでは終身保険や保険期間が長期の定期保険を活用することを想定して，具体的なメリット・デメリットを考えてみたい。

　㋐　メリット

　(a)　**突然の事業承継について**　　経営者が亡くなった場合，生命保険の契約直後であったとしても，保険会社から契約者である法人に対して，契約時に設定した死亡保険金が支払われるため，これを死亡退職金に充てることができる。まとまった金額を準備するためには一定の時間の経過が必要になる銀行預金での積立など，他の手段とは大きく異なる点である。「貯蓄は三角，保険は四角」といわれるとおり，生命保険の強みといえる部分である。

　(b)　**保険料の経理処理について**　　保険種類，保険期間等によっては，保険料の一定額を損金に算入できる場合がある。もっとも，法人が死亡保険金や解約返戻金を受け取った場合，その一定額が法人の益金に計上されることになる。

　(c)　**契約後の柔軟性について**　　確定給付年金等の公的な制度の場合，積み立てた資金の使途は原則として退職金に限定されることになる。他方，生命保険の死亡保険金や解約返戻金の場合，資金の使途が限定されてはいない。何らかの資金が必要になった場合，契約者貸付け（☞契約者貸付けとは）などの制度を使うこともできるし，保険料の支払が苦しくなれば，自動振替貸付け（☞自動振替貸付けとは）や払済保険への変更（☞払済保険への変更とは）といった手段もある。

生命保険をうまく利用すれば，契約後の環境の変化にも強く，企業の経営状況に合わせた柔軟な対応が可能である。

☞　**契約者貸付け**とは，契約している生命保険の解約返戻金の一定範囲内で，契約者が貸付けを受けることをいう（公益財団法人生命保険文化センター HP（http://www.jili.or.jp/knows_learns/basic/index.html〔平成31年1月15日訪問〕）参照）。

☞　**自動振替貸付け**とは，解約返戻金の範囲内で，保険料を自動的に生命保険会社が立て替え，契約を有効に継続させる制度をいう（上記 HP 参照）。

☞　**払済保険への変更**とは，保険料の払込みを中止して，その時点での解約返戻金をもとに，保険期間をそのままにした保障額の少ない保険（同じ種類の保険又は養老保険）に変更する方法のことをいう（上記 HP 参照）。

(イ)　**デメリット**

(a)　**解約返戻金額について**　　退職金を準備しようとする場合，生命保険の解約返戻金を充てることになるが，解約返戻金は，契約者である法人が支払った保険料の合計額を下回ることがほとんどである。銀行預金で役員退職金を積み立てた場合，元本を割ることはまず考えられないことと比べれば，この点はデメリットといえるであろう。なお，解約返戻金と異なり死亡保険金の場合は，そのほとんどのケースで法人が支払った保険料の合計額を保険金が上回ることになると解され，この点はメリットともいい得る。

(b)　**税制の変更について**　　法人が支払う保険料の税務の取扱いが将来的に変更される可能性も否定できない。実際，生命保険の保険料の税務については，過去において何度かの見直しが行われており，定期保険及び第三分野保険については令和元年6月28日，国税庁が「法人税基本通達等の一部改正について（法令解釈通達）」を公表している（🔍**12** Q30～ Q35参照）。契約者が法人となる生命保険の税務の取扱いについては最新の動向に注意する必要がある。

(c)　**契約の柔軟性について**　　前述の「柔軟性」とは反対の意味になるが，将来的に退職金を受け取る役員からすれば，法人が準備した資金を退職金以外に使われてしまう可能性があるともいえる。保険料を支払った段階で，資金使途が退職金に限定されることになる確定拠出年金等の公的な制度と比較すると，退職金を受け取る側である役員には若干の不安が残るといえるのかもしれない。

ウ　税制改正

役員退職金については，近年において次のようなトピックスがある。

(ア)　**税制改正**

平成23年度税制改正により，平成25年1月1日以降に支払われる退職所得の

個人住民税の計算方法が変わり，退職所得に係る10％の税額控除が廃止された。平成24年度税制改正では，退職所得課税の見直しが行われ，勤続年数5年以下の法人役員等の退職金について，2分の1課税が廃止された。所得税は平成25年分から，住民税は平成25年1月1日以後に支払われるべき退職金から適用されている。

㈠ 功績倍率法について

法人税法上の適正な役員退職金額を判定するに際し，実務では功績倍率法が使われていることは周知のとおりである。役員退職金に関する通達ではないが，最近の法人税基本通達の改正（法人税基本通達9-2-27の2《業績連動給与に該当しない退職給与》）において，功績倍率法が「役員の退職の直前に支給した給与の額を基礎として，役員の法人の業務に従事した期間及び役員の職責に応じた倍率を乗ずる方法により支給する金額が算定される方法をいう。」と定義され，話題になった。

(3) まとめ

中小企業の役員退職金の準備手段として生命保険は有効であるといえよう。経営者の死亡等，突然の事業承継の場合は死亡保険金を，計画的な事業承継の場合は解約返戻金を役員退職金の原資に充てることができる。企業年金等と比べて設計が簡便であり，保険契約後の環境の変化に対応がしやすいという意味での柔軟性もある。他方，時間の経過に応じて課税実務の見直しが行われ，役員退職金等についての取扱いが変更となる可能性も否定し得ない。保険会社が取り扱う商品も年々変化していくことから，顧問先が役員退職金準備のために生命保険を契約した後も，税理士等は常に新たな情報を把握する必要がある。

11 生命保険を活用した事業承継　141

基礎 Q22　特定会社にならないための生命保険の活用

　私は中小企業の経営者です。最近になって，当社の自社株を計算した顧問税理士から，当社が「株式等保有特定会社」に該当するといわれました。「このままだと自社株の評価額が高くなってしまう」とのことでしたが，どのような対応をすべきでしょうか。

(1)　論　点

　本件では，「株式等保有特定会社」に該当する旨の指摘を，最近になって顧問税理士から受けたということから，常態的なものではなく一時的なものであると考えられるが，自社株の評価額が経営者が予期していた以上に高くなっていることが読み取れる。ここでは「株式等保有特定会社」の概要を解説した上で対応手段を検討する。

(2)　解　説

ア　株式等保有特定会社とは

　非上場会社の中には資産の大部分が土地であったり，株式であったりする会社がある。このような会社の株式を，上場会社の株価に比準する類似業種比準価額方式によって評価することは合理的ではない。したがって，これらの会社の株式は，原則として，会社の資産価値をよく反映できる純資産価額方式により評価することになる。

　株式等保有特定会社とは，課税時期において，評価会社の有する各資産を通達に定めるところにより評価した価額の合計額のうちに占める株式及び出資の価額の合計額の割合が50％以上である評価会社をいう (評基通189)。株式等保有特定会社に該当する場合，オーナー経営者が保有していた株式の価額は，原則として純資産価額方式によって評価することになる (評基通189-3)。該当しない場合と比べて，一般的には株価が高くなる傾向があるため，相続・事業承継対策を検討する際，当該会社が株式等保有特定会社に該当するか否かの判断は重要なポイントの1つとされている。

　なお，財産評価基本通達では，「特定の評価会社」として，株式等保有特定会社以外にも「比準要素数1の会社」「土地保有特定会社」「開業後3年未満の会

社等」「開業前又は休業中の会社」「清算中の会社」が規定されている。

イ　想定される対応手段

期せずして株式等保有特定会社に該当してしまうような場合，一般的には次のような手段が採られるようである。

(ア)　株式を売却して他の資産にする方法

株式を売却して他の資産に投資すると，総資産に占める有価証券の割合が下がり，株式等保有特定会社の要件から外れることになる。株式の売却には，譲渡益に対する法人税の問題があるので，総合的に検討する必要がある。

(イ)　株式以外の資産を増加させる方法

(a)　借入金による不動産の購入　借入金により不動産を購入すれば，総資産に占める不動産の割合が増え，有価証券の占める割合が下がり，株式等保有特定会社の要件から外れることになる。

(b)　一時払保険等の活用　借入金により生命保険契約に加入し一時払保険料又は全期前納保険料を支払うと，掛金が資産計上されるので，総資産に占める有価証券以外の資産の割合が増え，有価証券の占める割合が下がり，株式等保有特定会社の要件から外れることになる。

なお，これらのことを合理的な理由もなく，特定会社になることを回避するためだけに行った場合，税務上の否認を受ける可能性を否定できないため十分な注意が必要である。

ウ　生命保険の利用

オーナー経営者が亡くなり，その保有していた自社株について，1株当たりの純資産価額（相続税評価額によって計算した金額）を計算する場合，被相続人の死亡を保険事故として評価会社が受け取った生命保険金は，評価会社の資産に計上することになる。その保険契約の保険料が評価会社の資産に計上されていたときは，その金額を資産から除外する。支払った死亡退職金の額及び保険差益に対する法人税額等は負債に計上する（国税庁質疑応答事例「評価会社が受け取った生命保険金の取扱い」）。

これについて，契約者と死亡保険金受取人を法人（評価会社），被保険者を代表取締役とする事業保険に加入していた法人を念頭に，代表取締役が死亡した場合の法人の状況について，より具体的に考えてみたい。保険料を全額損金に算入する定期保険等（法基通9-3-5）の場合，前述の自社株の計算上，保険会社か

ら支払われることになる死亡保険金を資産として計上することになる。言い換えると，死亡保険金を資産に計上することによって株式以外の資産が増加し，株式等の占める割合が下がるということである。仮に，当該企業の株式等の保有割合が一時的に50％以上になっていたというような状態であれば，死亡保険金によってその割合が下がり，株式等保有特定会社の要件から外れるということも考えられる。ここでのポイントは，資産に計上される死亡保険金と，資産に計上されていた保険料とのバランスである。双方がイコールで結ばれるのであれば効果はなく，「＞（大なり）」という不等号になるのであれば，株式の保有割合が減少する可能性があるといえるであろう。この点については，保険料を損金に算入することになる掛捨ての定期保険等に加入していた方が，保険料を資産に計上する終身保険等よりも効果が高いということになる。

　常態的に株式等保有特定会社に該当しており，その要件から外れたいという明確な意向があるのであれば，生命保険の死亡保険金等に期待するのではなく，計画的に時間をかけて資産構成を変化させる手段を検討するべきではあるが，その環境を整えるまでの一時的な対応策としては，このような面から生命保険を活用することも一考に値するだろう。

(3)　まとめ

　株式等保有特定会社に該当すると，オーナー経営者の保有する株式が高く評価される可能性があり，相続発生時に遺族が予想外の相続税負担を迫られる可能性がある。株式の保有割合が比較的高い会社の場合，株式等保有特定会社に該当するかどうかについて定期的な確認が必要である。

　常態的に株式等保有特定会社に該当している中小企業であれば，より計画的な対策が必要であるが，一時的に該当しているような場合には，経営者が死亡し，当該企業が死亡保険金を受け取ることによって，株式等保有特定会社の要件から外れる可能性も考えられる。しかし，これはあくまでも１つの可能性であることから，予想外の租税リスクを確実に回避するためには，その企業の資産構成等を十分確認し，税理士等と相談の上で緻密な準備をすべきであろう。なお，令和元年６月28日付け「法人税基本通達等の一部改正について（法令解釈通達）」により，定期保険及び第三分野保険の保険料の取扱いが大きく見直されていることにも留意する必要がある（詳細については，🔍**12** Q30〜35参照）。

144　第3章　事業承継に係る税務の取扱い（実務編）

基礎 Q23　後継者の運転資金と生命保険

　私は中小企業を経営しています。いずれは自分の子供に経営をバトンタッチすることを考えていますが，経営者としての力量にはまだ不安があります。私に万一のことがあって突然の事業承継が発生した場合，会社の経営が不安定になる可能性も否定できません。それを避けるためにも，事業承継後の運転資金はある程度確保しておきたいと考えています。具体的にはどのような手段・方法があるのでしょうか。

⑴　論　点

　経営者が交代した直後においては，経営者としての力量の違い，経営環境の変化等に基因して，会社が交代前と同じ売上，利益等を確保できないケースがある。特に，経営者の突然の死亡による事業承継のため事前の準備が十分に行われていないような場合，その可能性は高まることになる。これらに備えて，経営者交代直後の運転資金等をある程度確保しておくことは，事業承継を成功させるためのポイントの1つといえよう。ここではそのための手段として生命保険の活用を検討する。

⑵　解　説

ア　運転資金とは

　運転資金については改めてここで説明するまでもないが，一般的には「商品の仕入れ等の支払を行ってから，売上代金が入金するまでの期間的なずれを補うための資金」ということになろうが，ここでは「経営のための資金繰りで必要とされる資金」としてより広く，簡潔に捉えたい。

イ　運転資金の重要性

　中小企業の経営者にとって，資金繰りは重要な関心事である。「黒字倒産」という言葉があるように，中小企業にとっては「利益の有無」よりも「資金繰り」が経営の生命線になる場合がある。例えば，あるアンケート調査（東京商工会議所「中小企業の経営課題に関するアンケート結果」（平成29年3月7日））では，中小企業経営者が求める支援策として「資金繰り支援」がその上位に挙げられている（図表3）。

11 生命保険を活用した事業承継 145

図表3 今後強化すべき中小企業関連支援策・制度について

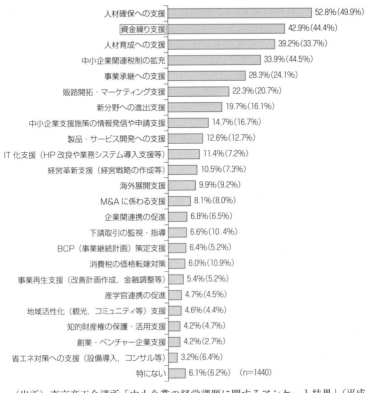

（出所）東京商工会議所「中小企業の経営課題に関するアンケート結果」（平成29年3月7日）を筆者一部加筆

ウ 生命保険の活用

経営者の死亡といった突然の事業承継のための備えとして，生命保険は有用である。より具体的に考えてみたい。

契約者・死亡保険金受取人を法人，被保険者を経営者とする定期保険等に加入する。この定期保険に年金支払特約（☞年金支払特約とは）を付加していた場合，経営者に万一のことがあると，法人に対して死亡保険金が年金で支払われることになる。例えば，保険金額5,000万円で，年金支払特約を5年間の確定年金として設定していた場合，経営者が死亡した場合，毎年約1,000万円が死亡保険金の受取人である法人に支払われることになる。もちろん会社の規模にもよる

146　第3章　事業承継に係る税務の取扱い（実務編）

が，事業承継直後の中小企業の運転資金としては，決して小さくない金額といえるであろう。これが突然の事業承継に戸惑う後継者にとって，大きなサポートになることは間違いない。

☞　**年金支払特約**とは，死亡保険金を年金で支払うという特約である。保険会社によって取扱いの有無や付加できるタイミング，年金支払期間等が異なる。例えばエヌエヌ生命の年金支払特約の場合，年金種類としては5年確定年金，10年確定年金，15年確定年金，20年確定年金，10年保証終身年金，連生終身年金を選択することができるが，「質権設定契約でないこと」といった付加の条件がある。

エ　年金として支払われる保険金の税務

生命保険契約の保険料を法人が全額損金に算入しているという前提で考えた場合，法人が受け取る年金については，経営者の死亡が発生した時点で，保険金の全額を法人の雑収入として計上するという考え方（前述の例で述べると5,000万円を雑収入とすることになる。）と，年金が支払われる都度，その金額を法人の雑収入として計上するという考え方（毎年1,000万円を雑収入とすることになる。）の2つがある。これについては税務当局から生命保険協会への連絡が存在し，支払事由発生前に年金支払特約を付加していれば，原則として年金が支払われる都度，その金額を雑収入として計上するという後者の考え方が認められるとされている（榊原正則『平成30年度版保険税務のすべて』276頁（新日本保険新聞社2018））。

事業承継時に利益を計上しているような法人であれば，死亡保険金の全額ではなく，受取りの都度年金額を計上することによって，（あくまでも経営者が死亡した場合の結果論ではあるが）一括課税のインパクトを小さくするという課税上のメリットが生まれる可能性がある。

(3)　まとめ

中小企業の経営者にとって，運転資金等の資金繰りは重大な関心事である。そして，先代経営者の死亡による突然の事業承継を想定した場合，会社の運転資金等の確保のために生命保険は大きな力を発揮することになる。事業承継の開始前においてこれが用意されていたかどうかによって，会社の存続が左右される場合すらあるということができよう。

なお，令和元年6月28日付け「法人税基本通達等の一部改正について（法令解釈通達）」により，定期保険及び第三分野保険の保険料の取扱いが大きく見直されていることにも留意する必要がある（詳細については，🔍**12** Q30～35参照）。

11 生命保険を活用した事業承継　147

基礎 Q24　相続税の納税資金の確保等のための生命保険の活用

　私は中小企業を経営しています。先日，保険会社の職員から私に万一の
ことがあった場合の相続税がかなりの金額になる可能性があると聞かされ
ました。相続税の納税資金を準備するためには生命保険が有効とも聞いた
のですが，具体的にどうすればよいのか分かりません。人に勧められるま
まに契約をするのも不安なので，適切なアドバイスをお願いします。

　なお，私には配偶者と３人の子供がおり，長男が会社を継ぐ予定です。
主だった資産としては自宅不動産，事業用不動産，自社株等がありますが，
遺族が相続税の納税資金に使えるような現預金等が少ないこと，遺族間で
分割することが難しい資産が多いことが気になっています。

(1)　論　点

　中小企業の経営者の多くは，一般的な世帯以上の資産を保有している。他方，
その資産の内訳をみると，経営者という特性から事業用不動産や自社株等，必
ずしも流動性が高いとはいえないものが多くを占めていることも珍しくない。

　経営者が死亡して相続が発生した場合，遺族が負担する相続税が高額になる
にもかかわらず，相続財産に現預金等が少ないため相続税の支払が困難になる
といったケースが考えられる。また，事業用不動産や自社株は，会社運営上，
ある程度後継者に集中させることが必要であるため，ほかに十分な資産がない
場合，相続人間での遺産分割の合意が困難になることも考えられる。

　ここでは，中小企業の経営者としての特性を考慮しつつ，生命保険を活用す
ることについて解説する。

(2)　解　説

ア　課税割合

　平成25年度税制改正において，平成27年１月１日以後の相続等については基
礎控除額の引下げ等が行われている。平成27年の死亡者数（被相続人数）は約
129万人，このうち相続税の課税対象となった被相続人数は約10万3,000人で，
課税割合は8.0％（平成26年4.4％）となっており，平成26年より3.6ポイント増加
した（国税庁「平成27年分の相続税の申告状況について」（平成28年12月））。

148　第3章　事業承継に係る税務の取扱い（実務編）

　国税庁『平成29年分の相続税の申告状況について』（平成30年12月）によると，平成28年は8.1％，平成29年は8.3％といわゆる「相続増税」後の課税割合は8.0％台で推移している（図表4）。これは全国平均での数値であるが，都道府県等による地域差も大きい。経営者を被相続人とする場合の課税割合といったデータは見当たらないが，一定の資産を保有する経営者の場合は，更に高い割合になると考えられる。

イ　資産の内訳

　相続財産の金額の構成比は，上記「平成29年分の相続税の申告状況について」によると，土地36.5％（平成28年38.0％），現金・預貯金等31.7％（平成28年31.2％），有価証券15.2％（平成28年14.4％）の順となっている（図表5）。以前と比べると，現金・預貯金等の構成比率が高まり，相続財産の流動性は高まっているようにも思えるが，それでも不動産が40％以上（土地36.50％，家屋5.4％）を占めており，現金での納付を求められる納税資金が不足するという懸念は，いまだ払拭されたとはいえない。

ウ　生命保険の活用

(ア)　基本的な考え方

　相続税の納税資金を準備する場合の基本的な考え方としては，生命保険の契約者・被保険者を被相続人（経営者），死亡保険金受取人を相続人（相続税を負担することになる経営者の家族），保険種類としては終身保険や長期平準定期保険等，経営者の死亡時に確実に保険金を受け取るために保険期間の長いものを活用すべきことになる。

　例えば，経営者の子供3人が相続人として相続税を負担することが想定されるのであれば，経営者が長期平準定期保険等に加入して，その子供3人を保険金受取人として指定する。保険金受取人が相続人であれば，受け取る死亡保険金の一定額までは原則として相続税の非課税財産としての適用を受けることができる（相法12①五）。相続人が死亡保険金を受取ることによって相続税が増加する可能性があるのであれば，その分を加味して死亡保険金を設定する方法もある（榊原正則『平成30年度版保険税務のすべて』813頁（新日本保険新聞社2018））。

(イ)　その他

　生命保険の実務では前述以外にも様々なパターンが考えられる。例えば，契約当初は契約者・死亡保険金受取人を法人，被保険者を経営者とする事業保険

11 生命保険を活用した事業承継　149

図表4　相続税の課税割合の推移

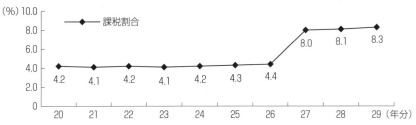

（出所）国税庁「平成29年分の相続税の申告状況について」（平成30年12月）より

図表5　相続財産の金額の構成比の推移

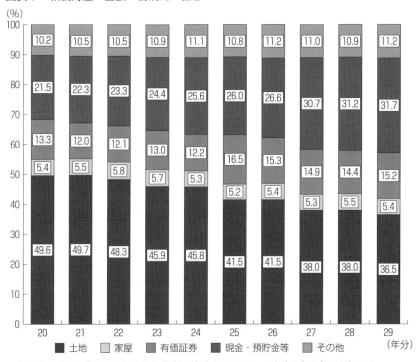

（出所）国税庁「平成29年分の相続税の申告状況について」（平成30年12月）より

として契約されていたものを，経営者の退職を機に，個人保険に名義を変更して，以後は相続税の納税資金を準備するために活用するといった類である。なお，生命保険契約の名義を変更する際に，法人・個人それぞれに一定の課税関係が発生する可能性があることはいうまでもない（榊原・前掲書469頁）。

エ 代償財産を準備するための生命保険の活用

事業用資産が事業の後継者に集中することを念頭に，代償財産を準備するために生命保険を活用することも考えられる。

㋐ 後継者への資産の集中

会社の経営を安定させるためには，事業用不動産，自社株等を親族間で共有，分割するのではなく，会社後継者に集中して保有させることが望ましい。そのためには，まず後継者を決定し，次にその後継者に自社株や事業用不動産を集中させることを検討することになる。しかし，このような場合，自社株や事業用不動産は高額になることが多く，後継者が相続する資産が他の相続人より多くならざるを得ないということも多い。

㋑ 生命保険の活用

円滑な遺産分割を行うためには，後継者が他の相続人に交付できる代償財産を生命保険で準備するという手段が考えられる。

具体的には，契約者・被保険者を経営者，保険金受取人を後継者として，後継者が受け取った死亡保険金を代償金に充てるということになる。保険金受取人を後継者以外に設定しているケースも見受けられるが，この場合，死亡保険金は受取人の固有の財産（最高裁昭和40年2月2日第三小法廷判決・民集19巻1号1頁）であり，後継者からの代償財産とはなり得ないことに注意する必要がある。また，保険料を後継者が負担することを前提に，契約者・保険金受取人を後継者，被保険者を経営者とする生命保険に加入して，同じように代償金を準備することも考えられる。この場合，後継者が受け取る死亡保険金は一時所得の対象になる。代償財産として不動産等を充てる場合，譲渡所得による課税等の弊害も考えられるが（国税庁タックスアンサー「No.4173 代償分割が行われた場合の相続税の課税価格の計算」），生命保険金によって現金を交付することができるため，その点は解消される。

(3)　まとめ

　相続税の課税対象になる経営者の家族のために納税資金を準備する手段として，生命保険の有用性は高い。契約者・被保険者を経営者，死亡保険金の受取人をその家族とする契約形態をとることが基本的な考え方になるが，経営者が退職する際に不要となった事業保険を個人に名義変更をする等，実務では様々な活用の仕方が考えられる。また，納税資金だけでなく，資産の流動性等を十分検討した上で，後継者の代償財産等を考慮することも重要である。

　生命保険を活用する場合の注意点としては，経営者の健康状態がある。保険加入上の問題が生じない間に加入しておかないと，保険契約に特別条件が付加され保険料が割高になるという場合があるし，最悪の場合，加入できないということも考えられる。

基礎 Q25　代償分割と生命保険の活用

> 私は長男と同居しています。私には不動産以外にめぼしい財産がありませんので，私が亡くなり相続が発生した際には，長男と長女の遺産分割協議が難航する可能性があります。このようなケースで何か有効な手段はあるでしょうか。

(1) 論　点

相談者には居住用不動産以外のめぼしい財産がない。例えば，長男が不動産を相続しようとした場合，長女には相続するものがなく，遺族間での遺産分割協議が難航する可能性がある。不動産を長男と長女の共有とすることも可能であるが，不動産の使用・収益，修繕，設備の更新，処分等について共有者間での意見の調整が都度必要になるため，将来的なトラブルを回避するためにはできるだけ避けたいところである。このようなケースへの対応策について解説を行う。

図表6　相続関係図

(2) 解　説
ア　考え方1

相談者が自らを契約者（保険料負担者）・被保険者，死亡保険金受取人を長女とする生命保険に加入する。相続が発生した場合，長男は自らが居住している

5,000万円の不動産を，長女は同額の保険金を受け取ることになる。

　一般的な感覚からすれば，これでバランスが取れたように感じられ，長女が納得すれば，これで問題解決である。しかし，生命保険金は「死亡保険金受取人の固有の財産」とされている（最高裁昭和40年2月2日第三小法廷判決・民集19巻1号1頁）。このケースに当てはめて考えると，長女が受け取る死亡保険金5,000万円は相談者が残した相続財産ではなく，受取人である長女の固有の財産になる。したがって，長女は死亡保険金を取得する一方，相続財産としては何も得ていないため，長男に対して「自分も不動産を取得したい」と主張できることになる。

　なお，死亡保険金は法的には長女の固有の財産となるが，相続税法上は「み

図表7　考え方1による場合

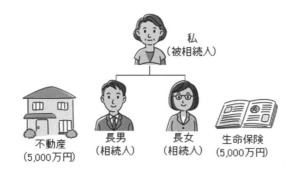

図表8　考え方2による場合

154 第3章 事業承継に係る税務の取扱い（実務編）

なし相続財産（相法3①一）」として課税対象になる。相続人である長女が受け取る死亡保険金は，所定の範囲内で非課税（相法12①五）になる場合がある。

イ 考え方2

相談者は自らを契約者（保険料負担者）・被保険者，死亡保険金受取人を長男とする生命保険に加入する。保険金額は不動産の半額である2,500万円とする。遺産分割では代償分割の手法を採る。長男は不動産を取得する代わりに，受け取った死亡保険金を原資として，長女に対して代償金2,500万円を支払う。

一般的な感覚からすれば，居住用不動産，生命保険金と，全ての財産が長男に集中してしまい，兄妹間の差が拡大してしまったように感じてしまうかもしれない。しかし，長男が受け取った保険金は長男自らの固有の財産であるから，これを資金として代償金を長女に支払うことで，法的にはバランスが取れることになる。

長男：不動産5,000万円−長女への代償金2,500万円＝2,500万円
長女：長男からの代償金2,500万円

相続税の計算上，長男の課税価格は，不動産と生命保険金の価額から交付した代償金の価額を控除した金額になる。長女の課税価格は代償金の価額となる。

生命保険の実務では，考え方1ではなく考え方2が基本的な提案手法とされている。

ウ 生命保険の契約形態について

長男の代償金を準備するために生命保険を利用する場合，生命保険契約の形態としては次の2つが考えられる。

㋐ 相続型

契約者（保険料負担者），被保険者を相談者，死亡保険金受取人を長男とする。被保険者が死亡し，長男が受け取る死亡保険金はみなし相続財産として相続税の課税対象となる。

㋑ 一時所得型

契約者（保険料負担者），死亡保険金受取人を長男，被保険者を相談者とする。被保険者が死亡し，長男が受け取る死亡保険金は一時所得として所得税の課税対象となる。

上記**イ**では相続型を前提として記述したが，多額の相続税が見込まれる場合

やほかにも生命保険があり，これ以上死亡保険金の非課税限度額を適用できない場合など，当該家族の置かれた状況によっては一時所得型を選択することも考えられる。

(3) まとめ

ここでは，分割可能財産が少ない家族の相続対策として生命保険を利用することを検討した。その家族の置かれた状況，考え方によって，対応する手段も異なってくる。税理士等には，正確に状況を分析し，顧客が的確な手段を選択する手助けをすることが求められる。

156　第3章　事業承継に係る税務の取扱い（実務編）

応用 Q26　保険金受取りによる分配可能額及び株式評価額への影響

　　非上場の同族会社である当社は，親族外承継を予定しております。社長が100％所有の株式を後継者従業員になるべく低い対価で移転するために，まず配当還元方式による価額により株式26％を譲渡しました。そして，社長死亡時に株式50％を会社が社長の相続人から取得するために事業保険（契約者・死亡保険金受取人が当社である定期保険）に加入しました。死亡した社長に掛けた会社受取りの死亡保険金による①剰余金の分配可能額，②株式の評価額への影響を教えてください。

　　また，その影響を踏まえた上で，なるべく低い対価で会社が自己株式を取得するのに適当な時期を教えてください。なお，会社株式は適正な売買実例価額や類似する法人の株式等の価額がない取引相場のない株式に該当します。

(1)　論　点

　親族外承継では後継者従業員に十分な株式取得資金がないケースが多く，そのことが承継実現の障壁となることが少なくない。そこで，なるべく低い対価で株式を後継者に移転するための工夫として，本件のような方法が利用される場合がある。すなわち，社長が親族外後継者に株式26％を配当還元方式による評価額で譲渡し，社長死亡時に株式50％を会社が社長の相続人から自己株式として取得して，後継者の株式保有割合を過半数（52％）とするものである。

　この場合，社長死亡による会社受取りの死亡保険金によって，一方で自己株式取得のための剰余金の分配可能額が増えるものの，他方で株式の評価額も増加して会社の自己株式取得のための必要資金も膨らむのではないかとの疑問が惹起される。そこで，社長死亡時に会社が受け取る死亡保険金により，①剰余金の分配可能額，②株式の評価額への影響が問題となるわけである。

　会社法上，特定の者からの自己株式の取得は株主総会の特別決議により決定される（会社155①，156，160，309②）が，その取得は，分配可能額の範囲内で行わなければならない（会社461①二）。

　　✐　株主総会は，臨時株主総会でも可能である（会社160）。

　分配可能額は，剰余金の額等から自己株式等を差し引いた額とされる（会社

461②）。ここでは，会社が死亡保険金を受け取ることによる①剰余金の分配可能額と②自社株の評価額への影響，及び会社の自社株の買取り時期について，以下のＡ説・Ｂ説をもとに検討する。

ア　Ａ説

分配可能額は，分配前の最終事業年度末日時点の貸借対照表の剰余金の額にその後の資本取引による剰余金の額の変動（原則として損益の変動は除く。）を加味して算定される。

それゆえ，死亡保険金が収益計上される事業年度に分配を行っても，その収益はその事業年度の分配可能額には影響を与えず，翌事業年度の分配可能額に影響を与えることとなる。

したがって，死亡保険金の収益計上が分配可能額に反映される翌事業年度において，自社株を取得すべきである。

イ　Ｂ説

保険事故のあった事業年度中の保険金の受取りによる収益計上後すぐに会社法441条《臨時計算書類》１項に基づく臨時決算を行えば，臨時決算後は保険金受取りによる収益を反映して分配可能額を増加させることができる。

また，個人が株式をその発行会社に譲渡する場合において，「適正な売買実例価額」や「類似する法人の株式等の価額」がない取引相場のない株式の評価は，譲渡する立場からは所得税基本通達59-6《株式等を贈与等した場合の「その時における価額」》により財産評価基本通達に準じて算定することとなる。同族株主が譲渡する場合の株式の評価は，財産評価基本通達179の例によって，類似業種比準方式，又は類似業種比準方式及び純資産価額方式の折衷方式で算定される（🔍第2章 🔟 参照）。

このうち類似業種比準方式による株価は，その評価時期の直前期末以前の利益等を基礎として算定されるため，死亡保険金の収益計上は，その収益計上した事業年度の類似業種比準方式による株価には影響を与えない。

したがって，保険金の受取による収益計上後すぐに臨時決算を行い分配可能額を増加させて，保険金の収益計上による株価上昇の影響が小さいその収益計上を行った事業年度において自社株を取得すべきである。すなわち，自社株の取得時期は，保険事故のあった事業年度中の臨時決算日後からその事業年度終了の日までとするのがよいと思われる。

158　第3章　事業承継に係る税務の取扱い（実務編）

(2)　解　説

ア　剰余金の分配可能額の変化

　剰余金の分配可能額は，次の3ステップにより算定される（田中亘『会社法〔第3版〕』420頁（東京大学出版会2017））。

---

① **最終事業年度末日の剰余金の額の算定**
　　最終事業年度末日における剰余金の額を計算する。具体的には，最終事業年度末日時点の貸借対照表の「その他資本剰余金」と「その他利益剰余金」の合計額となる。
② **自己株式取得時における剰余金の額の算定**
　　①の剰余金の額に最終事業年度末日後の資本取引による剰余金の額の変動（原則として損益の変動は除く。）を加味することにより，現在（自己株式の取得時）における剰余金の額を計算する。
　　例外として，臨時決算をすることにより，最終事業年度末日から臨時決算の日までの期間に生じた損益を分配可能額に組み入れることができる（会社461②二イ，五）。
③ **分配可能額の算定**
　　②の剰余金の額を基礎に一定の調整（自己株式の帳簿価額等を差し引く）をして，分配可能額を算定する。

　この剰余金分配可能額の算定ステップに従えば，次のとおり事業年度ごとに，死亡保険金の収益計上の分配可能額への影響が異なる。

(ア)　死亡保険金の収益計上があった事業年度中

　会社法上，原則として事業年度中の損益の変化は，その事業年度中の剰余金の分配可能額に影響せず（田中・前掲書423頁），翌事業年度の剰余金の分配可能額に影響する。したがって，死亡保険金の受取りによる収益計上は，その保険事故があった事業年度における分配可能額の計算には影響しない（A説）。

　ただし，会社が事業年度中の一定の日を臨時決算日と定めて臨時決算を行った（会社441①）場合には，直前事業年度末から臨時決算日までの損益を剰余金配当等分配可能額に含めることができる（神田秀樹『会社法〔第19版〕』293頁，425頁（弘文堂2017），田中・前掲書391頁）。すなわち，臨時決算を行えば，保険差益（＝保険金－保険積立金）の計上による収益の増加を，分配可能額に含めることができる（B説）。

(イ)　死亡保険金の収益計上があった事業年度後の事業年度

　保険差益（＝保険金－保険積立金）の計上による収益の増加が，剰余金増加額と

して翌事業年度における分配可能額の増加に影響する（A説）。

イ　自社株の評価の変化

自社株の評価を財産評価基本通達（評基通179〜188-3）に基づき，類似業種比準方式，純資産価額方式又はこれらの折衷方式によって行う場合には，次の①及び②の理由から，死亡保険金の収益計上のあった事業年度中とその事業年度後の事業年度とでは，死亡保険金の収益計上額が自社株の評価に与える影響は異なる（⚲ **11** Q20参照）。また，事業年度ごとの影響は次の(ア)(イ)のとおりである。

---

① 純資産価額方式の計算にあたっては，その生命保険に係る保険事故があった時に保険金請求権として資産計上することとされている（国税庁質疑応答事例「評価会社が受け取った生命保険金の取扱い」参照）。
② 類似業種比準方式の計算基礎となる比準要素（利益・純資産価額）は直前期末以前のものにより算定することから，死亡保険金の受取による利益・純資産価額の増加は，その死亡保険金の収益計上のあった事業年度の類似業種比準価額には影響しない（評基通180，183）。

(ア)　死亡保険金の収益計上があった事業年度中

純資産価額方式の計算上，保険事故のあった時期に，資産に保険金相当額を加算し，資産から当該保険金に係る資産計上された保険料相当額を控除し，負債に保険差益相当分の法人税額等を加算して計算する（前掲国税庁質疑応答事例参照）。したがって，純資産価額方式の計算上，死亡保険金の受取は，保険差益から法人税等相当額（37％）控除した分の増加影響がある。

> ✍ 死亡退職金を支払えば，純資産価額の計算上支払った死亡退職金相当額を負債に加算する。

他方，類似業種比準方式の計算については，その課税時期の直前期末以前の利益，純資産価額等を基礎とすることとされているので（評基通180，183），死亡保険金の収益計上は，保険事故のあった時期における類似業種比準価額に影響を与えない（B説）。

(イ)　死亡保険金の収益計上があった事業年度後の事業年度

保険事故のあった事業年度後の事業年度においては，死亡保険金の収益計上は，類似業種比準方式による自社株の計算における純資産価額が保険金の収益計上により増加するので類似業種比準価額の上昇に影響する。

純資産価額方式による自社株の計算上も，保険差益の収益計上による剰余金

160　第3章　事業承継に係る税務の取扱い（実務編）

増加が純資産価額の上昇に影響する。

ウ　自社株の評価について

　個人から株式発行法人へ取引相場のない株式を譲渡した場合の自社株の評価については，売手である個人の側からのアプローチと，買手である株式発行法人の側からのアプローチの2つが考えられる。しかし，株式発行法人の自社株取得を資本等取引と解すると，買取価額が低額であったとしても課税上弊害がない限り法人において受増益として課税されることはないと考えることもできる（松岡啓二編『税務相談事例集〔平成27年版〕』464頁（大蔵財務協会2015））。そこで，ここでは売手である個人（相続人）の側からの評価につき説明することとする。

　✍　所得税基本通達59-6は，「原則として」との前置きの下，「財産評価基本通達」の178から189-7まで《取引相場のない株式の評価》の例により算定した価額とすることを認めるとしていることから，課税上弊害があると認められる場合にはその限りでないと理解すべきと思われる。

　所得税法は，取引相場のない株式をその発行会社に譲渡する場合の時価評価方法につき規定していない。そこで，課税実務上は，所得税法59条《贈与等の場合の譲渡所得等の特例》1項に規定する「その時における価額」に係る所得税基本通達59-6を参考に評価される（所基通23～35共-9，59-3，措通37の10，37の11共-22参照）。

　所得税基本通達59-6によれば，売買実例や類似法人株式価額があるもの以外につき，所得税法59条1項に規定する「その時における価額」は，原則として，一定の条件のもと財産評価基本通達178から189-7までの例により算定した価額とされる（B説）。

　本件の場合，相続人は被相続人（社長）から会社の議決権株式の74%を相続したので，会社が相続人から自己株式を取得する時期においては，その相続人は同族会社の中心的な同族株主に該当し，相続人が譲渡した株式は所得税基本通達59-6により財産評価基本通達179の小会社として評価され，純資産価額の計算に当たって時価評価差額に係る法人税額等相当額は控除されない。小会社の株式評価は，純資産価額方式により算定するのが原則であるが，折衷方式（類似業種比準価額×0.5＋純資産価額×0.5）によって算定することとなろう。

(3)　まとめ

　会社が社長の相続人から自己株式をなるべく低い評価額で取得（本件の場合，

発行済株式数の50％）したいという前提の下，会社受取りの死亡保険金の剰余金の分配可能額，及び株式評価額への影響を踏まえて，自社株式の買取り時期をまとめれば次のとおりとなる。

ア　分配可能額への影響を踏まえた場合

上記(2)イを踏まえると，会社法上原則として分配可能額が増加する保険金の収益計上事業年度の翌事業年度，又は，会社法441条1項に基づく臨時決算により分配可能額が増加する臨時決算日後がよいと考えられる。

自社株式取得の範囲を画する分配可能額が大きければ，会社はより多く自社株式を取得できるからであり，死亡保険金の受取りによる収益計上による分配可能額の増加は，保険事故による死亡保険金の収益計上のあった事業年度後の事業年度（A説）又は会社法441条1項に基づく臨時決算後（B説）に生じるためである。

イ　自社株の評価額の変化を踏まえた場合

上記(2)を踏まえると，死亡保険金の受取りによる自社株評価額への増加の影響が相対的に小さい保険事故のあった事業年度中がよいと考えられる（B説）。

自社株式の取得をなるべく低い評価額でするには，死亡保険金の受取りによる自社株式の価額の増加要因が少ない時期に行う方がよく，死亡保険金の受取りによる収益計上は，純資産価額方式の計算上はその保険事故のあった事業年度中において加味することとなるが，類似業種比準方式の計算は，直前期末以前の利益，純資産価額等を基礎としているので，死亡保険金の受取りは，保険事故のあった事業年度中における類似業種比準価額に影響を与えないからである。

ウ　結　論

結論としては，保険事故のあった事業年度中の保険金の受取りによる収益計上後すぐに会社法441条1項に基づく臨時決算を行い，自社株式の買取り時期は，その事業年度中の臨時決算日後からその事業年度終了の日までとなろう（B説）。

なぜなら，上記ア，イのとおり，自社株式の買取り時期は分配可能額が増加して，かつ，株式価額が低い時期に行うのがよいからである。すなわち，①保険事故発生後に会社法441条1項に基づく臨時決算を行えば，臨時決算後は保険金受取による収益を反映して分配可能額を増加させることができ，かつ，②保険事故のあった事業年度中は類似業種比準方式の計算では保険金の受取りに

162　第3章　事業承継に係る税務の取扱い（実務編）

よる収益計上の影響は生じず，小会社の自社株評価額（類似業種比準価額×0.5＋純資産価額×0.5）の上昇の影響が小さいからである。

¶ レベルアップ！　みなし配当課税と取得費加算の特例

ア　みなし配当課税の特例

会社の自己株式取得によりその会社の株主が金銭交付を受けた場合において，その交付金銭がその会社の資本金等の額相当額を超えるときは，その超える部分を配当とみなして，配当所得が課されるのが原則である（所法25）。

しかしながら，相続により相続人が取得した株式をその相続開始があった日の翌日から相続税の申告期限の翌日以後3年以内に会社に対して譲渡した場合には，みなし配当に関する規定を適用しないという特例がある（措法9の7）。

かくして，本件のように相続のあった事業年度中に会社に対して株式譲渡をすれば，この特例が適用されみなし配当課税を受けず，分離課税の譲渡所得として課税されることとなる（措法37の10）（🔍⑩Q15参照）。それゆえ，相続人の株式譲渡に係る所得について，みなし配当所得による総合課税としての超過累進税率課税の適用を受ける場合に比べて，比例税率となって課税額が少なくなる場合が多いと考えられる。

　　✍　所得税の総合課税は5〜45％の超過累進税率であるのに対して，一般株式等に係る譲渡所得等は15％の比例税率である（平成25年〜令和19年まで復興特別所得税（所得税額の2.1％）が加算される）。なお，住民税については，総合課税の10％の比例税率で，一般株式等に係る譲渡所得等の税率は5％の比例税率である。

イ　取得費加算の特例

相続により株式を取得した個人がその相続につき相続税額がある場合において，その個人が取得した株式をその相続開始があった日の翌日から相続税の申告期限の翌日以後3年以内に会社に対して譲渡したときは，その株式の譲渡所得の金額の計算上控除される取得費にその相続税額のうちその譲渡した株式に対応する部分の金額として一定の金額を加算して計算できるとされている（措法39）（🔍⑩Q15参照）。

このことから，相続のあった事業年度に譲渡をすれば，取得費に相続税相当額を加算することができ，株式譲渡所得に係る税額を減少させることができる。

11 生命保険を活用した事業承継　163

応用 Q27　生命保険契約の契約者変更に伴う課税関係

　社長を契約者及び保険金受取人，後継者（社長の子）を被保険者とする生命保険（逓増定期）に加入しています（事例参照）。この保険契約を，後継者に①無償で移転，又は②有償で移転（契約者を社長から後継者へ，保険金受取人を社長から後継者の親族に変更）することはできますか。移転後に後継者が契約を解約して解約返戻金を受け取った場合の課税関係と併せて教えてください。

〔事例〕

　契約後４年間は社長が保険料100万円／年を支払い，４年目の終わりに契約者及び保険金受取人の変更を行う。後継者は，５年目の保険料を支払ってその後に解約をして保険会社から解約返戻金450万円を受け取る。

経過年	保険料（万円）	累計　保険料（万円）	解約返戻金相当額（万円）	返戻率	契約者	保険金受取人
1	100	100	10	10%	社長	社長
2	100	200	20	10%	社長	社長
3	100	300	50	17%	社長	社長
4	100	400	80	20%	社長→後継者	社長→後継者の遺族
5	100	500	450	90%	後継者	後継者の遺族

(1)　論　点

　生命保険契約の契約者を変更した場合に，相続税法上，旧契約者から新契約者へその保険契約に係る財産の移転があったものとされるか。

　本件のような逓増定期保険については，契約者が中途で解約した場合に解約返戻金（４年目80万円，５年目450万円）が保険会社から契約者に支払われるため，財産的価値があって売買や贈与の対象となるとも解される。この解釈によれば，４年目の契約者変更時に，保険契約の贈与又は譲渡があったと取り扱うこととなる。

　しかしながら，他方で，相続税法３条《相続又は遺贈により取得したものとみなす

場合）1項1号及び3号並びに同法5条《贈与により取得したものとみなす場合》1項及び2項は，保険料負担者と保険金受取人が異なる場合に，相続若しくは遺贈又は贈与により取得したものとみなすと規定しており，生命保険契約に係る相続税法上の課税は，保険事故の発生時又は保険解約時にのみ発生するとも解釈し得る。この解釈によれば，4年目の契約者変更時には課税関係は生じず，5年目の契約解約により解約返戻金450万円が支払われた時に，360万円（＝450×400/500）を社長から後継者に対する贈与とみなし（相法5②），90万円（＝90×400/500）は，後継者の一時所得として取り扱うこととなる（所法34）。

そこで，生命保険契約の権利移転があった場合の課税関係について，3つの立場を措定し，相続税法を中心に検討してみる。

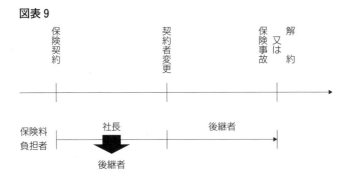

図表9

ア　A　説

生命保険契約の契約者を変更した場合には，その変更時点では，贈与税の課税はされず，保険事故が発生した場合又は保険契約を解約した時点で課税がされる。また，契約者変更に伴って生命保険契約を時価で売買することもできない。

イ　B　説

生命保険契約の契約者を変更した場合には，その生命保険契約の時価相当額が贈与税の課税対象（相法1の4）とされる。他方，契約者変更に伴って生命保険契約を時価で売買した場合には，適正な対価のある交換取引であるため贈与税は課税されない。

また，贈与又は売買後に，後継者がこの生命保険契約を解約して保険会社から解約返戻金を受け取った場合には，一時所得（所法34）として後継者に課税さ

11 生命保険を活用した事業承継　165

れる。

ウ　C　説

　単に生命保険契約の契約者の名義変更をしただけでは贈与税の課税の対象とはならず，新旧契約者がその生命保険契約に係る財産的価値の移転を意図した上で贈与契約をした場合にはじめて，その時価相当額が贈与税の課税対象（相法1の4）となる。他方，生命保険契約を時価によって売買する意思のもと売買契約した場合には，適正な対価のある交換取引であるため贈与税は課税されない。

　また，贈与又は売買後に，後継者がこの生命保険契約を解約し保険会社から解約返戻金を受け取った場合には，一時所得（所法34）として後継者に課税される。

(2)　解　説
ア　A　説

　相続税法5条1項は，「生命保険契約の保険事故…が発生した場合において，これらの契約に係る保険料の全部又は一部が保険金受取人以外の者によって負担されたものであるときは，これらの保険事故が発生した時において，保険金受取人が，その取得した保険金…のうち当該保険金受取人以外の者が負担した保険料の金額のこれらの契約に係る保険料でこれらの保険事故が発生した時までに払い込まれたものの全額に対する割合に相当する部分を当該保険料を負担した者から贈与により取得したものとみなす。」と規定する。

　この規定によれば，保険事故の発生したタイミングで，保険金のうち受取人以外の者の保険料負担部分につき贈与税が課税されるとしており，保険契約者の変更時に保険契約の贈与を認識して贈与税を課税すると，①保険契約者変更時と②保険事故発生時の2度にわたって贈与税が課税（相法1の4及び相法5①）されることとなりかねない。このことから，契約者変更時には課税関係は生じないものと解する。また，契約者変更に伴って生命保険契約を時価で売買することもできないと解する。

A説　契約変更時の後継者の課税関係			
被保険者	保険料の負担者	保険金受取人	課税
後継者	社長のまま（移転なし）	社長→後継者の遺族	課税なし

166　第3章　事業承継に係る税務の取扱い（実務編）

　保険事故が発生した場合にのみ，その保険金に対する保険料の負担割合に応じて，すなわち保険金のうち社長の保険料負担相当部分には贈与税が，後継者の保険料負担相当部分には相続税が課される（社長が生存している場合）。

A説　保険事故が発生した場合の死亡保険金受取人の課税関係（社長が生存中の場合）			
被保険者	保険料の負担者	保険金受取人	課税
後継者	社長のまま（移転なし）	後継者の遺族	社長からの贈与税
後継者	後継者（自己負担分）	後継者の遺族	後継者からの相続税

　保険事故が発生する前に社長が死亡した場合には，生命保険契約の権利のうち社長が負担した保険料に対する割合相当部分が相続又は遺贈により取得したものとみなされる（相法3①三）。さらに，被相続人の被相続人が負担した保険料は，被相続人が負担した保険料とみなされる（相法3②）。したがって，社長の死亡後に保険事故が発生した場合には，社長の保険料負担額は，後継者が負担したものとみなされ，保険金のうち社長の保険料負担相当部分についても後継者の遺族に後継者からの相続税が課されることとなる（相法5③ただし書）。

A説　保険事故が発生した場合の死亡保険金受取人の課税関係（社長が死亡後の場合）			
被保険者	保険料の負担者	保険金受取人	課税
後継者	社長→後継者へ相続	後継者の遺族	後継者からの相続税
後継者	後継者（自己負担分）	後継者の遺族	後継者からの相続税

　また，当該保険契約を解約した場合には，その解約返戻金に対する保険料の負担割合に応じて，すなわち解約返戻金のうち社長の保険料負担相当部分には贈与税が，後継者の保険料負担相当部分には所得税（一時所得）が課される。この場合の一時所得における「その収入を得るために支出した金額」として控除される金額は，後継者が負担した保険料のみであり，社長が負担した保険料は控除の対象とはならないと解される。

A説　後継者が契約を解約した場合の解約返戻金受取人の課税関係			
被保険者	保険料の負担者	解約返戻金受取人	課税
後継者	社長のまま（移転なし）	後継者	社長からの贈与税
後継者	後継者（自己負担分）	後継者	所得税（一時所得）

11　生命保険を活用した事業承継　167

　次の札幌地裁判決は，保険契約者の権利義務が法人Ａから個人Ｘに移転された事例ではあるが，個人から個人への移転についても，同判決の一時所得における「収入を得るために支出した金額」として控除される金額に関する考え方は参考となると思われる。

【札幌地裁平成28年11月10日判決（税資266号順号12931）】

　これは，当初医療法人Ａが契約者として契約した新逓増定期保険契約の契約者の地位を，当該法人の理事であるＸらに承継した後，Ｘが当該保険契約を解約して解約返戻金を一時所得（所得税法34条）として受け取った事案であり，一時所得の計算上，医療法人Ａが負担した保険料をＸの所得税法34条２項にいう「その収入を得るために支出した金額」として控除できるか否かが争われた。

　札幌地裁は，「<u>一時所得に係る支出が法34条２項にいう『その収入を得るために支出した金額』に該当するためには，それが当該収入を得た個人において自ら負担して支出したものといえる場合でなければならないと解するのが相当である</u>」として，最高裁平成24年１月13日第二小法廷判決（民集66巻１号１頁）を参照し，「<u>Ａは，本件契約により本件保険契約に係る契約者たる地位をＸに承継させるのに先立ち，Ａ自らの負担において本件保険料の支払を行っていたのであり，また，本件保険料の全部又は一部に相当する金額がＸの各年分の給与所得の収入金額に含まれていたなどの事実もないから，Ｘが同保険料を自ら負担して支出したものとは認められない。そして，この判断は，本件保険契約における契約者たる地位をＡからＸに承継させるという本件契約の法的性質により異なるものではない。</u>」として，Ａが支出した保険料は，Ｘが受領した解約返戻金に係る「収入を得るために支出した金額」に当たらないものとしている。

　すなわち，同地裁は保険料の負担につき，①誰が保険料を支払っていたか，②給与所得の収入金額に含まれるなどの事実の有無などに基づき，保険料を自らの負担として支出したものと認められるかどうかを判断し，所得税法34条２項所定の「その収入を得るために支出した金額」に該当するかのメルクマールとしているのである。なお，この判断は，控訴審においても維持されている（札幌高裁平成29年４月13日判決・税資267号順号13009）。

　以上のとおり，Ａ説によれば，本件の場合，４年目の契約者変更時には課税関係は生じず，５年目の契約解約により解約返戻金450万円が支払われた時に，360万円（＝450×400/500）につき社長から後継者に対するみなし贈与（相法５②）として贈与税が課税され，90万円（＝450×100/500）につき後継者の一時所得として課税されることとなる（所法34①）。一時所得の計算上，その収入を得るために要した金額として100万円を控除することとなる（所法34②）。

イ　Ｂ　説

　逓増定期保険などの生命保険契約は，保険事故等が発生する前に解約すれば

契約者は解約返戻金を受け取ることができるから，この生命保険契約は財産的価値を有するものと解される。したがって，契約者の名義変更を生命保険契約の贈与として捉え，名義変更時に，その生命保険契約の時価が贈与税の課税対象（相法1の4）とする。この場合の保険契約の時価は，解約返戻金相当額とする。

B説　対価なしによる契約者変更時（無償による保険契約の権利の移転時）の課税関係			
被保険者	保険料の負担者	保険金受取人	後継者の課税
後継者	社長→後継者に移転	社長→後継者の遺族	社長からの贈与税

　他方，生命保険契約の時価によって売買した場合には，無償での経済価値移転がないことから，贈与税は課税されない。

B説　時価売買による契約者変更時（有償による保険契約の権利の移転時）の課税関係			
被保険者	保険料の負担者	保険金受取人	後継者の課税
後継者	社長→後継者に移転	社長→後継者の遺族	課税なし

　保険事故が発生した場合には，契約者変更に伴い既に保険料の負担者の地位も社長から後継者に移転しているため，保険金の全てが後継者からの相続財産とみなされ相続税が課税される。

B説　保険事故が発生した場合の保険金受取人の課税関係（社長が生存中の場合）			
被保険者	保険料の負担者	保険金受取人	課税
後継者	社長→後継者（既に移転）	後継者の遺族	後継者から相続税
後継者	後継者（自己負担分）	後継者の遺族	後継者から相続税

　保険事故が発生する前に，社長が死亡した時点では課税関係は生じない。保険契約者変更時において，保険料の負担者が社長から後継者に移転していると解されるからである。

B説　保険事故が発生する前に，社長が死亡した時の後継者（社長の子）の課税関係			
被保険者	保険料の負担者	保険金受取人	後継者の課税
後継者	社長→後継者（既に移転）	後継者の遺族	課税なし

　社長死亡後に後継者が死亡した場合には，後継者の遺族に相続税が課税されることとなる。

11 生命保険を活用した事業承継 169

B説　保険事故が発生した場合の保険金受取人の課税関係（社長が死亡後の場合）			
被保険者	保険料の負担者	保険金受取人	課税
後継者	社長→後継者（既に移転）	後継者の遺族	後継者から相続税
後継者	後継者（自己負担分）	後継者の遺族	後継者から相続税

　当該保険契約を解約した場合には，その解約返戻金相当額に対する保険料の負担者は社長から後継者に移転しているため，解約返戻金相当額の全てにつき，後継者に所得税（所法34①）が課されることとなる。ここで，当初社長の負担していた保険料相当額につき，一時所得の計算上，所得税法34条2項所定の「その収入を得るために支出した金額」として控除できるか否かが問題となるが，この立場においては，保険料の負担者が，社長から後継者へ移転していると考えるため，控除できると解されることとなろう。

　　✍　この立場は，前掲した札幌地裁平成28年11月10日判決とその見解を異にすると思われる。

B説　後継者が契約を解約した場合の解約返戻金受取人の課税関係の表			
被保険者	保険料の負担者	解約返戻金受取人	後継者の課税
後継者	社長→後継者（既に移転）	後継者	所得税（一時所得）
後継者	後継者（自己負担分）	後継者	所得税（一時所得）

　以上のとおり，B説によれば，本件では，4年目の契約者変更時に保険契約の時価（解約返戻金相当額）80万円の贈与があったものとして贈与税が課される。また，5年目に保険契約を解約することにより保険会社から受け取った解約返戻金450万円は，後継者の一時所得とされ，この一時所得の計算上，その収入を得るために要した金額として500万円（＝100×4＋100）が控除されることとなる（所法34②）。

ウ　C　説

　C説は，相続税法が保険契約者の地位と保険料負担者の地位とを明確に区別している（例えば相法3①一，三，5①など）ことに着目し，これらの地位の移転には，契約に係る当事者の真正効果意思が必要と解する立場である。新旧契約者の契約意思に保険契約に係る財産的価値の移転をも含むのであれば，保険料負担者の地位の移転をも含めて認識すべきというものである。

　これは，B説と同様に逓増定期保険などの生命保険契約は財産的価値を有す

170 第3章 事業承継に係る税務の取扱い（実務編）

るものと解するが，単に保険契約者の地位の変更だけでは財産的価値の移転は
なく，新旧保険契約者が真正効果意思をもってその保険の財産的価値の移転を
契約した場合にはじめて，財産的価値の移転を認識しようとする立場であり，
B説とはその立場を異にしている。

　したがって，単に生命保険契約の契約者名義を変更したのみでは贈与税の課
税の対象とはならない。その後に，社長が死亡した場合，保険事故が発生した
場合及び契約を解約した場合の課税関係は結論としてA説と同様となる。

C説　単に契約者変更をしただけの場合の変更時の後継者の課税関係（A説と結論は同様）			
被保険者	保険料の負担者	保険金受取人	課税
後継者	社長のまま（移転なし）	社長→後継者の遺族	課税なし

　C説は，契約者の名義変更に伴って，新旧契約者がその生命保険契約に係る
財産的価値の移転を真正効果意思の下で契約をした場合にはじめて，その時価
相当額を贈与税の課税対象（相法1の4）とする。その後に，社長が死亡した場
合，保険事故が発生した場合及び契約を解約した場合の課税関係は結論として
B説と同様となる。

C説　保険契約の財産移転をも契約した場合の後継者の課税関係（B説と結論は同様）			
被保険者	保険料の負担者	保険金受取人	課税
後継者	社長→後継者に移転	社長→後継者の遺族	社長からの贈与税

　他方，新旧契約者が生命保険契約を売買する真正効果意思の下で時価で取引
した場合には，無償での経済価値移転がないことから贈与税の課税はない。そ
の後に，社長が死亡した場合，保険事故が発生した場合及び契約を解約をした
場合の課税関係は結論としてB説と同様となる。

C説　時価売買による契約者変更時の課税関係（B説と結論は同様）			
被保険者	保険料の負担者	保険金受取人	後継者の課税
後継者	社長→後継者に移転	社長→後継者の遺族	課税なし

　以上のとおり，C説における課税関係は，単に保険契約者の地位の変更のみ
が認識される場合には結果としてA説と同様となり，契約者の地位の変更に伴
って保険契約の財産的価値の移転も認識される場合（この場合，保険料負担者の地
位の移転も認識される。）には，結果としてB説と同様となる。

ただし，生命保険契約の財産的価値移転時の時価の評価については，Ｃ説はＢ説と立場を異にする。すなわち，Ｂ説のいう解約返戻金相当額には必ずしもならないとの立場である。その理由は，解約返戻金相当額による保険契約の時価評価を杓子定規に当てはめると，本件のように解約返戻率が極端に変動する場合，①小さな金額の解約返戻金相当額による財産移転を行った後，②大きな金額の解約返戻金を受け取ることにより，解約返戻金相当額の差額分（＝②－①）につき，贈与税の課税を受けることなく旧契約者から新契約者への財産移転ができることとなり，課税の公平が保たれないと考えられるからである。

したがって，課税の公平の観点から問題があると認識される場合には，保険契約の時価の算定は，その財産移転時の解約返戻金相当額のみを基礎とするのではなく，その保険契約に係る保険料，保障内容，解約返戻金及び保険金を誰が負担し，誰が享受するのかを総合的に勘案して算出すべきであると考える。

本件の場合，解約返戻金相当額が一番高額となる5年目の金額450万円を基礎として保険料の負担割合400万/500万を基に算定すると360万円（＝450万×400万/500万）となる。新旧契約者が保険契約者の名義変更に伴って当該保険契約の財産価値につき真正効果意思に基づく贈与又は売買契約をした場合には，贈与の場合には360万円が後継者の贈与課税の対象となり，360万円の対価による売買の場合は，後継者には課税が生じないこととなる。その後，後継者が解約した時の解約返戻金450万円は，後継者の一時所得とされ，この一時所得の計算上，その収入を得るために支出した金額として500万円（＝100×4＋100）が控除されることとなる（所法34②）。

(3) まとめ

以上のとおり，3つの説を挙げた。

Ａ説は，相続税法上は保険契約に係る財産的価値の移転を認めず保険事故発生時又は契約の解約時にのみ課税関係を生じさせるものである。契約自由の原則の下，租税法規は私法上の取引に中立的であるべきとの観点からは，Ａ説の立場は私法取引への制限となり得る点で疑問なしとはしない。

Ｂ説は，単に保険契約者の名義変更というだけで，保険契約の財産的価値の移転を相続税法上も認めようという立場であり，相続税法が保険契約者と保険料の負担者を明確に区分して規定しているところに鑑みると，文理解釈上，単

172　第3章　事業承継に係る税務の取扱い（実務編）

に保険契約者の名義変更のみで保険料負担者の地位の移転を認めるのは困難であると考えられる。また，本件のように，解約返戻金が急激に変動する場合には，その保険契約の権利移転の対価として解約返戻金相当額とすることに課税の公平の観点から疑問がないわけではない。

　そこで，次の点からすれば，C説が妥当ではなかろうか。第一に，契約自由の原則の下租税法規は私法上の取引に中立的であるべきという観点から，保険事故の発生前にも保険契約の財産的価値の移転を認めるべきであるし，第二に，相続税法が保険契約者と保険料の負担者を明確に区分して規定していることから，保険契約に係る財産的価値の移転は新旧保険契約者の真正効果意思に基づくものかどうかをその判断基準とすべきであると考えるからである。

　したがって，単に契約者を変更しただけの場合は保険料負担者の移転を相続税法上は認識せずにA説と同様の課税関係の取扱いとし，契約者の変更に伴って新旧保険契約者が真正効果意思をもってその保険契約に係る財産的価値の移転をも契約締結した場合にはじめて，相続税法上において保険料の負担の移転もあったものとして，B説と同様の課税関係の取扱いとするものである。

　なお，C説が妥当であると考える根拠については，レベルアップにて更に検討を加える。

¶ レベルアップ！　C説の根拠

　保険契約の名義変更によって，保険料の負担者としての地位が移転するのであろうか。相続税法あるいは所得税法などの租税法において，保険契約の名義変更と保険料の負担者の移転をどのように捉えるべきであるか検討してみる。

ア　国税庁質疑応答事例にみる保険契約の課税上の財産的意義

　国税庁質疑応答事例「生命保険契約について契約者変更があった場合」によれば，「契約者の変更があってもその変更に対して贈与税が課せられることはありません。」とする。

【照会要旨】
　生命保険契約について，契約者変更があった場合には，生命保険契約に関する権利の贈与があったものとして，その権利の価額に相当する金額について新しく契約者となった者に対し，贈与税の課税が行われることになりますか。

11 生命保険を活用した事業承継　173

> **【回答要旨】**
> 　相続税法は，保険事故が発生した場合において，保険金受取人が保険料を負担していないときは，保険料の負担者から保険金等を相続，遺贈又は贈与により取得したものとみなす旨規定しており，保険料を負担していない保険契約者の地位は相続税等の課税上は特に財産的に意義のあるものとは考えておらず，契約者が保険料を負担している場合であっても契約者が死亡しない限り課税関係は生じないものとしています。
> 　したがって，契約者の変更があってもその変更に対して贈与税が課せられることはありません。ただし，その契約者たる地位に基づいて保険契約を解約し，解約返戻金を取得した場合には，保険契約者はその解約返戻金相当額を保険料負担者から贈与により取得したものとみなされて贈与税が課税されます。
>
> **【関係法令通達】**
> 　相続税法第5条第2項
> 　相続税法基本通達3-36

　この質疑応答事例は，相続税法5条1項の規定振りをその根拠としていると思われる。相続税法5条1項は，生命保険契約の保険事故が発生した場合において，保険金受取人以外の者によって保険料が負担されているときは，その保険金のうち保険料負担相当分を保険金受取人が保険料負担者から贈与により取得したものとみなすと規定しているが，保険契約者の変更時の課税関係に関して，相続税法は直接的には規定を置いていない。

　そこで，保険契約者の変更時には課税関係を捉えないものと整理し，保険事故発生時（解約時も含む。）に保険料の負担割合に応じてその課税関係を取り扱うとするのである。

　なるほど，このように考えれば，保険契約者の変更時には何ら課税関係を認識せず，保険事故発生時（又は解約時）にのみ課税関係を捉えることになる。

　平成27年度税制改正（平成30年1月1日より適用）により，保険金等の支払調書の記載事項の追加などの見直し行われたが，課税庁が保険契約者の変更の履歴を把握して保険事故発生時の課税関係を明らかにしようとするものであろう（酒井・保険税務54頁）。

> ✍ 平成27年度税制改正により，保険金等の支払調書の記載事項の追加が行われ，現行の記載事項に加え，支払時の契約者の直前の契約者の氏名・住所，契約者変更の回数，支払時の契約者の既払込保険料，死亡した契約者の氏名・住所・死亡日，新契約者の氏名・住所，解約返戻金相当額，既払込保険料，死亡した契約者の既払込保険料の記載を要することとされた。

174　第3章　事業承継に係る税務の取扱い（実務編）

イ　契約自由の原則の観点からの保険契約の財産的価値の移転の可否

　しかしながら，自由主義経済社会おける契約自由の原則の下，租税法規は私法上の取引に対して中立的であるべきとの観点から考えると，質疑応答の考え方に疑問なしとはしない。けだし，このような質疑応答の取扱いに従うと，保険契約の財産移転を行っても租税法上の課税関係は保険事故の発生まで確定せず，私法上の取引関係を不安定なものにさせるからである。

　すなわち，契約自由の原則の下では，私法上において保険契約者や保険金受取人の地位を移転することは，当事者間の自由な意思に任されているところ，私法上の保険契約の財産的価値の移転も自由に行われるべきである。

　ところが，租税法上は保険契約の財産的価値の移転を認めず保険事故の発生までその財産的価値移転に伴う課税関係を繰り延べるとすると，贈与税など税額が多額に上る可能性のある租税債務の確定が随時に行われる私法取引ごとには確定せず，保険事故の発生という将来の不確実な出来事に依存することとなってしまい，私法取引の確定を不安定にする。

　このように，契約自由の原則の下，租税法規は私法上の取引に対して中立的であるべきとの観点から，個人間における保険契約の財産的価値の移転を認めるべきであると考える。

ウ　保険契約の財産的価値の移転の事例

　裁決事例においては，保険契約の財産的価値の移転を認識している事例がある。例えば，会社がその従業員を被保険者とした生命保険契約を締結し保険料を負担していたが，当該従業員が退職した際に当該契約に係る解約返戻金相当額を退職金として支給するような場合には，所得税法において財産の移転があったものと捉えて課税関係を生じさせている事例がある。

> **【国税不服審判所平成13年12月12日裁決（裁決事例集62号161頁）】**
> 　これは，法人が契約した保険契約につき，その法人の役員に退職金として支払った事例である。原処分庁Ｙが「請求人Ｘが法人役員を退任した際に生命保険契約上の権利を退職金の一部として一時払いの生命保険契約の契約者及び受取人の名義をＸに変更することにより受領し，その後当該生命保険契約を解約したことにより解約返戻金を受領した場合，所得税法34条2項に規定する一時所得の金額の計算上控除する金額は，所得税法施行令183条2項に規定するとおり法人が一時払いした保険料に限られ，Ｘが退職所得として課税された退職時における当該生命保険契約の解約返戻金相当額ではない旨主張する。」のに対し，同審判所は，「所得税法施行令183条2項は，生命保

> 険契約等に基づく一時金に係る一時所得の金額の計算方法を完結的・網羅的に規定したものではなく，同項2号は，生命保険契約等に基づく一時金に係る一時所得の金額の計算上，保険料総額のみしか控除できない旨を規定した特例規定ではないものと解され，当該一時金に係る一時所得の金額の計算に当たっては，保険料総額以外に所得税法34条2項に規定する収入を得るために支出した金額がある場合には，その支出した金額を一時所得に係る総収入金額から控除できるものと解される。」として，「一時所得の金額の計算上控除する金額については，一般には保険料の額と解するのが相当であるとしても，本件においては，本件退職時解約返戻金相当額が保険料総額を上回っており，その上回った金額を含めて退職所得課税の対象となっていることから，その上回った金額は，所得税法第34条第2項に規定する一時所得の金額の計算上収入を得るために支出した金額に含まれると解するのが相当である。」と裁決している。

　このように，上記裁決事例においては，少なくとも法人と個人の間では，保険契約者の変更時に，保険契約を財産的価値と捉えてその財産的価値の移転があったものと捉えているようである。そうすると，個人と個人との間においても，保険契約を財産的価値として捉えてその財産的価値の移転を捉えることは租税法上も理論的には可能であろう。

> ✐　個人事業を親から子へ承継するに当たって，養老保険の契約者名義を親から子に変更する場合の課税関係につき，「契約者変更をすれば，解約返戻金受領の権利が移転するのであって，この点からみれば，第一義的には契約者変更時に課税すべきであるとの考え方もあり得る。相続時に本来の相続財産と考えるのであれば，契約者変更の時点で，本来の贈与財産または相続税法9条のみなし贈与財産と考える余地があるのではなかろうか。」との見解がある（酒井・保険税務130頁）。

エ　租税法上の保険契約の財産的価値移転の可否についての3つの立場

　租税法上も保険契約を財産的価値としてその移転を捉えることは理論的に可能だとしても，特に相続税法において保険契約の財産的価値の移転を考えるに当たっては，「保険契約者」の変更と「保険料の負担者」との関係を整理する必要がある。

　なぜなら，相続税法3条1項1号，3号及び5条1項などでは，「保険契約者」と「保険料の負担者」を明確に区分して規定しているからであり，また，前述の質疑応答事例は「保険料を負担していない保険契約者の地位は相続税等の課税上は特に財産的に意義のあるものとは考えておらず」として，「保険料の負担者」に変動のない「保険契約者」の変更という場合を前提としているように解されるからである。なお，相続税法3条及び5条に規定する「保険契約

者」,「保険金受取人」は,保険法からの借用概念であると解される。

　　✍　借用概念論については,金子・租税法126頁,酒井・スタートアップ181頁,酒井・課
　　　　税要件89頁,酒井・レクチャー99頁を参照。

　そこで,ここでは,次の3つの立場を考えてみる。
　①　「保険契約者」変更により「保険料の負担者」は変化しないという立場
　②　「保険契約者」変更に伴い「保険料の負担者」も変化するという立場
　③　「保険契約者」変更とは別個に「保険料の負担者」も変化するという立場

　①は,租税法上,保険契約の財産移転を保険事故発生又は解約前に認識しないもので,先述の質疑応答事例の結論に整合的であるように思われる。

　②は,租税法上,保険契約の財産移転を保険事故発生又は解約前に認識し得るというものである。これは,「保険契約者」の変更により当該保険契約上の契約者の権利義務が移転するから,これらの権利義務の原因たる「保険料の負担者」も変更したものと捉えるのである。

　③は,「保険契約者」の変更とは別個に,保険契約に係る財産的価値の移転契約という別の事実を根拠として「保険料の負担者」も変化し得るとするものである。「保険契約者」の変更に伴い当然に「保険料の負担者」が移転するわけではなく,「保険料の負担者」の移転は新旧「保険契約者」の当該保険契約に係る財産的価値の移転を真正な契約意思の下で移転しているかどうかで判断しようというものである。

オ　「保険料の負担者」は変わり得るか

　相続税法5条1項は,「保険料の全部又は一部が保険金受取人以外の者によって負担されたものであるときは」と課税要件を規定する。「保険金受取人以外の者」によって「負担された」とは,どのような場合をいうのであろうか。

㋐　対価を伴わない単なる名義変更の場合

　例えば,単なる保険契約の名義変更に際して,新旧契約者に何ら対価の授受がない場合には,相続税法5条1項所定の「保険金受取人以外の者によって負担されたものであるとき」に該当すると解釈するのが自然であると思う。

　保険契約者の地位が旧契約者から新契約者へ移転して保険受取人の地位も移転したと保険法上解釈できるとしても,保険料の負担という私法上の取引事実は依然として変化しておらず,この場合には旧契約者によって「負担されたも

の」であると考えることができるからである。

したがって，対価の授受がなく単に名義変更した場合には，保険料の負担者の地位は変更がないものと解釈される。すなわち，このような場合には，名義変更時には贈与や売買は認識されず，旧契約者が死亡する前に保険事故が生じた場合にのみ，相続税法5条1項の規定の効力を生ずることとなる。

この例によると一見，①の「保険契約者」の変更により「保険料の負担者」は変化しないという立場が正しいようにも思われる。

しかしながら，このことが直ちに名義変更時に保険契約に係る財産の移転を否定することとはならない。理論上は，名義変更時において保険契約に係る財産的価値は観念でき，新旧「保険契約者」との間にその財産的価値の贈与契約が成立しているのであれば，その財産的価値の無償による移転について贈与税の課税は認識され得るし（相法1の4），贈与契約が成立していないとしても「対価を支払わないで，又は著しく低い価額の対価で利益を受けた場合」に該当すればみなし贈与課税が認識され得るからである（相法9）。

> ✍ 財産的価値につき，岩下忠吾氏は，「相続税法において『財産』について特別の定めはない。したがって，財産については民法その他の法律で特別の定めのある場合のほかは，社会通念によって決められているものに従うことになる。一般的に財産とは，経済的価値のあるすべてのものを総称する名称である。ここにいう経済的価値とは，いわゆる金銭に替え得ること，つまり換価性があることである。」とする（岩下『総説 相続税・贈与税〔第4版〕』453頁（財経詳報社2014））。
>
> ✍ 新たな保険契約者には，契約の解除により解約返戻金を保険会社に請求する権利が生ずる（保険63）こととなる。

ただし，このように保険契約に係る財産的価値の移転を認識した場合には，新旧「保険契約者」間において「保険料の負担」についても移転があったもの解すべきである。それは，もしそのように解さないと当該名義変更に伴って，2度の贈与税の課税（名義変更時及び保険事故発生時）がされるとの問題が惹起されてしまうからである。この考え方は，③の「保険契約者」の変更とは別個に「保険料の負担者」も変化し得るとの立場に整合的であると考えられる。

(イ) 相当の対価の授受に伴って名義を変更した場合

保険契約の名義変更に伴って新旧「保険契約者」が保険契約に係る財産的価値に相当する対価の授受をした場合はどうであろうか。この場合は，新旧「保険契約者」が保険契約に係る財産的価値を移転する意思をもって取引を行っているものと捉えて「保険料の負担者」も移転すると解することができるのでは

178 第3章 事業承継に係る税務の取扱い（実務編）

なかろうか。このように解することができるとすれば，保険事故発生時に相続税法5条1項所定の「保険金受取人以外の者によって負担されたものであるとき」に該当しないこととなり，贈与者が死亡する前に保険事故が生じたとしても，相続税5条1項の規定は効力を生ずることとはならない。名義変更時において保険契約に係る財産的価値に相当する対価の授受があるから，等価交換による売買が生じたとみるわけである。

　これは，②の「保険契約者」の変更に伴い「保険料の負担者」も変化するとの立場とも，また，③の「保険契約者」の変更とは別個に「保険料の負担者」も変化するとの立場とも整合的であると考えられるが，「保険契約者」の地位と「保険料負担者」の地位を明確に区別している相続税法の立場からは，③によるのが適当であると考えられよう。

カ 「保険契約者」の移転と「保険料の負担者」の移転は区別すべき

　以上のとおり，「保険契約者」の移転と「保険料の負担者」の移転とを別個のものと捉えてそれぞれを明確に区分して判断すれば，租税法上の取扱いも明確となると考える。ここで，改めて「保険契約者」と「保険料の負担者」の意義についても考えてみたい。

⑺ 「保険契約者」の意義

　「保険契約者」の意義は，相続税法及び所得税法においては特に規定がないため，私法である保険法の規定が参考となる。「保険契約者」は，その契約を解約する（保険54）ことにより解約返戻金を請求できる権利がある（保険63）ことから，「保険契約者」の移転は相続税法，所得税法などの租税法においても，保険契約者の地位が条件付きの金銭請求権を有するという意味において財産的価値の移転と捉えることができるので重要である。

⑷ 「保険料の負担者」の意義

　他方，「保険料の負担者」の意義については，相続税法，所得税法又は保険法にも特に規定はないが，「保険料の負担者」が誰であるかは，相続税法，所得税法において重要となる。すなわち，相続税法3条及び5条において，相続，遺贈，贈与による取得とみなすときにおいて，誰がその保険契約の保険料を負担したかを課税要件としているからであり，また，一時所得の金額の計算上，その収入を得るために要した金額として支払保険料を控除する場合において重要な判断基準となると考えられるからである。

✍ 「保険料の負担者」は，法人税法や所得税法でも重要となる。会社が被保険者を従業員とした保険契約をその従業員の退職の際に退職金として支給する場合に，法人税法上の損金の額及び所得税法上の一時所得の額を計算するに当たって，「保険料の負担者」が誰であって，その負担した保険料がいくらであるかが問題となるからである。例えば，最高裁平成24年1月13日第二小法廷判決（民集66巻1号1頁），などでは，所得税法34条2項所定の「その収入を得るために支出した金額」というには「保険料を自ら負担して支出したものといえる」かがメルクマールとなっている。

(ウ) 法的実質による「保険料の負担者」の認識

では，「保険料の負担者」は租税法上どのように認識されるのであろうか。相続税法3条1項3号は，「被相続人が保険料の全部又は一部を負担し」と規定し，同法5条1項は，「保険料の全部又は一部が保険金受取人以外の者によって負担されたものであるとき」と規定する。これら同法3条1項3号又は5条1項所定の保険料の負担という課税要件事実は，原則として保険会社に保険料を支払うという事実により認識されると考えられる。

✍ ここで，「原則として」とするのは，例外的に保険料の支払者と保険料の負担者が異なる場合があるからである。例えば，会社契約の従業員を被保険者とした生命保険で，会社が保険料の支払をしているが，保険料相当分を給与から天引きしているような場合，従業員の給与としている場合がある。

けだし，第一義的には，「保険契約者」が保険料を保険会社に支払えば，保険料の負担を「保険契約者」が行ったといえるが，「保険契約者」以外の者が保険会社に保険料を支払えば「保険契約者」以外の者が保険料を負担したこととなる。

しかし，第二義的に，保険会社への保険料の支払者が実質的な「保険料の負担者」であるかを判断しなければならない場合もあろう。例えば，「保険契約者」名義の預金から保険料が引き落とされているが，この預金の実質的な権利者は，「保険契約者」以外の者であるような場合があるからである。この場合には，実質的な預金権利者が「保険料の負担者」との事実認定がされることとなろう。一見，保険契約者が保険料の支払を行っているようであるが，実質的な「保険料の負担」は「保険契約者」以外の者が負っているというものである。

✍ 保険料の負担者が争点となった相続税法3条1項に係る裁決事例として，国税不服審判所昭和55年10月4日裁決（裁決事例集21号180頁），国税不服審判所昭和59年2月27日裁決（裁決事例集27号231頁），国税不服審判所平成元年3月31日裁決（裁決事例集37号65頁），国税不服審判所平成8年3月28日裁決（裁決事例集51号9号149頁）がある。これらの裁決においては，実質的な保険料の負担者が誰なのかの事実認定が争点となって

いる。

このように保険会社との関係では保険料の支払義務者は「保険契約者」となるが，必ずしも保険契約者が保険料を支払うわけでもなく，保険料の支払者が保険料の実質的な負担者であるとも限らない。そこで，相続税法は，同法3条，同法5条において「保険料の負担者」という概念を措定することにより課税要件を規定していると考えられる。

すなわち，相続税法3条1項3号では「被相続人が保険料の全部又は一部を負担し，かつ，被相続人以外の者が当該生命保険契約の契約者であるものがある場合」が規定され，同法5条1項では，「契約に係る保険料の全部又は一部が保険金受取人以外の者によって負担されたものであるとき」が規定されていることは，「保険契約者」が必ずしも「保険料の負担者」とならないことが保険実務においてよくあるということの証左であるといってよかろう。

> ✍ 前述の国税不服審判所平成元年3月31日裁決において，同審判所は「保険契約においては，商法第647条及び第683条の規定により，保険契約者には，保険料を支払う義務が課せられており，保険契約者が保険料を負担するのが通例であるが，保険契約者以外の者が保険料を負担している場合があることから，相続税法においては保険料負担者と保険契約者が異なる場合があることを予定して受取保険金の課税関係を規定しており，その保険料負担者とは，単に保険契約者をいうものではなく，実質上の負担者をいうものと解されている。」と述べている。

このような観点から考えると，相続税法上における「保険料の負担者」は，その法的形式によってではなく，その法的実質によって判断されるべきであろう。その意味では，「保険料の負担者」は，単に「保険契約者」であるかどうかではなく，実質的に保険料を負担しているのが誰であるかを法的実質で判断すべきであると解されよう。

キ　まとめ

以上のとおり，保険契約の名義変更に伴って，保険契約に係る財産的価値の移転も含めた真正効果意思が新旧契約者間にあれば，租税法上の「保険料の負担者」の移転も可能であるといえよう。すなわち，契約自由の原則の下，租税法規は私法上の取引に対して中立的であるべきとの観点からは，個人間における保険契約の財産的価値の移転を認めるべきであると考えられる。

また，裁決事例の中には，法人と個人の間で，保険契約者の変更時に，保険契約を財産的価値と捉えてその財産的価値の移転があったものと捉えているも

のがあり，個人と個人との間においても，保険契約を財産的価値として捉えてその財産的価値の移転を捉えることは租税法上も理論的には可能であると思われる。

そこで，3つの立場を提示することにより，どのような場合に保険契約に係る財産的価値の移転を捉えるかを考察した。そこでは，相続税法が「保険契約者」の地位と「保険料の負担者」の地位を明確に区分しているという観点から，これらの地位の変更は保険契約に係る当事者の真正効果意思の有無をその判断基準とすべき点を指摘し③の立場（「保険契約書」変更とは別個に「保険料の負担者」も変化するという立場）を採用すべきことを論じた。

その上で，単なる保険契約の名義変更なのか，保険契約者変更に伴って新旧保険契約者が保険契約に係る財産的価値の対価の授受を行うかどうかにより，名義変更時と保険事故発生時の課税関係について検討を行った。そこでは，③の立場により，(i)単なる保険契約の名義変更の場合にはその変更時には課税関係は生じず保険事故発生時に贈与税などの課税関係が生じること（上記オ(ア)），(ii)保険契約の名義変更に際して新旧保険契約者が真正効果意思によって財産的価値の移転を契約すれば，その時点で租税法上も贈与あるいは売買を認識し，保険事故発生時には一時所得課税が生ずること（上記オ(イ)）を説明した。さらに，「保険契約者」と「保険料の負担者」の租税法における意義について検討し，これらの用語は，法的な形式ではなく法的実質によって判断すべきことを確認した。

このように，新旧契約者が保険契約の名義変更に伴って真正効果意思をもって保険契約に係る財産的価値の移転を含めた取引を行えば，租税法上も法的実質を伴って財産移転が行われたものと捉えて「保険料の負担者」の移転も認識するのが適当であると考える。

最後に，既述した「質疑応答事例」にもあるとおり，現状の課税実務上では単に「保険契約者」を変更するだけで「保険料の負担者」の移転があると判断するのには困難を伴うと思われる。それゆえ，「保険契約者」の変更時に保険契約に係る財産的価値の移転も行いたいのであれば，財産の移転（贈与や売買など）が法的実質上成立し得るように新旧保険契約者が真正効果意思に基づく契約を締結し，さらに，その契約の成立の事実及び契約の履行の事実を証拠として残しておくことが求められよう。

182　第3章　事業承継に係る税務の取扱い（実務編）

12　最近の税制改正等

基礎 Q28　個人版事業承継税制の概要

私は個人で事業を営んでおりますが，新しく「個人版事業承継税制」というものが設けられたと聞きました。制度の概要について教えてください。

(1)　論　点

従来，事業承継税制は，法人における事業承継の際に後継者に対して贈与等のなされた非上場株式について，その贈与税又は相続税の納税を猶予するものであったが，平成31年度税制改正において，個人事業者の事業承継を促進するため，「個人版事業承継税制」とも称すべき制度が新設された。以下では，同制度の概要を確認する。

(2)　解　説

ア　贈与税の納税猶予の特例

認定受贈者が，平成31年1月1日から令和10年12月31日までの間に，贈与により特定事業用資産を取得し，事業を継続していく場合には，担保の提供を条件に，その認定受贈者が納付すべき贈与税額のうち，贈与により取得した特定事業用資産の課税価格に対応する贈与税の納税が猶予される。

特定事業用資産とは，贈与者である個人事業者の事業（不動産貸付事業を除く。）の用に供されていた土地（面積400㎡までの部分に限る。），建物（床面積800㎡までの部分に限る。）及び建物以外の減価償却資産（固定資産税又は営業用として自動車税若しくは軽自動車税の課税対象となっているものその他これらに準ずるものに限る。）で青色申告書に添付されている貸借対照表に計上されているものをいう。

イ　適用要件

適用に当たっての具体的な要件は次のとおりである。

①　年齢要件：贈与日において認定受贈者が18歳以上（令和4年3月31日までの贈与

については20歳以上）であること

②　円滑化法認定要件：経営承継円滑化法の認定を受けていること

③　事業従事要件：贈与日までに引き続き３年以上にわたりその特定事業用資産に係る事業に従事していたこと

④　事業供用要件：贈与の時から贈与の日の属する年分の贈与税申告書の提出期限まで引き続き特定事業用資産の全てを有し，かつ，自己の事業の用に供していること

⑤　青色申告要件：贈与日の属する年分の贈与税申告書の提出期限までにその特定事業用資産に係る事業について開業届出書を提出していること及び青色申告の承認を受けていること

⑥　対象事業要件：特定事業用資産に係る事業が，贈与の時において資産保有型事業（☞資産保有型事業とは），資産運用型事業（☞資産運用型事業とは）及び性風俗関連特殊営業のいずれにも該当しないこと

⑦　その他要件：関与者の事業を確実に承諾すると認められる要件として財務省令で定めるものを満たしていること

☞　**資産保有型事業**とは，判定日において特定事業用資産の事業に係る貸借対照表に計上されている総資産の帳簿価額の総額等に占める有価証券，現預金といった特定資産等の割合が70％以上となる事業をいう。

☞　**資産運用型事業**とは，判定年における事業所得に係る総収入金額に占める特定資産の運用収入の合計額の割合が75％以上となる事業をいう。

✑　法人版事業承継税制では，資産保有型会社と資産運用型会社を贈与税の納税猶予の特例措置の対象から除外しているが，これは，例えば，不動産を有する個人が，法人に資産を移転させ事業承継税制を適用することで，贈与税ないしは相続税の負担を軽減させるといった行為を防止するための措置である。個人版事業承継税制においても，同様の規制が設けられている。

ウ　相続税の納税猶予の特例

　後継者となる認定相続人が，平成31年１月１日から令和10年12月31日までの間に，相続等により特定事業用資産を取得し，事業を継続していく場合には，担保の提供を条件に，その認定相続人が納付すべき相続税額のうち，相続等により取得した特定事業用資産の課税価格に対応する相続税の納税が猶予される。

エ　小規模宅地等についての相続税の課税価格の計算の特例

　この納税猶予の特例を受ける場合には，特定事業用宅地等につき，小規模宅地等についての相続税の課税価格の計算の特例を受けることができないこととされており，従来の小規模宅地等の特例との選択適用となることに留意が必要である。

　ところで，小規模宅地等の特例については，平成29年11月付けで会計検査院が次のような指摘を行っている（会計検査院「会計検査院法第30条の２の規定に基づく

報告書『租税特別措置（相続税関係）の適用状況等について』」30頁）。

> 「小規模宅地等の特例が事業用又は居住用宅地等の相続税の課税価格を軽減すること
> で相続人の事業又は居住の継続等に配慮することを目的として創設された制度であるの
> に，相続人が，小規模宅地等の特例を適用した土地等を，特に貸付事業用宅地等につい
> て短期間しか所有していないものが見受けられ，事業又は居住の継続への配慮という小
> 規模宅地等の特例の政策目的に沿ったものとなっていないと思料される状況となってい
> た。」

　かかる指摘を受けて，平成30年度税制改正において，相続開始前３年以内に
貸付けを開始した不動産については，小規模宅地等の特例の対象から除外する
旨の改正が加えられたところである。

(3)　まとめ

　基本的には，法人版事業承継税制と類似の制度構築を採用しており，例えば，
認定受贈者が贈与者の直系卑属である推定相続人以外の者であっても相続時精
算課税の適用対象となることや，贈与者の死亡時においては，対象となった特
定事業用資産をその贈与者から相続等により取得したものとみなして，贈与時
の時価により他の相続財産と合算して相続税を計算することとされている点な
ども共通している。なお，同族会社等の行為又は計算の否認規定の準用が定め
られていることも同様である。

12 最近の税制改正等 185

基礎 Q29 個人版事業承継税制による納税猶予とその打切り

> 　私は，個人で事業を営む父から，個人版事業承継税制を利用し事業を引き継ぐことを考えています。この制度を利用した場合の納税猶予税額の免除の要件や，その猶予が打切りとなる場合について教えてください。

(1) 論 点

　納税猶予された贈与税額は，一定の事由が生じた場合には，その全部あるいは一部の猶予税額が免除される。一方で，納税猶予が打ち切られた場合には，猶予されていた贈与税を支払わなければならない（猶予期限の確定）。この場合は，納税猶予されていた税額に加えて利子税の納付義務も負う。

(2) 解 説

ア 猶予税額の全額免除

次の事由が生じた場合には，猶予税額の全額が免除される。

> ① 特例事業受贈者又は贈与者が死亡した場合
> ② 贈与税申告期限から5年経過後に次の後継者へ特例受贈事業用資産を贈与し，その後継者がその特例受贈事業用資産について本制度の適用を受ける場合
> ③ 一定のやむを得ない理由が生じたために特例事業受贈者が事業を継続することができなくなった場合

イ 猶予税額の一部免除

次の事由が生じた場合には，猶予税額の一部が免除される。

> ① 同族関係者以外の者へ特定事業用資産を一括して譲渡する場合
> ② 特例事業受贈者について民事再生計画の認可決定があった場合
> ③ 経営環境の変化を示す一定の要件を満たす場合において，特定事業用資産の一括譲渡又は特定事業用資産に係る事業の廃止をする場合

ウ 納税猶予の打切り

　次の事由が生じた場合には，納税猶予が打ち切られ，猶予されていた税額と利子税を納付しなければならない。

186 第3章 事業承継に係る税務の取扱い（実務編）

① 特例事業受贈者がその事業を廃止した場合
② その事業が資産保有型事業又は資産運用型事業又は性風俗関連特殊営業のいずれかに該当することとなった場合
③ その事業に係る事業所得の総収入金額が零となった場合
④ 特例受贈事業用資産の全てが事業所得に係る青色申告書の貸借対照表に計上されなくなった場合
⑤ 特例事業受贈者につき青色申告の承認が取り消された場合
⑥ 特例事業受贈者が青色申告書の提出をやめる旨の届出書を提出した場合
⑦ 特例事業受贈者が納税猶予の適用を受けることをやめる旨を記載した届出書を提出した場合

(3) まとめ

上記(2)**ウ**のほか，特例受贈事業用資産の全部又は一部が特例事業受贈者の事業の用に供されなくなった場合には，納税猶予分の贈与税額のうち，その事業の用に供されなくなった部分に対応する贈与税について猶予期限が確定する。ただし，その事由が，特例受贈事業用資産の譲渡であって，その譲渡日から1年以内に譲渡対価の全部又は一部をもって特例事業受贈者の事業の用に供される資産を取得する見込みがある場合には，納税猶予は継続されることとなる。

基礎 Q30　保険料の取扱いに係る通達改正の必要性

> 保険通達が改正されたと聞きましたが，そのような通達改正の必要性や背景について教えてください。

(1)　論　点

事業承継に関する税務上の取扱いとして，生命保険の保険料の取扱いに係る通達の改正が注目を集めている。生命保険の本来的な役割がリスクに対する保障であることはいうまでもないが，保険料には損金性があるため，同時に法人税の減額効果も有することになる。ここで，保障という保険の本来的な観点を越えて，ややもすると法人税の節税に特化したような商品も時として見受けられるのであるが，その主たる目的はどこにあれ，一般に販売されている保険商品の多くは，例えばがん保険などのように，通達の取扱いに準じた保険であることが多い。そうであるとすると，数多くの保険商品がその設計に当たって根拠としてきた通達改正のインパクトは大きいものであろう。円滑な事業承継に生命保険の利用が効果的であることは本書において繰り返し確認してきたところであるが，保険税務通達の改正は，ひいては事業承継計画にも大きな影響を及ぼすのである。以下では，そうした通達の取扱いがなぜ改正されることになったのかという点について考えてみたい。

(2)　解　説

ア　通達の取扱いを所与とした保険商品

法人契約の保険の目的には様々なものがあるが，その契約においては，例えば，その法人の役員や使用人の福利厚生のためであるとか，あるいはそれらの者の死亡や障害事故の発生が経営にもたらす影響（リスク）を回避するためというような機能が期待されている。

このような法人契約の保険のうち保険期間が長期に及ぶ生命保険商品の場合，保険期間中の保険料を一定とする平準保険料の下で，保険期間の前半においては，保険料のうちに前払いともいうべき保険料相当分が含まれることから，保険料自体には，保障に係る部分と貯蓄に係る部分という2つの側面が併有されている。純粋に考えれば，保障に係る部分の保険料は福利厚生費や支払給与と

188　　第3章　事業承継に係る税務の取扱い（実務編）

いった意味合いを有するので損金算入されるべきものであるのに対し，保険金
を法人が受け取るとすれば貯蓄に係る部分の保険料は資産計上がなされるべき
であることになる。しかしながら，保険契約について，保険数理による計算を
して，上記の2つの側面のそれぞれに支払保険料の額を厳密に割り振ることは
煩雑であることから，法人税基本通達9-3-4は次のように述べて，簡易な計算
方法を許容している（なお，同通達もこの度の改正で若干修正されているが，大きな改正
はない。以下で示す法人税基本通達9-3-4は改正後のものである。）。

法人税基本通達9-3-4《養老保険に係る保険料》

　　法人が，自己を契約者とし，役員又は使用人（これらの者の親族を含む。）を被保
険者とする養老保険…に加入してその保険料…を支払った場合には，その支払った
保険料の額（特約に係る保険料の額を除く。）については，次に掲げる場合の区分
に応じ，それぞれ次により取り扱うものとする。
(1)　死亡保険金（被保険者が死亡した場合に支払われる保険金をいう。以下9-3-4
　　において同じ。）及び生存保険金（被保険者が保険期間の満了の日その他一定の
　　時期に生存している場合に支払われる保険金をいう。以下9-3-4において同じ。）
　　の受取人が当該法人である場合　その支払った保険料の額は，保険事故の発生又
　　は保険契約の解除若しくは失効により当該保険契約が終了する時までは資産に計
　　上するものとする。
(2)　死亡保険金及び生存保険金の受取人が被保険者又はその遺族である場合　その
　　支払った保険料の額は，当該役員又は使用人に対する給与とする。
(3)　死亡保険金の受取人が被保険者の遺族で，生存保険金の受取人が当該法人であ
　　る場合　その支払った保険料の額のうち，その2分の1に相当する金額は(1)によ
　　り資産に計上し，残額は期間の経過に応じて損金の額に算入する。ただし，役員
　　又は部課長その他特定の使用人（これらの者の親族を含む。）のみを被保険者と
　　している場合には，当該残額は，当該役員又は使用人に対する給与とする。

　　上記通達の(3)をみると，支払保険料の2分の1が損金算入されることとなっ
ているため，単純にこの通達を適用するとなれば，保障に係る部分と貯蓄に係
る部分の割合（保険数理上の純粋な割合）を無視して，いかなる種類の養老保険で
あっても支払保険料の2分の1は損金に算入できることになりそうである。も
っとも，通達とはそのように適用すべきものではないのであるが，上記通達を
セーフハーバーと捉えた上で多くの保険商品が設計・販売されているのが現状
である。
　　また，このような法人税基本通達の取扱いと次にみる財産評価基本通達の取
扱いとをうまく兼ね合わせたような商品もある。

> **財産評価基本通達214《生命保険契約に関する権利の評価》**
>
> 　相続開始の時において，まだ保険事故（共済事故を含む。この項において同じ。）が発生していない生命保険契約に関する権利の価額は，相続開始の時において当該契約を解約するとした場合に支払われることとなる解約返戻金の額（解約返戻金のほかに支払われることとなる前納保険料の金額，剰余金の分配額等がある場合にはこれらの金額を加算し，解約返戻金の額につき源泉徴収されるべき所得税の額に相当する金額がある場合には当該金額を減算した金額）によって評価する。
>
> （注）
> 1　本項の「生命保険契約」とは，相続税法第3条《相続又は遺贈により取得したものとみなす場合》第1項第1号に規定する生命保険契約をいい，当該生命保険契約には一定期間内に保険事故が発生しなかった場合において返還金その他これに準ずるものの支払がない生命保険契約は含まれないのであるから留意する。
> 2　被相続人が生命保険契約の契約者である場合において，当該生命保険契約の契約者　に対する貸付金若しくは保険料の振替貸付けに係る貸付金又は未払込保険料の額（いずれもその元利合計金額とする。）があるときは，当該契約者貸付金等の額について相続税法第13条《債務控除》の適用があるのであるから留意する。

　すなわち，上記財産評価基本通達は，生命保険契約に関する権利の評価を「解約返戻金の額」によって行うとするものであるから，長期の法人保険契約を組み，多額の保険料を払い込み（その一部は法人税法上の損金算入済み），解約返戻金の額の少ない時期に契約者を法人から，例えば，代表取締役社長へ変更することで（契約者変更），解約返戻金の額によって低く評価された保険をかかる社長名義のものとすることができるという商品設計ないしスキームも一般的に行われているのが現状となっている。

　イ　国税庁の対応

　そのような背景もあって，これまで，国税庁は個別通達を発遣することで，各種の保険商品への対応を図ってきた。すなわち，国税庁は平成20年には「逓増定期保険」についての通達，平成24年には，次にみる「がん保険」についての通達を発遣し，法人契約における支払保険料の一定額につき損金算入を制限してきた。

課法 2—5
課審 5—6
平成24年 4 月27日

各　国　税　局　長
沖縄国税事務所長　　殿

190　第3章　事業承継に係る税務の取扱い（実務編）

国　税　庁　長　官

法人が支払う「がん保険」（終身保障タイプ）の保険料の取扱いについて（法令解釈通達）

標題のことについては，当面下記により取り扱うこととしたから，これによられたい。

（趣　旨）

保険期間が終身である「がん保険」は，保険期間が長期にわたるものの，高齢化するにつれて高まる発生率等に対し，平準化した保険料を算出していることから，保険期間の前半において中途解約又は失効した場合には，相当多額の解約返戻金が生ずる。このため，支払保険料を単に支払の対象となる期間の経過により損金の額に算入することは適当でない。そこで，その支払保険料を損金の額に算入する時期等に関する取扱いを明らかにすることとしたものである。

記

1　対象とする「がん保険」の範囲

この法令解釈通達に定める取扱いの対象とする「がん保険」の契約内容等は，以下のとおりである。

(1)　契約者等

法人が自己を契約者とし，役員又は使用人（これらの者の親族を含む。）を被保険者とする契約。

ただし，役員又は部課長その他特定の使用人（これらの者の親族を含む。）のみを被保険者としており，これらの者を保険金受取人としていることによりその保険料が給与に該当する場合の契約を除く。

(2)　主たる保険事故及び保険金

次に掲げる保険事故の区分に応じ，それぞれ次に掲げる保険金が支払われる契約。

保　険　事　故	保　険　金
初めてがんと診断	がん診断給付金
がんによる入院	がん入院給付金
がんによる手術	がん手術給付金
がんによる死亡	がん死亡保険金

（注）　1　がん以外の原因により死亡した場合にごく小額の普通死亡保険金を支払うものを含むこととする。
　　　　2　毎年の付保利益が一定（各保険金が保険期間を通じて一定であることをいう。）である契約に限る（がん以外の原因により死亡した場合にごく小額の普通死亡保険金を支払う契約のうち，保険料払込期間が有期払込であるもので，保険料払込期間において当該普通死亡保険金の支払がなく，保険料払込期間が終了した後の期間においてごく小額の普通死亡保険金を支払うものを含む。）。

(3)　保険期間

保険期間が終身である契約。

(4)　保険料払込方法

保険料の払込方法が一時払，年払，半年払又は月払の契約。

(5) 保険料払込期間

保険料の払込期間が終身払込又は有期払込の契約。

(6) 保険金受取人

保険金受取人が会社，役員又は使用人（これらの者の親族を含む。）の契約。

(7) 払戻金

保険料は掛け捨てであり，いわゆる満期保険金はないが，保険契約の失効，告知義務違反による解除及び解約等の場合には，保険料の払込期間に応じた所定の払戻金が保険契約者に払い戻されることがある。

（注）上記の払戻金は，保険期間が長期にわたるため，高齢化するにつれて高まる保険事故の発生率等に対して，平準化した保険料を算出していることにより払い戻されるものである。

2 保険料の税務上の取扱い

法人が「がん保険」に加入してその保険料を支払った場合には，次に掲げる保険料の払込期間の区分等に応じ，それぞれ次のとおり取り扱う。

(1) 終身払込の場合

イ 前払期間

加入時の年齢から105歳までの期間を計算上の保険期間（以下「保険期間」という。）とし，当該保険期間開始の時から当該保険期間の50％に相当する期間（以下「前払期間」という。）を経過するまでの期間にあっては，各年の支払保険料の額のうち2分の1に相当する金額を前払金等として資産に計上し，残額については損金の額に算入する。

（注）前払期間に1年未満の端数がある場合には，その端数を切り捨てた期間を前払期間とする。

ロ 前払期間経過後の期間

保険期間のうち前払期間を経過した後の期間にあっては，各年の支払保険料の額を損金の額に算入するとともに，次の算式により計算した金額を，イによる資産計上額の累計額（既にこのロの処理により取り崩した金額を除く。）から取り崩して損金の額に算入する。

［算式］

$$\text{資産計上額の累計額} \times \frac{1}{105 - \text{前払期間経過年齢}} = \underset{\text{（年額）}}{\text{損金算入額}}$$

（注）前払期間経過年齢とは，被保険者の加入時年齢に前払期間の年数を加算した年齢をいう。

(2) 有期払込（一時払を含む。）の場合

イ 前払期間

保険期間のうち前払期間を経過するまでの期間にあっては，次に掲げる期間の区分に応じ，それぞれ次に定める処理を行う。

① 保険料払込期間が終了するまでの期間

次の算式により計算した金額（以下「当期分保険料」という。）を算出し，各年の支払保険料の額のうち，当期分保険料の2分の1に相当する金額と当期分保険料を超える金額を前払金等として資産に計上し，残額については損金の額に算入する。

［算式］

$$\text{支払保険料（年額）} \times \frac{\text{保険料払込期間}}{\text{保険期間}} = \underset{\text{（年額）}}{\text{当期分保険料}}$$

（注）　保険料払込方法が一時払の場合には，その一時払による支払保険料を上記算式の「支払保険料（年額）」とし，「保険料払込期間」を１として計算する。

②　保険料払込期間が終了した後の期間

当期分保険料の２分の１に相当する金額を，①による資産計上額の累計額（既にこの②の処理により取り崩した金額を除く。）から取り崩して損金の額に算入する。

ロ　前払期間経過後の期間

保険期間のうち前払期間を経過した後の期間にあっては，次に掲げる期間の区分に応じ，それぞれ次に定める処理を行う。

①　保険料払込期間が終了するまでの期間

各年の支払保険料の額のうち，当期分保険料を超える金額を前払金等として資産に計上し，残額については損金の額に算入する。

また，次の算式により計算した金額（以下「取崩損金算入額」という。）を，イの①による資産計上額の累計額（既にこの①の処理により取り崩した金額を除く。）から取り崩して損金の額に算入する。

［算　式］

$$\left[\frac{当期分保険料}{2}\times 前払期間\right]\times\frac{1}{105-前払期間経過年齢}=取崩損金算入額$$

②　保険料払込期間が終了した後の期間

当期分保険料の金額と取崩損金算入額を，イ及びこのロの①による資産計上額の累計額（既にイの②及びこのロの処理により取り崩した金額を除く。）から取り崩して損金の額に算入する。

(3)　例外的取扱い

保険契約の解約等において払戻金のないもの（保険料払込期間が有期払込であり，保険料払込期間が終了した後の解約等においてごく小額の払戻金がある契約を含む。）である場合には，上記(1)及び(2)にかかわらず，保険料の払込の都度当該保険料を損金の額に算入する。

3　適用関係

上記２の取扱いは，平成24年４月27日以後の契約に係る「がん保険」の保険料について適用する。

ウ　金融庁・国税庁の態度

平成31年２月に遠藤俊英金融庁長官が，販売主体の生命保険各社のトップに意見交換会の場で，法人向け定期保険について「厳しい収益環境の中でのトッププライン維持のために，過去を顧みず，問題がある商品を販売するという姿勢はいかがなものか。経営のあり方として美しくない」と述べたと報道されている（平成31年２月25日付けロイター発）。すなわち，ここでいうところの「問題がある商品」が何を指すかについては，ここでは触れないが，過度な節税効果を有

するような保険のみならず，一般的な定期保険ないしは第三分野保険についても，税務上の取扱いの整理あるいは見直しを図るべきと考えられたのであろう。

また，同月13日，国税庁から各生命保険会社に対して，「法人向け定期保険等の税務取扱いについて見直しを検討している」旨の連絡があったが，かかる通知を受けて，翌日14日から，各生命保険会社は一斉に対象となり得る商品の販売を自粛し，いわゆる「バレンタイン・ショック」なる現象が生じた（かような行政手法のあり方に疑問を投げるものとして，酒井克彦『キャッチアップ保険の税務』125頁〔酒井克彦＝臼倉真純執筆部分〕（ぎょうせい2019）参照）。

このような意見発信を受けて，国税庁はパブリックコメントを出し，通達の取扱いに変更を加える旨の情報を示したのである（改正内容については，🔍12 Q31〜35参照）。

194　第3章　事業承継に係る税務の取扱い（実務編）

基礎 Q31　定期保険等に関する通達の見直しの概要

> この度，国税庁が保険税務に関する通達を改正したと聞きました。定期保険等の保険料の損金算入に関する基本的な取扱いについて教えてください。

(1)　論　点

国税庁は，「法人税基本通達の制定について（法令解釈通達）」及び「連結納税基本通達の制定について（法令解釈通達）」の一部改正並びに保険商品の類型ごとに保険料の損金算入の取扱いを定めている法令解釈通達（個別通達）の廃止について，平成31年4月11日から令和元年5月10日まで意見公募手続を実施した。意見公募手続を経た結果，当初公表された国税庁の原案に若干の修正が加えられた上で通達改正がなされた（意見公募手続・パブリックコメントについて，酒井克彦＝臼倉真純「パブリックコメント」酒井・チェックポイント〔法人税〕第3章参照）。以下では，定期保険及び第三分野保険（以下，併せて「定期保険等」という。）の原則的取扱いを確認する。

(2)　解　説

保険期間が複数年となる定期保険の支払保険料は，加齢に伴う支払保険料の上昇を抑える観点から平準化されている。そのため，保険期間前半における支払保険料の中には，保険期間後半における保険料に充当される部分，すなわち前払部分の保険料が含まれていると解される。しかし，その平準化された定期保険の保険料は，いわゆる掛捨ての危険保険料及び付加保険料のみで構成されており，これらを期間の経過に応じて損金の額に算入したとしても，一般に，課税所得の適正な期間計算を大きく損なうこともないと考えられることから，従来，法人税基本通達9-3-5《定期保険に係る保険料》において，その保険料の額は期間の経過に応じて損金の額に算入することと取り扱われてきた。

こうした基本的姿勢は，今後も維持される模様である。すなわち，後述する注書きの取扱い（🔍⓬Q34参照）や，法人税基本通達9-3-5の2の対象となるものを除けば，定期保険に係る保険料の損金算入に関する基本的な考え方については従前の思考が引き継がれるものと解してよかろう。

改　正　後	改　正　前
（定期保険及び第三分野保険に係る保険料）	**（定期保険に係る保険料）**
9-3-5　法人が，自己を契約者とし，役員又は使用人（これらの者の親族を含む。）を被保険者とする定期保険（一定期間内における被保険者の死亡を保険事故とする生命保険をいい，特約が付されているものを含む。以下9-3-7の2までにおいて同じ。）又は第三分野保険（保険業法第3条第4項第2号《免許》に掲げる保険（これに類するものを含む。）をいい，特約が付されているものを含む。以下9-3-7の2までにおいて同じ。）に加入してその保険料を支払った場合には，その支払った保険料の額（特約に係る保険料の額を除く。以下9-3-5の2までにおいて同じ。）については，9-3-5の2《定期保険等の保険料に相当多額の前払部分の保険料が含まれる場合の取扱い》の適用を受けるものを除き，次に掲げる場合の区分に応じ，それぞれ次により取り扱うものとする。	**9-3-5**　法人が，自己を契約者とし，役員又は使用人（これらの者の親族を含む。）を被保険者とする定期保険（一定期間内における被保険者の死亡を保険事故とする生命保険をいい，傷害特約等の特約が付されているものを含む。以下9-3-7までにおいて同じ。）に加入してその保険料を支払った場合には，その支払った保険料の額（傷害特約等の特約に係る保険料の額を除く。）については，次に掲げる場合の区分に応じ，それぞれ次により取り扱うものとする。
(1)　保険料又は給付金の受取人が当該法人である場合　その支払った保険料の額は，原則として，期間の経過に応じて損金の額に算入する。	(1)　死亡保険金の受取人が当該法人である場合　その支払った保険料の額は，期間の経過に応じて損金の額に算入する。
(2)　保険金又は給付金の受取人が被保険者又はその遺族である場合　その支払った保険料の額は，原則として，期間の経過に応じて損金の額に算入する。ただし，役員又は部課長その他特定の使用人（これらの者の親族を含む。）のみを被保険者としている場合には，当該保険料の額は，当該役員又は使用人に対する給与とする。	(2)　死亡保険金の受取人が被保険者の遺族である場合　その支払った保険料の額は，期間の経過に応じて損金の額に算入する。ただし，役員又は部課長その他特定の使用人（これらの者の親族を含む。）のみを被保険者としている場合には，当該保険料の額は，当該役員又は使用人に対する給与とする。
(注)　1　保険期間が終身である第三分野保険については，保険期間の開始の日から被保険者の年齢が116歳に達する日までを計算上の保険期間とする。	
2　(1)及び(2)前段の取扱いについては，法人が，保険期間を通じて解約返戻金相当額のない定期保険又は第三分野保険（ごく少額の払戻金のある契約を含み，保険料の払込期間が保険期間より短いものに限る。以下9-3-5において「解約返	

戻金相当額のない短期払の定期保険又は第三分野保険」という。）に加入した場合において，当該事業年度に支払った保険料の額（一の被保険者につき2以上の解約返戻金相当額のない短期払の定期保険又は第三分野保険に加入している場合にはそれぞれについて支払った保険料の額の合計額）が30万円以下であるものについて，その支払った日の属する事業年度の損金の額に算入しているときには，これを認める。	

　ただし，この度の通達改正では，いわゆる第三分野保険についても法人税基本通達9-3-5の対象に含むこととしている。ここで，第三分野保険とは，生命保険的性質（第一分野）と，損害保険的性質（第二分野）の，いわば中間に属するような性質を有する保険であり，具体的には，医療保険や介護保険，がん保険，特定疾病保障保険などがこれに該当する。

　こうした第三分野保険について，従来，国税庁は，個別通達を発遣することで画一的行政を担保してきたわけであるが，そのいくつかの例として，昭和54年6月8日付け直審418「法人契約の新成人病保険の保険料の取扱いについて」，平成元年12月16日付け直審4-52，直審3-77「法人又は個人事業者が支払う介護費用保険の保険料の取扱いについて」，平成13年8月10日付け課審4-100「法人契約の『がん保険（終身保障タイプ）・医療保険（終身保障タイプ）』の保険料の取扱いについて（法令解釈通達）」及び平成24年4月27日付け課法2-5，課審5-6「法人が支払う『がん保険』（終身保障タイプ）の保険料の取扱いについて（法令解釈通達）」などを挙げることができる。

　しかしながら，これらの個別通達の発遣後相当の年月が経過し，①保険会社各社の商品設計の多様化や長寿命化等により，それぞれの保険の保険料に含まれる前払部分の保険料の割合にも変化が見られること，②類似する商品であっても個別通達に該当するか否かで取扱いに差異が生じていること，③前払部分の保険料の割合が高い同一の商品であっても加入年齢や保険期間の長短により取扱いが異なること，④第三分野保険のうち個別通達に定めるもの以外はその取扱いが明らかではなかったことから，各保険商品の実態を確認して，その実態に応じた取扱いとなるよう資産計上ルールの見直しを行うとともに，類似す

る商品や第三分野保険の取扱いに差異が生じることのないよう定期保険及び第三分野保険の保険料に関する取扱いが統一されたのである。

すなわち，第三分野保険の保険料は危険保険料及び付加保険料で構成されており，その保険料の構成は定期保険と同様と認められることから，従来の定期保険の取扱いに第三分野保険の取扱いを加え，これらの保険料に含まれる前払部分の保険料が相当多額と認められる場合を除いて，原則として期間の経過に応じて損金の額に算入することとされている（改正後法基通9-3-5本文）。

(3) まとめ

通達は行政庁内部の上意下達の命令手段にすぎず，国民や裁判所を名宛人としているものではないから，納税者は何ら通達に拘束されないと解するのが一般的な理解である。そうであるとはいえ，特に保険税務領域では，通達に準じた取扱い（あるいは，語弊があるかもしれないが，その上で通達の網をかいくぐるような保険商品の開発）がなされてきたことが実際であり，本来の通達の姿とはいえないものの，通達が実務にそのように定着していることを否定することは困難である。そうした中，国税庁は，新たな保険商品が開発される都度，個別通達を発遣する形で行政の画一的運営を図ってきたわけであるが，個別通達が発遣されている商品と，そうでない商品とで取扱いの差異が生じるなどの弊害があったことは上記指摘のとおりである。これは，通達の取扱いが，保険商品の中立性を阻害していたものといってもよいであろう。この度，定期保険のみならず第三分野保険についても基本的取扱いが明示されたことは，通達の本来の性格の問題をひとまず置いておくとすれば，評価できよう。

なお，いわゆる短期前払費用の取扱いとして，法人税基本通達2-2-14《短期の前払費用》があるが，支払日から1年以内に提供を受ける役務に係る保険料を，例えば年払いの方法で支払った場合には，その金額を短期の前払費用として当期の損金の額に算入できるとされている（FAQ［Q2］参照）。これは，従来の取扱いと相違ないが，そもそも，短期の前払費用を損金算入し得るとする根拠を法人税法の条文から読み込めるのかといった議論があることも踏まえると，ここでも通達に依拠する保険実務に不安を覚えるところではある。

198　第3章　事業承継に係る税務の取扱い（実務編）

基礎 Q32　相当多額の前払部分の保険料が含まれる場合の取扱い

　定期保険等の基本的な取扱いについては Q31のとおりとのことですが，相当多額の前払部分の保険料が含まれる場合には，法人税基本通達9-3-5の基本的取扱いではなく，例外的取扱いになると聞きました。改正後の取扱いを教えてください。

(1)　論　点

　改正後法人税基本通達9-3-5は，「法人が，自己を契約者とし，役員又は使用人…を被保険者とする定期保険…又は第三分野保険…に加入してその保険料を支払った場合には，その支払った保険料の額…については，9-3-5の2《定期保険等の保険料に相当多額の前払部分の保険料が含まれる場合の取扱い》の適用を受けるものを除き，…それぞれ次により取り扱うものとする。」としているとおり，改正後法人税基本通達9-3-5の2，すなわち，定期保険等の保険料に相当多額の前払部分の保険料が含まれる場合においては，同通達9-3-5の定める取扱いは適用されないことが分かる。いうなれば，法人税基本通達9-3-5の取扱いに対して，同通達9-3-5の2は例外を述べたものと位置付けられるが，以下では，かかる通達について確認しておきたい。

(2)　解　説

　改正後法人税基本通達9-3-5の2は次のように規定している。

改正後法人税基本通達9-3-5の2《定期保険等の保険料に相当多額の前払部分の保険料が含まれる場合の取扱い》(抄)

　法人が，自己を契約者とし，役員又は使用人（これらの者の親族を含む。）を被保険者とする保険期間が3年以上の定期保険又は第三分野保険（以下9-3-5の2において「定期保険等」という。）で最高解約返戻率が50％を超えるものに加入して，その保険料を支払った場合には，当期分支払保険料の額については，次表に定める区分に応じ，それぞれ次により取り扱うものとする。ただし，これらの保険のうち，最高解約返戻率が70％以下で，かつ，年換算保険料相当額（一の被保険者につき2以上の定期保険等に加入している場合にはそれぞれの年換算保険料相当額の合計額）が30万円以下の保険に係る保険料を支払った場合については，9-3-5の例によるものとする。

(1)　当該事業年度に次表の資産計上期間がある場合には，当期分支払保険料の額のうち，次表の資産計上額の欄に掲げる金額（当期分支払保険料の額に相当する額

を限度とする。）は資産に計上し，残額は損金の額に算入する。

（注）　当該事業年度の中途で次表の資産計上期間が終了する場合には，次表の資産計上額については，当期分支払保険料の額を当該事業年度の月数で除して当該事業年度に含まれる資産計上期間の月数（1月未満の端数がある場合には，その端数を切り捨てる。）を乗じて計算した金額により計算する。また，当該事業年度の中途で次表の資産計上額の欄の「保険期間の開始の日から，10年を経過する日」が到来する場合の資産計上額についても，同様とする。

(2)　当該事業年度に次表の資産計上期間がない場合（当該事業年度に次表の取崩期間がある場合を除く。）には，当期分支払保険料の額は，損金の額に算入する。

(3)　当該事業年度に次表の取崩期間がある場合には，当期分支払保険料の額（(1)により資産に計上することとなる金額を除く。）を損金の額に算入するとともに，(1)により資産に計上した金額の累積額を取崩期間（当該取崩期間に1月未満の端数がある場合には，その端数を切り上げる。）の経過に応じて均等に取り崩した金額のうち，当該事業年度に対応する金額を損金の額に算入する。

区分	資産計上期間	資産計上額	取崩期間
最高解約返戻率50％超70％以下	保険期間の開始の日から，当該保険期間の100分の40相当期間を経過する日まで	当期分支払保険料の額に100分の40を乗じて計算した金額	保険期間の100分の75相当期間経過後から，保険期間の終了の日まで
最高解約返戻率70％超85％以下		当期分支払保険料の額に100分の60を乗じて計算した金額	
最高解約返戻率85％超	保険期間の開始の日から，最高解約返戻率となる期間（当該期間経過後の各期間において，その期間における解約返戻金相当額からその直前の期間における解約返戻金相当額を控除した金額を年換算保険料相当額で除した割合が100分の70を超える期間がある場合には，その超えることとなる期間）の終了の日まで （注）　上記の資産計上期間が5年未満となる場合には，保険期間の開始の日から，5年を経過する日まで（保険期間が10年未満の場合には，保険期間の開始の日から，当該保険期間の100分の50相当期間を経過する日まで）とする。	当期分支払保険料の額に最高解約返戻率の100分の70（保険期間の開始の日から，10年を経過する日までは，100分の90）を乗じて計算した金額	解約返戻金相当額が最も高い金額となる期間（資産計上期間がこの表の資産計上期間の欄に掲げる（注）に該当する場合には，当該（注）による資産計上期間）経過後から，保険期間の終了の日まで

200　第3章　事業承継に係る税務の取扱い（実務編）

- ✍ 「解約返戻率」とは，保険契約時において契約者に示された解約返戻金相当額について，それを受けることとなるまでの間に支払うこととなる保険料の額の合計額で除した割合をいう。
- ✍ 「最高解約返戻率」とは，その保険の保険期間を通じて解約返戻率が最も高い割合となる期間におけるその割合をいう。
- ✍ 「当期分支払保険料の額」とは，その支払った保険料の額のうち当該事業年度に対応する部分の金額をいう。
- ✍ 「年換算保険料相当額」とは，その保険の保険料の総額を保険期間の年数で除した金額をいう。
- ✍ 「保険期間」とは，保険契約に定められている契約日から満了日までをいい，当該保険期間の開始の日以後1年ごとに区分した各期間で構成されているものとして本文の取扱いを適用するとされている。

　定期保険の保険料は平準化されているため，保険期間前半における支払保険料の中には，前払保険料が含まれていることになるが，平準化された定期保険の保険料は，掛捨ての危険保険料等のみで構成されており，これらを期間の経過に応じて損金の額に算入したとしても，一般に，課税所得の適正な期間計算を大きく損なうこともないと考えられることから，原則として法人税基本通達9-3-5により，期間の経過に応じて損金の額に算入することが認められている。

　これに対して，特に保険期間が長期にわたる定期保険や，保険期間中に保険金額が逓増する定期保険は，その保険期間の前半において支払う保険料の中に相当多額の前払部分の保険料が含まれており，中途解約をした場合にはその前払部分の保険料の多くが返戻されるため，このような保険についても上記の原則的な取扱いをそのまま適用すると課税所得の適正な期間計算を損なうことになる。そこで，このような保険については，平成20年2月28日付け課法2-3「法人が支払う長期平準定期保険等の保険料の取扱いについて」（個別通達）により，その支払保険料の損金算入時期等に関する取扱いの適正化が図られてきたところである。

　このように，個別通達による対応が図られてきたものの，これらの個別通達の発遣後相当の年月が経過した今日，新しく登場する保険商品に対応できない等の弊害が生じてきたため，各保険商品の実態を確認して，その実態に応じた取扱いとなるよう資産計上ルールの見直しを行うこととされたのである（具体的な計算については，🔍**12** Q33参照）。

　具体的には，法人が，自己を契約者とし，役員又は使用人（これらの者の親族

を含む。）を被保険者とする保険期間が3年以上の定期保険又は第三分野保険で最高解約返戻率が50％を超えるものに加入して，その保険料を支払った場合には，課税所得の期間計算を適正なものとするため，その支払った保険料の額については，最高解約返戻率に応じ，それぞれ上の表により取り扱うこととされている。

(3)　まとめ

　法人税基本通達が，課税所得の適正な期間計算に軸足を置いていることからしても，その保険期間の前半において支払う保険料の中に相当多額の前払部分の保険料が含まれており，中途解約をした場合にはその前払部分の保険料の多くが返戻されるようなケースにまで原則的な取扱いを適用することは，課税所得の適正な期間計算の観点から妥当ではなかろう。

　もっとも，改正後の通達によったからといって，完璧な期間計算が保証されるわけでは決してない。改正前通達もそうであったように，改正後の通達においても一定の基準を設けて画一的，いわばセカンドベスト的に計算することとしているにすぎないのであって，当然のことではあるが，通達のいうところの計算によったところで，純粋な前払保険料等が算出されるわけではない。いうなれば，この度の通達改正は，従来のセカンドベストの陳腐化に対応するためのバージョンアップにすぎないのである。現在販売されている保険商品については，この度の改正である程度カバーできるものと思われるが，今後も新たな保険商品が頻出してくることは容易に想像できるのであり，その都度通達の改正をもってして保険業界の実質的な締め付けを行うことへの問題は，これからも燻り続けるであろう。

　なお，最高解約返戻率が70％以下で，かつ，年換算保険料相当額（一の被保険者につき2以上の解約返戻金相当額のない短期払いの定期保険又は第三分野保険に加入している場合にはそれぞれについて支払った保険料の額の合計額）が30万円以下の保険に係る保険料を支払った場合については，法人税基本通達9-3-5の例によるものとし，原則的な取扱いに戻るとされているが，かかる取扱いについてはQ33を参照されたい。

202　第3章　事業承継に係る税務の取扱い（実務編）

基礎 Q33　資産計上の必要性と取扱い

改正後法人税基本通達9-3-5の2では，最高解約返戻率に基づいて資産計上がなされるとしています。この具体的な計算や，理由について教えてください。

⑴　論　点

この度の通達改正のポイントの1つに「最高解約返戻率」に基づいた計算の採用を挙げることができよう。以下では，最高解約返戻率を基準にして，支払保険料の一部を資産計上する理由について確認したい。なお，「最高解約返戻率」とは，その保険の保険期間を通じて解約返戻率（保険契約時において契約者に示された解約返戻金相当額について，それを受けることとなるまでの間に支払うこととなる保険料の額の合計額で除した割合）が最も高い割合となる期間におけるその割合をいう。

⑵　解　説

ア　具体例1

法人税基本通達9-3-5の2の示す「最高解約返戻率が50％超70％以下となる場合」を確認する。

保険期間の開始から保険期間の100分の40に相当する期間（資産計上期間）においては，支払った保険料の額のうち，その金額に100分の40を乗じた金額を資産に計上し，残額は損金の額に算入する。また，資産計上期間経過後は，支払った保険料を保険期間の経過に応じて損金の額に算入するとともに，資産に計上した金額については，保険期間の100分の75に相当する期間経過後から保険期間終了までにおいて均等に取り崩し，保険期間の経過に応じて損金の額に算入する。

イ　具体例2

法人税基本通達9-3-5の2の示す「最高解約返戻率が85％超となる場合」を確認する。

この場合の資産計上期間は，原則として，保険期間の開始日から，最高解約返戻率となる期間の終了の日までとなる。すなわち，保険期間の開始から，最

高解約返戻率となる期間（当該期間経過後の各期間において，その期間における解約返戻金相当額からその直前の期間における解約返戻金相当額を控除した金額を年換算保険料相当額で除した割合が100分の70を超える期間がある場合には，その超えることとなる最も遅い期間）の終了までにおいては，支払った保険料の額のうち，その金額に最高解約返戻率の100分の70（保険期間開始から10年を経過するまでは，100分の90）を乗じた金額を資産に計上し，残額は損金の額に算入する。また，資産計上期間経過後は，支払った保険料を保険期間の経過に応じて損金の額に算入するとともに，資産に計上した額については，解約返戻金相当額が最も高い金額となる期間経過後から保険期間終了までにおいて均等に取り崩し，保険期間の経過に応じて損金の額に算入する。

ウ　最高解約返戻率による取扱いの相違

このように，最高解約返戻率が85%超であるか否かで計算方法が異なるのが改正後の取扱いの特徴的なところである（ここでは割愛したが，最高解約返戻率が70%超85%以下となる場合の計算は，上記で確認した最高解約返戻率が50%超70%以下となる場合の計算と類似する。）。すなわち，最高解約返戻率が85%以下の場合には，支払保険料に一定割合を乗じた金額を資産計上する形式であり，これは改正前の取扱いに近い処理であるのに対し，85%超の場合には，最高解約返戻率を加味したやや複雑な取扱いとなっている。

以下では，このように取扱いが異なる理由を確認しておきたい。

エ　最高解約返戻率に基づいて資産計上する理由

支払保険料に含まれる前払部分の保険料の額は，保険契約者には通知されず，把握できないことから，その金額を資産計上することは極めて困難である。そこで，保険契約者が把握可能な指標で，前払部分の保険料の累積額に近似する解約返戻金に着目し，解約返戻率に基づいて資産計上すべき金額を算定することが，客観的かつ合理的と考えられる。また，毎年の解約返戻率の変動に伴い資産計上割合を変動させることは煩雑であり，その平均値などを求めることも困難であることから，特定可能な最高解約返戻率を用いて資産計上割合を設定するのが計算の簡便性の観点から相当と考えられたことから，上記のような算式が用いられることとなった（なお，解約返戻金相当額には前払部分の保険料の累計額のほかに運用益が含まれるため，運用益相当額については資産計上額に含まれないよう保険商品の実態を反映した資産計上割合を設定するとしている。）。

204   第3章 事業承継に係る税務の取扱い（実務編）

　一方で，従来の取扱いは支払保険料の額に一定割合を乗じた金額を一律の期間資産計上するという納税者の事務負担に配慮した簡便的な資産計上ルールを採用しており，取扱いの見直しに当たっては，各保険商品の実態を踏まえつつ，従来の取扱いと整合性のとれた資産計上ルールとすべきことが望ましいとの観点から，新たな資産計上ルールでは，最高解約返戻率が85％以下の商品については，各商品の実態に応じて，支払保険料の額に一定割合を乗じた金額を一律の期間資産計上するという従来の取扱いと同様の簡便なルールとされることになったのである。

　これに対して，前払部分の保険料が極めて多額となると認められる最高解約返戻率が85％超の商品については，資産計上額の累積額が前払部分の保険料の累積額に近似するよう，最高解約返戻率に応じてより高い割合で資産計上することとされた。

(3)　まとめ

　このように，最高解約返戻率を一律の判断基準として処理を定めるのが，改正後の法人税基本通達9-3-5の2であるが，最高解約返戻率85％超の保険商品に特に照準が当てられていることが分かる。同率85％以下の商品には簡便的な計算を今後も一定程度認める姿勢と対照的に，返戻率の高い商品について資産計上額を高く設定する（損金算入の余地を狭める）取扱いには，国税庁が「過度な節税効果を有する保険」に厳しく対応するとした姿勢が表れているように思われ，今後の各保険会社の対応も注目されるところである。

　なお，最高解約返戻率85％超の区分の資産計上期間の注書きにおいて，「資産計上期間が5年未満となる場合には，保険期間の開始の日から，5年を経過する日まで」とする取扱いが設けられているが，これは，FAQによれば，「最高解約返戻率となる期間が極めて早期に到来し，その後，解約返戻率が急減するような商品については，資産計上期間を最低でも5年間とする必要がある」と説明されている。いわば，相当多額を超えて，「極めて多額」ともいうべき前払部分の保険料が含まれる場合についての措置と思われるものの，そもそもこの5年という期間の合理性が明らかでない中で，通達において「5年」という明確なラインを定めることへの疑問は拭いきれない。

12 最近の税制改正等　205

基礎 Q34　30万円基準

今回の改正によれば，年間の支払保険料が30万円以下のもので一定のものは全額損金算入できると聞きました。内容と注意すべき点を教えてください。

(1) 論　点

今回の改正では，法人税基本通達9-3-5の(注) 2 や，同9-3-5の 2 ただし書の取扱いが注目されている。ここでは，全額損金算入し得るメルクマールとして30万円という金額基準が示されているが，以下，その留意点を確認する。

(2) 解　説

法人税基本通達9-3-5(注) 2 は次のように規定している。

法人税基本通達9-3-5《定期保険及び第三分野保険に係る保険料》
(注)
2　(1)及び(2)前段の取扱いについては，法人が，保険期間を通じて解約返戻金相当額のない定期保険又は第三分野保険（ごく少額の払戻金のある契約を含み，保険料の払込期間が保険期間より短いものに限る。以下9-3-5において「解約返戻金相当額のない短期払の定期保険又は第三分野保険」という。）に加入した場合において，当該事業年度にし支払った保険料の額（一の被保険者につき 2 以上の解約返戻金相当額のない短期払の定期保険又は第三分野保険に加入している場合にはそれぞれについて支払った保険料の額の合計額）が30万円以下であるものについて，その支払った日の属する事業年度の損金の額に算入しているときには，これを認める。

法人税基本通達9-3-5は，Q32で確認したとおり，定期保険及び第三分野保険に係る保険料について，原則として期間の経過に応じて損金の額に算入するとする。これに対して，上記の(注) 2 は一定の例外を認めている。すなわち，同注は，保険期間を通じて解約返戻金相当額のない短期払の定期保険又は第三分野保険に係る保険料について，当該事業年度に支払った保険料の額が30万円以下であるものについては，その事業年度の損金に算入し得るとしており，期間の経過に応じて損金算入を求める本文の取扱いの例外を設けている。

ただし，かっこ書きにおいて，「一の被保険者につき 2 以上の解約返戻金相当額のない短期払の定期保険又は第三分野保険に加入している場合にはそれぞ

206　第3章　事業承継に係る税務の取扱い（実務編）

れについて支払った保険料の額の合計額」とされている点に注意が必要である。すなわち，個々の契約における支払保険料の年間支払額が，それぞれ30万円以下であっても，それらを合計したところによって判断するのであって，合計額が30万円を超える場合には，例え個々の契約の支払が30万円以下であっても，かかる例外の取扱いは認められない。

　また，法人税基本通達9-3-5の２ただし書においても，同様に30万円基準が示されている。

法人税基本通達9-3-5の２《定期保険等の保険料に相当多額の前払部分の保険料が含まれている場合の取扱い》

　　法人が，自己を契約者とし，役員又は使用人（これらの者の親族を含む。）を被保険者とする保険期間が３年以上の定期保険又は第三分野保険（以下9-3-5の２において「定期保険等」という。）で最高解約返戻率が50％を超えるものに加入して，その保険料を支払った場合には，当期分支払保険料の額については，次表に定める区分に応じ，それぞれ次により取り扱うものとする。ただし，これらの保険のうち，最高解約返戻率が70％以下で，かつ，年換算保険料相当額（一の被保険者につき２以上の定期保険等に加入している場合にはそれぞれの年換算保険料相当額の合計額）が30万円以下の保険に係る保険料を支払った場合については，9-3-5の例によるものとする。

　法人税基本通達9-3-5は，法人が自己を契約者とし，役員又は使用人を被保険者とする定期保険又は第三分野保険に係る保険料についての原則規定であるが，同9-3-5の２の適用を受けるものはその対象から除かれている。すなわち，法人が自己を契約者とし，役員又は使用人を被保険者とする保険期間が３年以上の定期保険又は第三分野保険で最高解約返戻率が50％を超えるものについては，法人税基本通達9-3-5ではなく，同9-3-5の２の取扱いによることとなる。要するに，保険料に相当多額の前払部分の保険料が含まれていると考えられるものが同9-3-5の２の対象であるが，かかる保険料の損金算入については最高解約返戻率に応じて所定の計算がなされることとされている（🔍Q33参照）。

　もっとも，ここにも例外が認められている。すなわち，これらの保険のうち，最高解約返戻率が70％以下で，かつ，年換算保険料相当額（☞年換算保険料相当額とは）が30万円以下の保険に係る保険料を支払った場合には，全額損金算入することができる。ただし，「一の被保険者につき２以上の定期保険等に加入している場合にはそれぞれの年換算保険料相当額の合計額」とのかっこ書きが付

されているとおり，一の被保険者についての合計額で判断する点は，前述の注意と同様である。

☞　年換算保険料相当額とは，保険料総額を保険期間の年数で除した金額をいう。

　なお，保険料のうち，被保険者である役員又は使用人に対する給与になるものは判定に含めないこととされている（FAQ［Q9］）。また，改正通達の適用日前に契約した保険に係る年換算保険料相当額についても判定に含める必要はない（FAQ［Q9］）。

　その他，法人税基本通達9-3-5の2では，年換算保険料相当額により，同通達の適用対象となるか否かを判定するが，同9-3-5(注) 2では，年換算保険料相当額ではなく，当該事業年度中に支払った保険料の額で適用関係を判定することになる点にも留意が必要であろう（FAQ［Q15］）。

(3)　まとめ

　やはり，この取扱いで注目すべきは，一の被保険者についての保険料の合計額をもって判定するという点であろう。従来の実務においては，保険会社から，契約している保険料の損金算入に関する参考仕訳例などが送付されてくることもあったと思われるが，この取扱いにおいては，保険会社が異なれども合計すべきことになるのであるから，契約者である会社自身がその判定を行わなくてはならず，今後十分な配慮が求められよう。

　なお，この「30万円」という基準については法律上の根拠はないと言い切ってよかろう。事務的な簡便性を考慮しての取扱いなのであろうが（FAQ［Q15］では「納税者の事務負担に配慮し」との記載がある。），通達がこのような定めを置くことの問題点はやはりここでも顔を覗かせるのである。強いていえば，中小企業者等の少額減価償却資産の取得価額の損金算入の特例において「30万円」という基準が設けられており（措法67の5），「30万円」というメルクマールが散見されるところではあるが，さりとて，少額減価償却資産の特例は法律たる租税特別措置法の定めであることを忘れてはなるまい。

208　第3章　事業承継に係る税務の取扱い（実務編）

基礎 Q35　保険通達を巡るその他の論点

> 改正後保険通達が過去に契約済みの保険契約にまで遡って適用されることはあるのでしょうか。また，その他に注意すべき論点も教えてください。

(1)　論　点

改正後保険通達が，過去に契約済みの保険契約に遡って適用され得るのか，すなわち遡及適用の有無の問題やその他の論点について解説する。

(2)　解　説

ア　適用時期

改正後通達は，令和元年7月8日以後の契約に係る定期保険又は第三分野保険の保険料について適用されることとされており，同日前の契約に遡って改正後の取扱いが適用されることはないとされている（FAQ［Q1］）。

また，Q34で確認した法人税基本通達9-3-5(注)2に定める解約返戻金相当額のない短期払いの定期保険又は第三分野保険の保険料については，令和元年10月8日以後の契約に係るものについて，改正後の取扱いが適用されるとしている。これは，かかる取扱いが，意見公募手続を経た結果新しく追加修正された項目であることから，周知まである程度の期間を設けることが妥当であると判断されたことによるものと思われる。

図表　適用時期のまとめ

保険の種類		適用関係			
		7/8前契約	7/8以後契約	10/8前契約	10/8以後契約
定期保険		旧9-3-5他 廃止前個別通達	新9-3-5，9-3-5の2他		
無解約返戻金・短期払		旧9-3-5			新9-3-5他
	30万以下				新9-3-5の(注)2
第三分野保険		廃止前個別通達	新9-3-5，9-3-5の2他		
無解約返戻金・短期払		廃止前個別通達 （廃止前のがん保険通達の（3）例外的取扱い）			新9-3-5他
	30万以下				新9-3-5の(注)2

（出所）国税庁FAQより

イ 端数処理

改正後通達では，最高解約返戻率について50％や85％といった基準が設けられている。これを巡る端数処理に関しては，意見公募手続開始の時点では詳細が明らかにされず，実務上注目が集まっていた。端数処理如何によっては，損金算入の範囲が大きく異なるところ FAQ では，「原則として端数の切捨て等を行わずに最高解約返戻率を計算する」としつつも，保険会社の現状や経理事務の簡便性に鑑みて，「小数点２位以下の端数を切り捨てて計算した解約返戻率が保険設計書等に記載されている場合には，その解約返戻率を用いて最高解約返戻率の区分を判定して差し支えありません。」としている（FAQ［Q4］）。

ウ 計算上の保険期間

その他，計算上の保険期間の算定に当たって，「116歳」という年齢基準が設けられたことも注目されている。すなわち，保険期間が終身である第三分野保険についての計算上の保険期間は，保険期間の開始の日から被保険者の年齢が116歳に達する日までとされた（法基通9-3-5(注)1，同9-3-5の2(注)2）。これは，日本人の寿命が延びていることに由来するが，いわゆる人生100年時代の構想との整合性が図られたものと解される。

エ 変額保険等の取扱い

変額保険等のように将来の解約返戻金相当額が確定していない場合の解約返戻金相当額等の把握は以下のとおりとして差し支えないものとされている（FAQ［Q8］）。

① 変額保険や積立利率変動型保険…契約時に示された予定利率を用いて計算した解約返戻金相当額

② 外貨建て保険…契約時の為替レートを用いて計算した解約返戻金相当額

③ 健康増進型保険…取扱いは個別に判断する必要があるとされつつも，将来の達成が不確実な事由によってキャッシュバックが生じたり支払保険料が変動するような商品については，それらがないものとして，契約時に示される解約返戻金相当額とこれに係る保険料によって計算される（最高）解約返戻率

(3) まとめ

改正後通達において，原則的に令和元年７月８日以後の契約に係るものにつ

いて適用があるとされており，国税庁も FAQ にて遡及適用はしないと明記している以上，実務上，改正後通達の遡及適用が問題になることは想定し難いところではある。しかしながら，通達は法律とは異なり，租税法律主義において要請される遡及立法禁止の原則が及ぶような性格のものではない。支払保険料の損金算入の根拠条文は，法人税法22条3項ないし4項であるが，かかる条文は改正されていないことに留意しなければならない。通達が法解釈である以上，仮に法人税法22条3項ないし4項の法解釈として，改正後通達の考え方の方が合理的であるのであれば，何も通達のいう「適用時期」を境に，正しい法解釈が左右されるものではなかろう。理論的には，通達の遡及適用は否定されないと解すべきであるとすれば，遡及適用はあり得ないと決めつけることには一抹の不安を覚えるのである。もっとも，仮に過去に遡って改正後通達の取扱いが適用されるような場合には，その対抗馬として信義則の論点が待ち受けているであろう（この点を指摘するものとして，酒井克彦＝臼倉真純「適用時期・意見公募手続」税理62巻10号89頁（2019））。

　なお，端数処理については，小数点第2位以下の端数を切り捨てて計算した結果を基に判定し得るとされており，納税者や保険会社サイドには有利に働く取扱いではある。しかしながら，そもそも，法人税基本通達において，「○％」というような明確な数値の判定基準を設けることに疑問を挟むべきであろう。課税要件明確主義の要請が働く法律とは逆に，通達においては，その硬直的・機械的・平板的な運用を避けるためにも，「おおむね…％」といったような幅のある概念を用いることが求められるのである（法人税基本通達前文参照。この点を指摘するものとして，酒井克彦「税務通達を文理解釈することの意義（上）（中）（下）」税務事例51巻7号1頁（2019），同8号1頁（2019），同9号1頁（2019））。そうであるとすれば，端数処理云々以前の問題として，「50％」や「85％」という画一的な基準を設けてしまったことに，改正後通達の弊害があるように思われてならない。将来，仮に，この際どい端数計算の結果を前提とした商品開発等がなされるとすれば（管見したところではあるが，既に一部でそうした商品が開発され販売されているようである。），通達の定め方に起因する争訟が起こるおそれすらあろう。なお，この端数処理については，あくまでも FAQ でしか明らかにされていないことも付言しておきたい。

第4章

事業承継に係る税務の取扱い（理論編）

212　第4章　事業承継に係る税務の取扱い（理論編）

13　取引相場のない株式の評価―所得税法59条1項2号の低額譲渡該当性―

(1)　はじめに

　取引相場のない株式の評価を巡る問題は，長らく租税法律関係における重要論点の1つであった。同族会社の多くが取引相場のない株式の発行会社であるため，その事業承継においてかかる株式の評価は実務上の関心事項となってきた。もっとも，そのような株式について，実定法上の明確な算出方法が定められていれば，問題はさほど根深いものではないかもしれないが，例えば，相続税法では「時価」と規定されているだけであるし（相法22），かかる株式を後継者等に譲渡する場合において，所得税法上も「その時における価額」と規定しているだけである（所法59①二）。それに加えて，当該価額の2分の1に満たない金額で取引された場合には（所令169），低額譲渡として「その時における価額」と取引価額との差額について，譲渡所得課税がなされることもまた，法的紛争を引き起こす要因となっている。

　ところで，相続税法22条《評価の原則》の「時価」について，国税庁は財産評価基本通達（以下「評価通達」ともいう。）を発遣しており，実務的にはかかる通達に示されている評価方法に従って処理をすることで，大量反復的に発生する課税処理の画一化を図っているところである。もっとも，憲法の要請する租税法律主義（憲84）は，課税の根拠を法律又は法律の定める条件によることを要請しているため，通達に従った課税処分については常にその合理性が問われることになる。

　そこで，ここでは，最近の注目すべき重要事例を素材として，取引相場のない株式の評価を巡る法律問題について考えることとしたい。とりわけ，取引相場のない株式の評価手法を巡り，相続税法と法人税法，所得税法との間に径庭が認められるべきか否かという観点についても詳述することとしたい。

(2)　所得税法59条1項と財産評価基本通達
ア　所得税法59条
所得税法59条《贈与等の場合の譲渡所得等の特例》1項は，①贈与（法人に対するも

のに限る。）又は相続（限定承認に係るものに限る。）若しくは遺贈（法人に対するもの及び個人に対する包括遺贈のうち限定承認に係るものに限る。）（所法59①一）や，②著しく低い価額の対価として政令で定める額による譲渡（法人に対するものに限る。）（所法59①二）により居住者の有する山林（事業所得の基因となるものを除く。）又は譲渡所得の基因となる資産の移転があった場合には，その者の山林所得の金額，譲渡所得の金額又は雑所得の金額の計算については，その事由が生じた時に，「その時における価額」に相当する金額により，これらの資産の譲渡があったものとみなす旨規定する。

　もっとも，所得税法59条1項にいう「その時における価額」がどのような額を指すのかについて，所得税法は明確な規定を用意していないため，この点は専ら解釈に委ねられることになる。そこで，課税実務においては，同条項に規定する「その時における価額」について通達が発遣されている。

　すなわち，所得税基本通達59-6は，次のように通達し，「原則として」財産評価基本通達の扱いに従う旨述べている。

所得税基本通達59-6《株式等を贈与等した場合の「その時における価額」》

　法第59条第1項の規定の適用に当たって，譲渡所得の基因となる資産が株式（株主又は投資主となる権利，株式の割当てを受ける権利，新株予約権（新投資口予約権を含む。以下この項において同じ。）及び新株予約権の割当てを受ける権利を含む。以下この項において同じ。）である場合の同項に規定する「その時における価額」とは，23～35共-9に準じて算定した価額による。この場合，23～35共-9の(4)ニに定める「1株又は1口当たりの純資産価額等を参酌して通常取引されると認められる価額」とは，原則として，次によることを条件に，昭和39年4月25日付直資56・直審（資）17「財産評価基本通達」（法令解釈通達）の178から189-7まで《取引相場のない株式の評価》の例により算定した価額とする。

(1) 財産評価基本通達188の(1)に定める「同族株主」に該当するかどうかは，株式を譲渡又は贈与した個人の当該譲渡又は贈与直前の議決権の数により判定すること。

(2) …以下略…

　ここで準ずることとされている所得税基本通達23～35共-9《株式等を取得する権利の価額》は，「令第84条第2項第1号から第4号までに掲げる権利の行使の日又は同項第5号に掲げる権利に基づく払込み又は給付の期日（払込み又は給付の期間の定めがある場合には，当該払込み又は給付をした日。以下この項において『権利行使日等』という。）における同項本文の株式の価額は，次に掲げる場合に応じ，そ

れぞれ次による。」と通達するところ，取引相場のない株式の評価については，次に掲げる区分に応じ，それぞれ次に定める価額とするとしている。

イ　売買実例のあるもの　最近において売買の行われたもののうち適正と認められる価額

ロ　公開途上にある株式で，当該株式の上場又は登録に際して株式の公募又は売出し（以下この項において「公募等」という。）が行われるもの（イに該当するものを除く。）金融商品取引所又は日本証券業協会の内規によって行われるブックビルディング方式又は競争入札方式のいずれかの方式により決定される公募等の価格等を参酌して通常取引されると認められる価額

ハ　売買実例のないものでその株式の発行法人と事業の種類，規模，収益の状況等が類似する他の法人の株式の価額があるもの　当該価額に比準して推定した価額

ニ　イからハまでに該当しないもの　権利行使日等又は権利行使日等に最も近い日におけるその株式の発行法人の1株又は1口当たりの純資産価額等を参酌して通常取引されると認められる価額

　なお，上記のとおり，所得税基本通達59-6(1)が，評価通達に従うに当たって，同通達188《同族株主以外の株主等が取得した株式》の(1)に定める「同族株主」に該当するかどうかについて，株式を譲渡又は贈与した個人の当該譲渡又は贈与直前の議決権の数により判定するとしている点に留意する必要がある。

　イ　評価通達の取扱い

　では，評価通達は，どのようにして取引相場のない株式の評価を行うのであろうか。ここで簡単に確認しておきたい。まず，評価通達178《取引相場のない株式の評価上の区分》は，取引相場のない株式の価額について，評価しようとするその株式の発行会社（以下「評価会社」という。）が大会社，中会社又は小会社のいずれに該当するかに応じて，それぞれの定めによって評価することを示した上で，「ただし，同族株主以外の株主等が取得した株式又は特定の評価会社の株式の価額は，それぞれ188…又は189《特定の評価会社の株式》の定めによって評価する。」としている。

　次に，評価通達179《取引相場のない株式の評価の原則》は，同通達178により区分された大会社，中会社及び小会社の株式の価額につき，それぞれ次によるとする。

---

(1)　大会社の株式の価額は，類似業種比準価額によって評価する。ただし，納税義務

者の選択により，１株当たりの純資産価額（相続税評価額によって計算した金額）によって評価することができる。
(2) 中会社の株式の価額は，次の算式により計算した金額によって評価する。ただし，納税義務者の選択により，算式中の類似業種比準価額を１株当たりの純資産価額（相続税評価額によって計算した金額）によって計算することができる。
　類似業種比準価額×Ｌ＋１株当たりの純資産価額（相続税評価額によって計算した金額）×(1−L)
(3) 小会社の株式の価額は，１株当たりの純資産価額（相続税評価額によって計算した金額）によって評価する。ただし，納税義務者の選択により，Ｌを0.50として(2)の算式により計算した金額によって評価することができる。

　上の算式中の「Ｌ」は，評価会社の前項に定める総資産価額（帳簿価額によって計算した金額）及び従業員数又は直前期末以前１年間における取引金額に応じた割合が通達されている。

　さて，所得税基本通達59-6は，評価通達188(1)を準用する旨を通達していることから，同通達を確認しておく必要があろう。

　同通達は，前述の評価通達178の「同族株主以外の株主等が取得した株式」に該当する株式の範囲を述べる通達であるが，ここに掲げられる株式の価額は，実際は，次項すなわち評価通達188-2の定めによることになる。

(1) 同族株主のいる会社の株式のうち，同族株主以外の株主の取得した株式
　　この場合における「同族株主」とは，課税時期における評価会社の株主のうち，株主の１人及びその同族関係者[1]の有する議決権の合計数がその会社の議決権総数の30％以上[2]である場合におけるその株主及びその同族関係者をいう。
(2) 中心的な同族株主のいる会社の株主のうち，中心的な同族株主以外の同族株主で，その者の株式取得後の議決権の数がその会社の議決権総数の５％未満であるもの（課税時期において評価会社の役員[3]である者及び課税時期の翌日から法定申告期限までの間に役員となる者を除く。）の取得した株式
　　この場合における「中心的な同族株主」とは，課税時期において同族株主の１人並びにその株主の配偶者，直系血族，兄弟姉妹及び１親等の姻族[4]の有する議決権の合計数がその会社の議決権総数の25％以上である場合におけるその株主をいう。
(3) 同族株主のいない会社の株主のうち，課税時期において株主の１人及びその同族関係者の有する議決権の合計数が，その会社の議決権総数の15％未満である場合におけるその株主の取得した株式
(4) 中心的な株主がおり，かつ，同族株主のいない会社の株主のうち，課税時期において株主の１人及びその同族関係者の有する議決権の合計数がその会社の議決権総数の15％以上である場合におけるその株主で，その者の株式取得後の議決権の数がその会社の議決権総数の５％未満であるもの（(2)の役員である者及び役員となる者を除く。）の取得した株式

> この場合における「中心的な株主」とは，課税時期において株主の１人及びその同族関係者の有する議決権の合計数がその会社の議決権総数の15％以上である株主グループのうち，いずれかのグループに単独でその会社の議決権総数の10％以上の議決権を有している株主がいる場合におけるその株主をいう。

そして，評価通達188-2《同族株主以外の株主等が取得した株式の評価》は，同通達188の株式の価額は，その株式に係る年配当金額[5]を基礎として，次の算式により計算した金額によって評価するとしている[6]。ただし，その金額がその株式を同通達179の定めにより評価するものとして計算した金額を超える場合には，かかる定めにより計算した金額によって評価するとしている。

$$\frac{その株式に係る年配当金額}{10\%} \times \frac{その株式の１株当たりの資本金等の額}{50円}$$

(3) 所得税法59条１項にいう「その時における価額」
ア 用語法からみた「その時における価額」と「時価」

ところで，所得税法59条１項にいうところの「その時における価額」と相続税法22条にいう「時価」が意味するところを探ってみたい。

所得税法59条１項にいう「その時における価額」について，多数説は「時価」を指すとする。同条項にいう「その時における価額」とはあくまでも「その時におけるその資産の価額」であるから，そのことを一般に「時価」というとすれば，用語の違いに拘泥する必要はないのかもしれない。

この点，相続税法22条にいう「時価」とは，不特定多数の者の間で成立するであろう客観的交換価値と解されており，対象となる資産の市場における価値をもって評価するのが課税実務の基底にある考え方であるといえよう。それは，評価通達１《評価の原則》(2)において，「時価の意義」が，「財産の価額は，時価によるものとし，時価とは，課税時期（相続，遺贈若しくは贈与により財産を取得した日若しくは相続税法の規定により相続，遺贈若しくは贈与により取得したものとみなされた財産のその取得の日又は地価税法第２条《定義》第４号に規定する課税時期をいう。以下同じ。）において，それぞれの財産の現況に応じ，不特定多数の当事者間で自由な取引が行われる場合に通常成立すると認められる価額をいい，その価額は，この通達の定めによって評価した価額による。」とされているところにも明確

に表れている。

このような相続税法上の「時価」の考え方と同様に，所得税法59条１項にいう「その時における価額」を譲渡時の客観的交換価値と捉える裁判例も散見されるところである。例えば，神戸地裁昭和59年４月25日判決（シュト270号24頁）は，「所得税法59条にいう『その譲渡の時における価額』とは，当該譲渡の時における時価，すなわち，自由市場において市場の事情に十分通じ，かつ，特別の動機を持たない多数の売手と買手とが存在する場合に成立すると認められる客観的交換価格（市場価格）であると解すべきである。」としており，「その時における価額」を「時価」と捉えていることが分かる。

しかしながら，租税法律主義の下では，まず文理解釈が優先されるべきであると考えるところ，所得税法59条１項が「時価」という用語ではなく，あくまでも「その時における価額」と規定していることを忘れてはならないのではなかろうか。これは，相続税法22条が「時価」という用語を使用しているのとは文理上明らかに異なる。執行上の便宜や申告納税制度の下での納税者の便宜を考えれば，相続税法22条にいう「時価」と所得税法59条１項にいう「その時における価額」を同義と解することは都合がよいかもしれないが，そうであるとすれば，なぜ租税法体系の中で「時価」と「その時における価額」という別の用語が用いられているのか疑問が浮上する。執行上の混乱を招くことが予想されるのにもかかわらず，あえて相続税法と所得税法とで違う用語を使用しているとみることが可能であろうか。

イ　譲渡所得課税の規定としての所得税法59条１項

所得税法59条１項にいう「その時における価額」に示される資産価値はいかなる意味を有するものであろうか。相続税法における「時価」が，その資産を処分したとすればいかなる価値を有するものか，市場においていかなる評価が付されるかという点に関心を置く「遺産」の取得に係る評価であるのに対して，所得税法59条は，それとは異なり，資産の譲渡があったものとみなす規定である。重要な点は，「その時における価額」が，資産の譲渡があったものとみなされることとなった場合において，かかる譲渡所得の金額の計算の基礎となるという点である。同条項を文理解釈すると，「その時における価額」に相当する金額と「対価」との開差により，これらの資産の譲渡があったものとみなすか否かを判断する規定であるのか必ずしも明確ではない。一般的には，対象とな

る資産の譲渡「対価」の額が「その時における価額」に比して著しく低いか否かで判断をし，著しく低いときには，みなし譲渡所得課税のトリガーが引かれると解されている。

少なくとも，「その時における価額」とは，資産の譲渡があったものとみなす場合の，譲渡所得の金額の計算の基礎として擬制される収入金額になるものである。

ウ　増加益清算課税説とキャピタルゲイン課税

㋐　増加益清算課税説

ところで，これまで学説では，譲渡所得に対する課税は増加益清算課税説によって説明され（金子・租税法260頁），判例においても支配的である。いわゆる榎本家事件最高裁昭和43年10月31日第一小法廷判決（集民92号797頁）[7]は，「譲渡所得に対する課税は，……資産の値上りによりその資産の所得者に帰属する増加益を所得として，その資産が所有者の支配を離れて他に移転するのを機会に，これを清算して課税する趣旨のものと解すべきであり，売買交換等によりその資産の移転が対価の受入を伴うときは，右増加益は対価のうちに具体化されるので，これを課税の対象としてとらえたのが旧所得税法（昭和22年法律第27号，以下同じ。）9条1項8号の規定である。そして，対価を伴わない資産の移転においても，その資産につきすでに生じている増加益は，その移転当時の右資産の時価に照して具体的に把握できるものであるから，同じくこの移転の時期において右増加益を課税の対象とするのを相当と認め，資産の贈与，遺贈のあった場合においても，右資産の増加益は実現されたものとみて，これを前記譲渡所得と同様に取り扱うべきものとしたのが同法5条の2の規定なのである。されば，右規定は決して所得のないところに課税所得の存在を擬制したものではなく，またいわゆる応能負担の原則を無視したものともいいがたい。のみならず，このような課税は，所得資産を時価で売却してその代金を贈与した場合などとの釣合いからするも，また無償や低額の対価による譲渡にかこつけて資産の譲渡所得課税を回避しようとする傾向を防止するうえからするも，課税の公平負担を期するため妥当なものというべきであり，このような増加益課税については，納税の資力を生じない場合に納税を強制するものとする非難もまたあたらない。」とする。

また，最高裁昭和47年12月26日第三小法廷判決（民集26巻10号2083頁）において

も増加益清算課税説の立場から説示されている。すなわち，「一般に，譲渡所得に対する課税は，資産の値上りによりその資産の所有者に帰属する増加益を所得として，その資産が所有者の支配を離れて他に移転するのを機会に，これを清算して課税する趣旨のものと解すべきであることは，当裁判所の判例とするところである（昭和41年（行ツ）第8号昭和43年10月31日第一小法廷判決・裁判集民事92号797頁）。したがって，譲渡所得の発生には，必ずしも当該譲渡が有償であることを要せず，昭和40年法律第33号による改正前の旧所得税法（昭和22年法律第27号）においては，資産の譲渡が有償であるときは同法9条1項8号，無償であるときは同法5条の2が適用されることとなるのであるが，前述のように，年々に蓄積された当該資産の増加益が所有者の支配を離れる機会に一挙に実現したものとみる建前から，累進税率のもとにおける租税負担が大となるので，法は，その軽減を図る目的で，同法9条1項8号の規定により計算した金額の合計金額から15万円を控除した金額の10分の5に相当する金額をもって課税標準とした（同条1項）のである。」とするのである。

　増加益清算課税説によると，外的条件の変化による資産価値の変動を所得計算に反映させることが譲渡所得課税の本質であると解されることになるから，本来，「資産の取得方法や使用収益といった主観的事情」を所得金額の計算過程に反映させるべきではないことになる（岡村忠生「キャピタルゲイン・ロス課税の創設」税通53巻10号37頁（1998））。いわゆる二重利得法も同様の考え方に立つといえよう（所基通33-4，33-5）[8]。

　この意味において，譲渡所得の金額の計算上，必要経費の控除は必ずしも求められるものではなく，所得税法38条《譲渡所得の金額の計算上控除する取得費》が，「資産の取得に要した金額」を譲渡所得の金額の計算上控除するとしているのは，必要経費としてではなく，「その資産の取得時における客観的価額と譲渡時の客観的価額との増差分を算出する意味」を有するにすぎないのである（東京高裁昭和55年10月30日判決・行集31巻10号2309頁）。

(イ)　譲渡益説

　これに対して，譲渡所得を収益から取得費を控除した純所得と捉える譲渡益説[9]がある[10]。

　判例が採用してきた増加益清算課税説によれば[11]，不動産の取得前に支出した借入金利子を取得費に含めるとする最高裁平成4年7月14日第三小法廷判決

220 第4章 事業承継に係る税務の取扱い（理論編）

（民集46巻5号492頁)⁽¹²⁾の判断の妥当性が問われるところである。また，贈与によってゴルフ会員権を取得した際の名義書換手数料の取扱いに関するいわゆる右山事件最高裁平成17年2月1日第三小法廷判決（集民216号279頁)⁽¹³⁾の判断にも疑問が寄せられよう（なお，同最高裁は，所得税法38条の別段の定め⁽¹⁴⁾である同法60条《贈与等により取得した資産の取得費等》の適用下において，かかる名義書換手数料が同法38条の「取得に要した金額」に当たるとするが，この点については文理解釈上も疑問を挟む余地がある。)⁽¹⁵⁾。

　上記のような判決の傾向からは，増加益清算課税説から譲渡益説への傾斜が指摘されている⁽¹⁶⁾。この傾向は，譲渡所得という特別の所得区分を設けている意味を失わせるものではなかろうか⁽¹⁷⁾。所得税法がキャピタルゲインの生成過程に関心を寄せ，長期間にわたり生成されてきたキャピタルゲインが一挙に実現した際には，長期譲渡所得として課税上の緩和措置を採用しているのは，譲渡所得が増加益に対する清算課税であることを前提としているからであって，このことを前提とする限り，譲渡益説への理論的移行は困難であるといわざるを得ない。かような点からしても，近時，一部の判決が譲渡益説に接近した判断を示しているとしても，資産の保有期間を念頭に置いた課税ルールこそ譲渡所得の基礎をなす取扱いであると考えるべきであって，この点からも過去の判例において採用されてきた増加益清算課税説を堅持すべきであると考える。

(ｳ) 譲渡所得対象資産の純資産評価額

　このように増加益清算課税説が所得税法上の譲渡所得課税の本旨であると思われるところ，所得税法59条1項もキャピタルゲイン課税を行うという意味においては同様の本質を有していると解される。

　そうであるとすれば，所得税法59条1項において評価されるべきは，資産に内在している含み益である。資産の売却収入としての金銭あるいは金銭等価物を算定するのではなく，あくまでも評価されるべきは，譲渡対象資産の価額であるというべきである。そこで評価されるのは，外部から流入する経済的価値ではないのである。そのように考えると，客観的交換価値が奈辺にあるかという点への関心よりは，純粋にかかる資産の価額がいくらかという問題への関心こそが重要な視角となりはしまいか。

　そのような視角から論ぜられるべき中において，譲渡対象となる株式が取引相場のない株式であった場合，対象会社が大会社であれば，類似業種比準方式

に基礎を置いた評価をし，あるいは零細株主においては，具体的な売却価値よりは配当にこそ関心を置くであろうから配当還元方式を基礎に置いて評価をするという評価通達178以下の評価方法は，所得税法上の譲渡所得課税における資産価値の判定にどこまで意味を有するのであろうか。

かような見地からすれば，果たして，資産の売却時点の価値を前提とした評価通達の評価方法が，所得税法上の資産価値の算定においても妥当性を有するとすることについて疑問が惹起されはしないか。また，前述した問題関心である，所得税法59条1項にいう「その時における価額」を果たして，相続税法22条にいう「時価」と同義に解してよいのかという点においても消極的な所見に接続せざるを得ないのである。

(エ) 所得税法40条と同法59条

かように考えると，所得税法40条《たな卸資産の贈与等の場合の総収入金額算入》にいう棚卸資産の贈与との関係についても関心を寄せざるを得ない。同条は，「次の各号に掲げる事由により居住者の有するたな卸資産（事業所得の基因となる山林その他たな卸資産に準ずる資産として政令で定めるものを含む。以下この条において同じ。）の移転があった場合には，当該各号に掲げる金額に相当する金額は，その者のその事由が生じた日の属する年分の事業所得の金額又は雑所得の金額の計算上，総収入金額に算入する。」として，次の2つを掲げている。

> ① 贈与（相続人に対する贈与で被相続人である贈与者の死亡により効力を生ずるものを除く。）又は遺贈（包括遺贈及び相続人に対する特定遺贈を除く。）当該贈与又は遺贈の時におけるそのたな卸資産の価額
> ② 著しく低い価額の対価による譲渡 当該対価の額と当該譲渡の時におけるそのたな卸資産の価額との差額のうち実質的に贈与をしたと認められる金額

そもそも，所得税法40条が棚卸資産を対象とした規定であるのに比して，同法59条は山林ないし譲渡所得の基因となる資産を対象にしているという点で対象資産が異なる。すなわち，所得税法40条は棚卸資産の譲渡に係る事業所得の金額の計算規定であるところ，継続的事業活動の中にあっては基本的には資産の内在的価値に対する課税は何ら繰り越されているわけではないのであるから，増加益清算課税説による説明とは異なり，継続的な投下資本の回収形態における資本循環過程で課税が実現しているものである。したがって，資産価値は市

場における客観的交換価値で評価することが相当であるのに対して，前述した
とおり，所得税法59条の対象は，市場において流通することが前提とされてい
る棚卸資産とは異なる，それ以外の資産の譲渡に係る所得金額の計算規定であ
るから，市場における交換価値による評価には馴染まないというほかない。む
しろ，前述の増加益清算課税説を肯定する最高裁判決が示すとおり，無償によ
る資産の譲渡も課税の対象とするのであることに鑑みれば，それは市場価値で
評価される経済的価値の外部からの流入をもって資産を評価するのではなく，
内在的に評価され得る資産価値はいくらなのかという点に評価の基準を求める
べきである。したがって，例えば，評価通達における各種評価方法を念頭に置
くと，それが，取引相場のない株式であるとすれば，1株当たりの純資産評価
額によって評価されるべきものであるというべきではなかろうか。

　所得税基本通達23〜35共-9においては，非上場株式の評価が通達されている
が，この点，所得税法33条《譲渡所得》のキャピタルゲインに係る課税関係とそ
の他の条項にいう棚卸資産の譲渡とが同一の通達においてその取扱いが示され
ていることについては，疑問が残るといわざるを得ない。すなわち，「棚卸資
産たる株式」と「譲渡所得の基因となる資産たる株式」の2つの取扱いが同一
の通達で示されている点に対する疑問である。

⑷　近時の注目すべき事例
ア　事案の概要
㈎　概　要
　ここで，所得税法59条1項2号の規定の適用が争点とされた東京地裁平成29
年8月30日判決（税資267号順号13045）及びその控訴審である東京高裁平成30年
7月19日判決（裁判所HP）を素材に，取引相場のない株式の評価について考え
てみたい。

　本件は，T製造株式会社（以下「T製造」という。）の代表取締役であった被相
続人Kが，自身の有していたT製造の株式のうち72万5,000株を，平成19年8
月1日，S会に対して譲渡したこと（以下，これを「本件株式譲渡」といい，本件株
式譲渡に係るT製造の株式を「本件株式」という。）につき，Kの相続人であり相続に
よりKの平成19年分の所得税の納付義務を承継したXら（原告）が，本件株式
譲渡に係る譲渡所得の収入金額を譲渡対価と同じ金額（配当還元方式により算定し

た価額に相当する金額）として，Kの上記所得税の申告をしたところ，所轄のC税務署長が，本件株式譲渡の譲渡対価はその時における本件株式の価額（類似業種比準方式により算定した価額）の２分の１に満たないから，本件株式譲渡は所得税法59条１項２号の低額譲渡に当たるとして，Xらに対し，更正処分及び過少申告加算税の賦課決定処分をしたことから，Xらが，国Y（被告）に対しこれらの処分（更正処分については修正申告又は先行する更正処分の金額を超える部分）の各取消しを求めた事案である。

なお，本件株式譲渡の時点において，T製造は，評価通達178に規定する「大会社」に，T製造の株式は，所得税基本通達23〜35共-9の(4)ニの株式及び評価通達における「取引相場のない株式」に，それぞれ該当する。

(イ) 事実経過等

(a) 本件株式譲渡について　Kは，平成19年８月１日，S会に対し，自己が有するT製造の株式のうち72万5,000株（本件株式）を，代金１株当たり75円，合計5,437万5,000円，代金の支払期限を同月10日までなどとして譲渡した（本件株式譲渡）。本件株式譲渡における１株当たり75円という代金額は，本件株式を配当還元方式により評価して得た金額と同額である。

本件株式譲渡前後のT製造の株主構成は下記のとおりである。

・本件株式譲渡前（平成19年７月31日以前）		
(ア)	K	146万0700株（15.88%）
(イ)	K親族ら	合計63万5820株（ 6.91%）
	以上合計	209万6520株（22.79%）
(ウ)	I会	222万4400株（24.18%）
(エ)	研究会持株会	221万0730株（24.03%）
(オ)	従業員持株会	231万5150株（25.16%）
(カ)	その他の個人株主	合計35万3200株（ 3.84%）

・本件株式譲渡後（平成19年８月１日以後）		
(ア)	K	73万5700株（ 8.00%）
(イ)	K親族ら	合計63万5820株（ 6.91%）
	以上合計	137万1520株（14.91%）
(ウ)	S会	2万5000株（ 7.88%）
(エ)	I会	222万4400株（24.18%）
(オ)	研究会持株会	221万0730株（24.03%）

224　第4章　事業承継に係る税務の取扱い（理論編）

> ㈹　従業員持株会　　　　　231万5150株（25.16％）
> ㈭　その他の個人株主　合計35万3200株（ 3.84％）

なお，K及びK親族らは，評価通達188の適用において，相互に「同族関係者」に当たる。

(b)　Xらに対する課税処分の経緯等

〔1〕　本件相続に伴い，Xらは，平成20年3月13日，Kの平成19年分の所得税につき所得税法125条《年の中途で死亡した場合の確定申告》1項による準確定申告書を提出した。かかる申告は，本件株式譲渡に係る譲渡所得の収入金額を，その代金額と同額の1株当たり75円とするものであった。

〔2〕　C税務署長は，平成22年4月21日付けで，Xらに対し，本件株式譲渡の時における本件株式の価額は類似業種比準方式により算定した1株当たり2,990円であり，本件株式譲渡は所得税法59条1項2号の低額譲渡に当たるから，本件株式譲渡に係る譲渡所得の収入金額は1株当たり2,990円であるとして，Kの平成19年分の所得税の更正処分及び過少申告加算税の賦課決定処分をした。

イ　争点—本件株式譲渡が所得税法59条1項2号の低額譲渡に当たるか—

本件では，低額譲渡の判定の基礎となる本件株式譲渡の時における本件株式の価額の前提として，評価通達188のいうところの「同族株主以外の株主等が取得した株式」に当たるか否か，すなわち，取引相場のない株式の譲渡の時における価額の算定において評価通達188の⑴～⑷の定めを適用する場合の持株割合の判断のタイミングを巡ってXとYの主張が対立している。Yは，譲渡直前の議決権割合からすれば，評価通達188⑶にいう「同族関係者の有する議決権の合計数」は，22.79％であるから，15％未満に該当しないと主張するのに対して，Xは，株式の取得者の取得後の議決権割合である14.91％によって判断し，15％未満に該当すると解すべきであるとする。Xの主張に従えば，同通達⑶に該当することとなり，「同族株主以外の株主等が取得した株式」となることから，その評価は，いわゆる特例的評価方法である配当還元方式によって評価することとなる。すなわち，具体的な争点は，所得税基本通達59-6⑴の条件下における評価通達188の議決権割合の判定方法（時期）にある。なお，同通達は「課税時期における…」としており，議決権割合の判定が譲渡の前後のいずれでなされるのか一見したところ判然としない。

13 取引相場のない株式の評価—所得税法59条１項２号の低額譲渡該当性— 225

　本件では，本件各更正処分等による納付すべき税額についてのＹの主張変更
の当否も争われているが，この点は割愛する。

　ウ　判決の要旨

　㋐　東京地裁平成29年８月30日判決

　東京地裁平成29年８月30日判決は，次のように説示し，低額譲渡に当たると
判断した。

　「所得税法59条１項は，同項２号の低額譲渡，すなわち，譲渡の時における
価額の２分の１に満たない金額（所得税法施行令169条）による法人に対する資産
の譲渡があった場合には，その譲渡した者の譲渡所得等の金額の計算について
は，その譲渡があった時に，その時における価額に相当する金額により，当該
資産の譲渡があったものとみなす旨を定めており，ここにいう『その時におけ
る価額』とは，当該譲渡の時における当該資産の客観的交換価値をいうものと
解される。

　そして，所得税基本通達59-6は，所得税法59条１項の適用に当たって，譲渡
所得の基因となる資産が評価通達における取引相場のない株式に相当する株式
であって売買実例のある株式等に該当しないもの（所得税基本通達23〜35共-9の(4)
ニの株式）である場合の『その時における価額』とは，原則として，一定の条件
の下に，評価通達の178から189-7までの例により算定した価額とする旨を定め
ており，これらの通達はいずれも公開されている。

　所得税基本通達59-6がこのような取扱いを定めている趣旨は，取引相場のな
い株式は通常売買実例等に乏しく，その客観的交換価値を的確に把握すること
が容易ではないため，その評価方法についての国税当局の内部的な取扱いを相
続税等の課税対象となる財産の評価について定めた評価通達の例に原則として
統一することで，回帰的かつ大量に発生する課税事務の迅速な処理に資すると
ともに，公開された画一的な評価によることで，納税者間の公平を期し，また
納税者の申告・納税の便宜を図るという点にあると解される。

　このような上記通達の趣旨に鑑みれば，取引相場のない株式について，所得
税基本通達59-6が定める条件の下に適用される評価通達に定められた評価方法
が，取引相場のない株式の譲渡に係る譲渡所得の収入金額の計算において当該
株式のその譲渡の時における客観的交換価値を算定する方法として一般的な合
理性を有するものであれば，その評価方法によってはその客観的交換価値を適

正に算定することができない特別な事情がある場合でない限り，その評価方法によって算定された価額は，当該譲渡に係る取引相場のない株式についての所得税法59条１項にいう『その時における価額』として適正なものであると認めるのが相当である。」

「そこでまず，評価通達に定められた取引相場のない株式の評価方法の合理性について検討すると，評価通達178以下では，取引相場のない株式の評価について，評価会社の規模に応じて場合分けし，大会社については，類似業種比準方式を原則的評価方法とすることを定める」が，「評価通達178以下に定めるこれらの評価方法は，取引相場のない株式につき実情等を踏まえたものとして一般的な合理性を有すると認められる。」

「次に，所得税基本通達59-6が上記の評価通達に定められた取引相場のない株式の評価方法を適用する際の一定の条件として規定した内容の合理性について検討すると，そもそもそのような一定の条件を設けたのは，評価通達が本来的には相続税や贈与税の課税価格の計算の基礎となる財産の評価に関する基本的な取扱いを定めたものであって，譲渡所得の収入金額の計算とは適用場面が異なることから，評価通達を譲渡所得の収入金額の計算の趣旨に則して用いることを可能にするためであると解される。

すなわち，相続税や贈与税が，相続や贈与による財産の移転があった場合にその財産の価額を課税価格としてその財産を取得した者に課される税であるのに対し，譲渡所得に対する課税は，資産の値上がりによりその資産の所有者に帰属する増加益（キャピタル・ゲイン）を所得として，その資産が所有者の支配を離れて他に移転するのを機会に，これを清算してその譲渡人である元の所有者に課税する趣旨のものと解されるのであって（最高裁昭和41年（行ツ）第102号同47年12月26日第三小法廷判決・民集26巻10号2083頁，最高裁昭和47年（行ツ）第４号同50年５月27日第三小法廷判決・民集29巻５号641頁参照），そのような課税の趣旨からすれば，譲渡所得の基因となる資産についての低額譲渡の判定をする場合の計算の基礎となる当該資産の価額は，当該資産を譲渡した後の譲受人にとっての価値ではなく，その譲渡直前において元の所有者が所有している状態における当該所有者（譲渡人）にとっての価値により評価するのが相当であるから，評価通達188の(1)～(4)の定めを取引相場のない株式の譲渡に係る譲渡所得の収入金額の計算上当該株式のその譲渡の時における価額の算定に適用する場合には，各定め中

『(株主の) 取得した株式』とあるのを『(株主の) 有していた株式で譲渡に供されたもの』と読み替えるのが相当であり，また，各定め中のそれぞれの議決権の数も当該株式の譲渡直前の議決権の数によることが相当であると解される。

　所得税基本通達59-6の(1)が，評価通達188の(1)に定める『同族株主』に該当するかどうかは，株式を譲渡した個人の当該譲渡直前の議決権の数により判定する旨を定めているのは，上記の趣旨を『同族株主』の判定について確認的に規定したものであり，上記の読替え等をした上で評価通達188の(1)～(4)の定めを適用すべきであることを当然の前提とするものと解されるから，この規定もまた一般的な合理性を有すると認められる。」

　「評価通達188の(1)～(4)の定めを取引相場のない株式の譲渡に係る譲渡所得の収入金額の計算上当該株式のその譲渡の時における価額の算定に適用する場合には，Xらのいう会社区分の判定においても，株主区分の判定においても，譲渡直前の譲渡人の議決権割合によるのが相当である。」

　「以上によれば，所得税法59条1項2号の適用に当たって，本件株式譲渡の時における本件株式の価額は1株当たり2505円であると認められ，本件株式譲渡の対価である1株当たり75円はその2分の1に満たないから，本件株式譲渡は，同号の低額譲渡に当たる。」

(イ)　東京高裁平成30年7月19日判決

　「所得税基本通達59-6は，所得税法59条1項の適用に当たって，譲渡所得の基因となる資産が本件株式のように評価通達における取引相場のない株式に相当する株式であって売買実例のある株式等に該当しないもの (所得税基本通達23～35共-9の(4)ニの株式) である場合の『その時における価額』とは，原則として，同通達59-6の(1)から(4)までによることを条件に，評価通達の178から189-7までの例により算定した価額とする旨を定めており，これらの通達はいずれも公開されている。

　所得税基本通達59-6がこのような取扱いを定めている趣旨は，取引相場のない株式は通常売買実例等に乏しいことなどから，その客観的交換価値を的確に把握することが容易ではないため，その評価方法についての国税当局の内部的な取扱いを相続税等の課税対象となる財産の評価について定めた評価通達の例に原則として統一することで，回帰的かつ大量に発生する課税事務の迅速な処理に資するとともに，公開された画一的な評価によることで，納税者間の公平

を期し，また納税者の申告・納税の便宜を図るという点にあると解される。

　このような上記通達の趣旨に鑑みれば，取引相場のない株式について，所得税基本通達59-6が定める条件の下に適用される評価通達に定められた評価方法が，取引相場のない株式の譲渡に係る譲渡所得の収入金額の計算において当該株式のその譲渡の時における客観的交換価値を算定する方法として一般的な合理性を有するものであれば，その評価方法によってはその客観的交換価値を適正に算定することができない特別な事情がある場合でない限り，その評価方法によって算定された価額は，当該譲渡に係る取引相場のない株式についての所得税法59条１項にいう『その時における価額』として適正なものであると認めるのが相当である。」

エ　検　討

　本件地裁判決は，譲渡所得の本質論から，所得税基本通達59-6が評価通達による評価を行うために設けている一定の条件を前提とした上で，同通達188における同族株主該当性を譲渡直前の議決権数で判定するという取扱いを肯定した。これに対して，本件高裁判決はかかる取扱いを否定した。

　ここでは，増加益清算課税説の見地から譲渡直前の議決権割合で判断するとの態度が示されている。増加益清算課税説の立場から譲渡直前の議決権割合を使用するという点においては本件判決を支持できるものの，所得税法59条１項にいう「その時における価額」について，類似業種比準方式や配当還元方式を念頭に置いた評価通達を一定の要件の下で肯定する所得税基本通達59-6の取扱いに合理性があると判断した点については議論の余地があると考える。そもそも，譲渡所得の収入金額の算定において，類似業種の他法人の株価や配当額を基に割り出した数値に何の意味があるというのであろうか。この点には疑問も挟む余地があるであろう。

　もっとも，仮に，かような問題意識をいったん捨象し，所得税基本通達59-6のような一定の条件下において配当還元方式による評価を行うことを肯定し得るとすれば，増加益清算課税説に立って，譲渡直前の議決権割合に関心を寄せる本件判決の判断は妥当であるように思われる。

　しかしながら，他方で，果たして，譲渡直前の株式の保有状況をもって「同族株主」該当性を判定することと，譲渡者の支配下におけるキャピタルゲインの生成との間にいかなる因果関係があるのか，増加益清算課税説との接点がい

まひとつ判然としないのであって，この点における問題関心も同時に湧出する。資産の譲渡直前の状況だけで判断するというのであれば，二重利得法との整合的理解に若干の不安が残るともいえよう。

すなわち，所得税基本通達33-4《固定資産である土地に区画形質の変更等を加えて譲渡した場合の所得》は，固定資産である土地に区画形質の変更を加えるなどした後に譲渡した場合の所得は棚卸資産又は棚卸資産に準ずる資産の譲渡による所得として，その全部が事業所得又は雑所得に該当するところ，同通達33-5《極めて長期間保有していた土地に区画形質の変更等を加えて譲渡した場合の所得》は，その区画形質の変更等に係る土地が極めて長期間引き続き所有されていたものであるときは，「当該土地の譲渡による所得のうち，区画形質の変更等による利益に対応する部分は事業所得又は雑所得とし，その他の部分は譲渡所得として差し支えない。この場合において，譲渡所得に係る収入金額は区画形質の変更等の着手直前における当該土地の価額とする。」と通達している。これは，譲渡の際の資産の棚卸資産該当性をみるだけではなく，長期間にわたって譲渡者の手元に支配されてきたキャピタルゲインの生成過程に注目をする考え方であるとみることができるように思われる。かように，通達の取扱いが，いわば譲渡直前の状況のみならず，キャピタルゲインの生成過程についても着目する考え方を持ち合わせているとすると，評価通達188にいう「同族株主」該当性を譲渡直前の状況のみで判断するとすることには不安を覚えもする。

ただし，ここには一種の割切りがあって，所得税基本通達59-6等はあくまでも通達であるから，かような割切りが適合しないような個別事情（譲渡直前における株主構成の急激な変更などの個別事情）が存する場合には，評価通達188を適用して所得税法59条1項にいう「その時における価額」を判断することの是非が問われる余地はあるように思われるが，本件はかような事情にあるものではなかろう。

キャピタルゲインの生成過程との関係が希薄であるという問題点は内包しつつも，いつの段階の資産価値が推定されるべきかは，所得税法59条1項の規定の適用においては截然としている。資産を手放す段階における資産価値を考慮するというのがそもそものキャピタルゲイン課税の本質であることを考えると，これは，ヘンリー・サイモンズ（Henry C. Simons）にいうところの期末の資本財（W1）と期首の資本財（W0）の差額（W1 − W0 = ΔW）を観念しているのであるか

230　第4章　事業承継に係る税務の取扱い（理論編）

ら，推定されるべきは手放した後の翌期（W2）中の資本財の市場価値ではない
ことは明らかである。そう考えると，Yが主張するように譲渡直前の議決権割
合で評価通達188の15％基準を考えるべきか，あるいはXらの主張のように譲
渡後の議決権割合で考えるべきかについては，増加益清算課税説との関連にお
いて不安は残るものの，少なくとも仮にこれらが二者択一の関係にあるとする
のであれば前者によるほかはないというべきであろう。

(5)　相続税・法人税との径庭

ア　相続税との関係

　私見としては，増加益清算課税説を前提とすれば，所得税法59条1項にいう
「その時における価額」は純資産評価額において評価されるべきであると考え
ているが，これに対しては，所得税法の評価と相続税法の評価が異なることは
一物二価を意味することとなり，それ自体問題視すべきという見解も想定し得
る。この点はいかに考えるべきであろうか。

　横浜地裁昭和57年7月28日判決（訟月29巻2号321頁）[18]は「相続税法7条は，著
しく低い価額の対価で財産の譲渡を受けた場合には，法律的には贈与といえな
いとしても，実質的には贈与と同視することができるため，課税の公平負担の
見地から，対価と時価との差額について贈与があったものとみなして贈与税を
課することとしているのであるから，右の規定の趣旨にかんがみると，同条に
いう著しく低い価額の対価に該当するか否かは，当該財産の譲受の事情，当該
譲受の対価，当該譲受に係る財産の市場価額，当該財産の相続税評価額などを
勘案して社会通念に従い判断すべきものと解するのが相当である。」とする。
そして，所得税法との違いについては，「所得税法施行令169条は，前記のとお
り，右の所得税法59条1項2号の規定を受けて，著しく低い価額の対価として
政令で定める額を資産の譲渡の時における価額の2分の1に満たない金額と規
定しているが，これらの規定はどのような場合に未実現の増加益を譲渡所得と
してとらえ，これに対して課税するのを適当とするかという見地から定められ
たものであって，どのような場合に低額譲受を実質的に贈与とみなして贈与税
を課するのが適当かという考慮とは全く課税の理論的根拠を異にするといわな
ければならない。」とする。

　所得税法は，相続税法にはない「著しく低い価額」という概念を持ち込んで

いるが，この点について，植松守雄氏は，「一口に『時価』といっても画一的に把握できるわけではなく，人様々の評価があり得るので，いわば安全を見込んで『著しく低い価額』の場合に限った」という見方ができるとの見解を示している（植松守雄「『低額譲渡』をめぐる税法上の諸問題」税弘23巻4号27頁（1975））。

そもそも，所得税法や法人税法上の取引相場のない株式の評価に当たっては，評価通達185《純資産価額》の本文に定める「1株当たりの純資産価額（相続税評価額によって計算した金額）」の計算に当たり，同通達186-2《評価差額に対する法人税額等に相当する金額》により計算した評価差額に対する法人税額等に相当する金額を控除しないこととしている点にも，取扱いの差異を認めることができるのである。かような異なる取扱いを行っているのは，所得税法や法人税法が対象とする経済取引を前提としたいわば動的な資産評価に，評価通達の取扱いをそのまま適用するのは問題があるものの，同通達に定める取引相場のない株式の評価方法は，1つの事実として実務界に定着していると認められることから，これと全く異なる評価方法を導入するとすれば，執行上の混乱を招来するであろうとの考え方によるといわれている[19]。しかしながら，そのような理解ではなく，上記法人税額等の控除についての取扱いの相違は，対象会社を清算して譲渡した時の財産価値を判断する相続税法上の評価と，市場において売却することを念頭に置いて評価をすることが含意されているわけではない所得税法上の資産評価との間の径庭として捉えるべきではないかと考える。単に，対象株式の評価は内在的価値の推計にすぎないのであって，清算時の価値など評価する必要がないからという別の角度からの説明も可能なのではなかろうか。

イ　法人税との関係

次に，法人税との径庭についても考えてみたい。

キャピタルゲインに対して課税を行うとする譲渡所得の本質は，法人税法においても何ら異なるところはないとする考え方がある（東京高裁昭和46年12月8日判決・税資63号1084頁）[20]。また，本件判決が説示するところによると，所得税法59条にいう「その時における価額」とは，客観的交換価値たる「時価」によるとされているが，これは，法人税法上の「当該資産の価額」（法法33②），「その贈与（供与）の時における価額」（法法37⑦）及び相続税法上の「時価」（相法7，22，評基通1(2)）と同義であると解されている（大阪地裁昭和53年5月11日判決・行集29巻5号943頁，東京高裁平成6年2月26日判決・税資200号815頁，東京地裁昭和55年9月3日判

決・行集31巻 9 号1750頁，東京高裁平成 7 年12月13日判決・行集46巻12号1143頁）。そうと
すると，相続税法や法人税法上の取扱いとの径庭をいかに説明すべきかという
問題は残るというべきであろう。

　ところで，従前の所得税基本通達23〜35共-9においては，非上場株式の時価
の評価について，①売買実例があるものについては最近において売買の行われ
たもののうち適正と認められる価額，②売買実例がないものでその株式等の発
行法人と事業規模等が類似する他の法人の株式等の価額があるものについては
当該価額に比準して推定した価額，又は③①及び②に該当しないものについて
は発行法人 1 株当たりの純資産価額等を参酌して通常取引されると認められる
価額，によって評価する旨が通達されていた。これに対して，当時の法人税基
本通達においても，かかる所得税基本通達とほぼ同様の取扱いを示達していた
ところではあるが，売買実例を 6 か月以内のものに限定している点や，課税上
弊害がない限り，一定の条件を付した上で，評価通達の取扱いを準用できると
していた点が異なっていた。このような通達の取扱いがある中にあって，大分
地裁平成13年 9 月25日判決（税資251号順号8982）は，所得税法59条 1 項の適用に
当たり，取引段階の保有株式数を前提に少数株主が取得した株式について配当
還元方式の適用を認めている。これは，株式譲渡直前の段階での株式保有を前
提とするのではなく，受取段階での株式保有を前提とする法人税基本通達の処
理が念頭に置かれた判断であるともいえよう（品川芳宣「所得税法59条における非
上場株式の時価」税研103号126頁（2002）参照）。

　ちなみに，この大分地裁判決が出る 1 年前に所得税基本通達59-6が改正され，
現行と同様の取扱い，すなわち，同族株主該当性につき，「株式等を譲渡又は
贈与した個人の当該譲渡又は贈与直前の保有株式数により判定すること」とさ
れたのであって，上記大分地裁判決はかかる通達の取扱いとは異なるところに
なったのである[21]。

　上述のとおり，「同族株主」の判定時期について，相続税と所得税の取扱い
が異なるのは妥当であると思われるが，問題は法人税と所得税の取扱いの径庭
である。もっとも，法人税基本通達9-1-14（上場有価証券等以外の株式の価額の特
例）は，「法人が，上場有価証券等以外の株式……について法第33条第 2 項（資
産の評価換えによる評価損の損金算入）の規定を適用する場合において，事業年度終
了の時における当該株式の価額につき……財産評価基本通達……の178から

189-7まで《取引相場のない株式の評価》の例によって算定した価額によっているときは，課税上弊害がない限り，次によることを条件としてこれを認める。」としており，これはあくまでも法人税法33条《資産の評価損の損金不算入等》2項の法令解釈通達であるから取得原価主義の適用問題が前提とされており，当然ながら取得者側の視点からの株式評価の問題である。これに対して，所得税法59条は譲渡所得として資産を手放した側の問題であるから，ここに同一の評価が予定されていないことには何ら問題がないというべきであって，法人税基本通達9-1-14の取扱いと所得税法59条の取扱いとの間に径庭があるのはむしろ当然のことであると整理することもできよう。

　資産の評価はその対象となる資産が棚卸資産であるか，それ以外の資産であるかによって異なると考えるべきであるから，そもそも，一物一価の考え方に固執する必要性はないように思われるのである（渋谷雅弘「相続税における財産評価の法的問題」金子宏先生古稀祝賀『公法学の法と政策〔上巻〕』701頁（有斐閣2000））。

(6)　財産評価基本通達の射程範囲

　そもそも，唯一通用する取引価額というものが存在しないのであるから，財産評価基本通達に定められている評価方法に基づいて計算した金額それ自体も，取引の目安の1つでしかないと考えられているのであるから（岩﨑政明「相続税法7条にいう『著しく低い価額の対価』とは当該財産の譲受の対価が相続税評価額の2分の1を下回る場合をいうと解することはできないとされた事例」税務事例15巻10号2頁(1983)），そこに厳格性を求めること自体意味がないというべきであろう。したがって，前述の検討の逆のことを述べるようではあるが，他方で，フロー課税の場面においても，いかに財産評価基本通達がストック課税を前提とした評価基準であるからといって，これを参考にしてはいけないとする積極的な理由に乏しいようにも思われる。

　　　東京地裁平成5年2月16日判決（税資194号375頁）[22]は，「相続税法22条にいう『時価』が，相続開始時における当該財産の客観的な交換価格をいうものと解すべきことは前記のとおりであり，しかも，この客観的な交換価格というものは必ずしも一義的に確定され得るものではなく，当然に一定の幅をもった概念として理解されるべきものであることはいうまでもないところである。そうすると，評価基本通達による評価額というものも，右のような一定の幅をもった時価の概念に含まれる一つの具体的な価額にとどまるものと考えられ，これ以外の方法によって算定された具体的な価額が，相続税法22条にいう『時価』の概念から一切排除されるものと解すべき法律上の根拠はない。すなわち，

234　第4章　事業承継に係る税務の取扱い（理論編）

　右評価通達による評価方法以外の方法によって算定された価額であっても，それが右の
ような意味での『時価』の概念の範囲に含まれるものであるときには，それもまた相続
税法22条にいう『時価』に該当するものとすることに，法解釈上の支障はないものと考
えられるところである。」とする。

　では，この点の財産評価基本通達適用上の折り合いをいかにつけるかという
課題が厳然として立ちはだかるのであるが，同通達の適用については，截然と
した区別ではないものの，およそ次のようなことがいえはしまいか。

　金子宏教授は，「評価基本通達の基本的内容は，長期間にわたる継続的・一
般的適用とそれに対する国民一般の法的確信の結果として，現在では行政先例
法になっていると解されるので，特段の理由がないにもかかわらず，特定の土
地について評価基本通達と異なる方法を用いて高く評価することは違法である
と解すべきであろう」とされ，行政先例法の成立を認める立場にある（金子・租
税法720頁）。また，清永敬次教授は，財産評価基本通達による評価が一般的に行
われているようなときに，ある特定の納税者についてだけ「別の評価基準の適
用がむしろ税法令の定めるところに合致するような場合でも，この場合は税法
令への適合性の要請は退き，租税平等主義により，特定の納税者に対する別の
評価基準の適用は恣意的な差別として許されないものというべき」であるとさ
れ，平等原則ないし租税公平主義の観点から違法性を帯びると説明される（清
永・税法34頁）。このように，財産評価基本通達の適用について，代表的見解は，
それを行政先例法の成立を認めるか（山田二郎「買受けた農地について知事の許可前
に相続が開始した場合の相続財産の評価」税務事例13巻3号15頁（1981）），平等原則の見
地から述べるか（山田・前掲稿15頁）といったいくつかのアプローチで一定の実
質的拘束力を認める見地に立つものが多い。

　　✐　金子宏教授は，「土地が一般的に低く評価されている状況を前提とすると，合理的な
　　　　理由がないにもかかわらず，特定の土地についてのみ一般的評価水準をこえて高く評価
　　　　することは，平等原則に反して違法となると解すべき」とされ，さらに，「評価基本通達
　　　　の基本的内容は，長期間にわたる継続的・一般的適用とそれに対する国民一般の法的確
　　　　信の結果として，現在では行政先例法になっていると解されるので，特段の理由がない
　　　　にもかかわらず…，特定の土地について評価基本通達と異なる方法を用いて高く評価す
　　　　ることは違法であると解すべきであろう」とされる（金子・租税法720頁）。

　　✐　もっとも，行政先例法の成立に対して批判的な見解もある（例えば，品川芳宣「農地
　　　　の買受中に相続が開始した場合の相続財産とその評価」税通35巻12号202頁（1980），高
　　　　津吉忠「租税における土地評価試論」税大論叢17号1頁（1986），石島弘「資産税の時価
　　　　以下評価による課税と租税法律主義」租税11号91頁（1983），碓井光明「相続税・贈与税
　　　　における資産評価―土地の評価を中心として」日税研論集7号24頁（1988）など）。また，

平等原則の適用に否定的な見解もある（石島・前掲稿88頁，碓井・前掲稿25頁など）。

✐　信義則の観点から拘束力を認めるものとして，北野弘久『憲法と税財政』138頁（三省堂1983）参照。なお，同教授は，行政先例法の成立には消極的である。

　また，財産評価について行政裁量を否定しながらも（最高裁昭和49年6月28日第三小法廷判決・税資75号1123頁など），通達に従った処理を是認する裁判例が多数を占めてきたのであろう[23]。

　そうであるがゆえに，財産評価基本通達は国家行政組織法上の通達ではあるものの，その改正に当たっては，政府税制調査会や与党税制調査会が答申まで出して改正提案をしており，あたかも税制改正と同じようなレールの上で改正論議が展開しているのであろう。

✐　例えば，平成2年の政府税制調査会「土地税制の在り方についての基本答申」がその代表的なものであるが，政府税制調査会や与党税制調査会においても，財産評価基本通達の改正が提案されることが多い。

　前述のとおり，これはあくまでも，財産評価を行うべく，相続税法22条の「時価」の解釈適用に係る通達であることに思いを致せば，あくまでも相続税ないし贈与税の課税局面でかような実質的な事実上の拘束力が働くというだけであって，あくまでも所得税法59条にいう「著しく低い価額」の解釈適用問題においては参考にするという以上の意味を有すると解するのは同通達の射程範囲を逸脱した議論であるといわざるを得ない。百歩譲って，財産税的性質を有する租税領域における牽引的役割を財産評価基本通達が担うとしても，あくまでも，それは財産課税の範囲にとどまる議論であるから，そのことをもってして，所得税法ないし法人税法上にも当然に適用が及ぶと解するのは行き過ぎであるといわざるを得ないのである。

　その点からすれば，本節において素材とした事例の検討に当たっては，あくまでも同事例が所得税法上のそれであることを忘れて，キャピタルゲイン課税の本質論から離脱した議論を展開し，その延長線上で評価論を展開することには疑問が残るというべきである。

(7)　まとめ

　ここでは，所得税法59条1項にいう「その時における価額」を素材として，所得税法上のキャピタルゲイン課税における資産評価のあり方について，現行

236　第4章　事業承継に係る税務の取扱い（理論編）

の課税実務の考え方に疑問を提起する形で論じた。これは，所得税基本通達23
～35共-9が，棚卸資産の評価問題と譲渡所得の基因となる資産の評価問題を同
様の観点から評価する態度を示していること自体を問題視する所見である[24]。

〔注〕
(1)　ここにいう「同族関係者」とは，法人税法施行令4条《同族関係者の範囲》に規定す
　　る特殊の関係のある個人又は法人をいう。
(2)　ここで，その評価会社の株主のうち，株主の1人及びその同族関係者の有する議決権
　　の合計数が最も多いグループの有する議決権の合計数が，その会社の議決権総数の50％
　　超である会社にあっては，50％超となる。
(3)　ここにいう「役員」とは，社長，理事長並びに法人税法施行令71条《使用人兼務役員
　　とされない役員》1項1号，2号及び4号に掲げる者をいう。
(4)　これらの者の同族関係者である会社のうち，これらの者が有する議決権の合計数がそ
　　の会社の議決権総数の25％以上である会社を含むこととしている。
(5)　ここにいう「年配当金額」とは，財産評価基本通達183《評価会社の1株当たりの配当
　　金額等の計算》の(1)に定める1株当たりの配当金額をいう。ただし，その金額が2円50
　　銭未満のもの及び無配のものにあっては2円50銭とするとしている。
(6)　同通達の示す算式にいう「その株式に係る年配当金額」は1株当たりの資本金等の額
　　を50円とした場合の金額であるので，算式中において，評価会社の直前期末における1
　　株当たりの資本金等の額の50円に対する倍数を乗じて評価額を計算することとしている
　　ことに留意する。
(7)　判例評釈として，佐藤孝行・判評202号28頁（1975），吉良実・シュト86号8頁（1969），
　　浅沼潤三郎・民商77巻2号274頁（1977），清永敬次・租税判例百選〔第2版〕70頁
　　（1983），石井健吾・曹時30巻11号1835頁（1978），岡村忠生・租税判例百選〔第3版〕60
　　頁（1992）など参照。
(8)　金子宏「譲渡所得の意義と範囲―二重利得法の提案を含めて」『課税単位及び譲渡所
　　得の研究』113頁（有斐閣1996），占部裕典「土地の譲渡による所得の区分」『租税法の解
　　釈と立法政策Ⅰ』1頁（信山社2002）。二重利得法を採用した裁判例として，松山地裁平
　　成3年4月18日判決（訟月37巻12号2205頁）がある（控訴審は高松高裁平成6年3月15
　　日判決（税資200号1067頁）及び上告審は最高裁平成8年10月17日第一小法廷判決（税
　　資221号85頁））。
(9)　例えば，田中治「キャピタルゲイン課税―税法学からの問題提起―」日本租税理論学
　　会『キャピタルゲイン課税』69頁（谷沢書房1993），竹下重人・租税判例百選〔第3版〕
　　66頁（2005），同「譲渡所得課税の二，三の問題点」シュト100号109頁（1970），吉良実
　　「税法上の課税所得論(1)」税法304号20頁（1976）など。
(10)　そのほか，譲渡時課税適状説として，大塚正民・シュト175号5頁（1977）。
(11)　岡村忠生「資産概念の二重性と譲渡所得課税」論叢170巻4＝5＝6号212頁，酒井克彦
　　「キャピタル・ゲインの清算課税としての譲渡所得課税」税務事例38巻7号58頁（2006），
　　同「無償による資産の譲渡とみなし譲渡所得課税」税務事例38巻8号44頁（2006）など
　　参照。

⑫ 判例評釈として，福岡右武・平成4年度最高裁判所判例解説〔民事篇〕266頁（1995），品川芳宣・税研48号36頁（1993），増井良啓・法協111巻7号1094頁（1994），中里実・租税判例百選〔第5版〕81頁（2011）など参照。

⑬ 判例評釈として，品川芳宣・TKC税研情報14巻4号133頁（2005），一高龍司・民商133巻3号151頁（2005），高野幸大・ジュリ1319号182頁（2006），神山弘行・租税判例百選〔第5版〕83頁（2011），小塚真啓・租税判例百選〔第6版〕86頁（2016）など参照。

⑭ 「別段の定め」であることを否定する見解として，大淵博義＝安屋謙一「贈与により取得したゴルフ会員権の名義書換料が同会員権を譲渡した場合の取得費に含まれるか」TKC税研情報14巻5号7頁（2005）。

⑮ 酒井克彦「『別段の定め』としての所得税法60条（上）（下）—所得税法60条にみる譲渡所得等の金額の計算特例という性格—」税務事例49巻10号1頁（2017），同11号1頁（2017）。所得税法38条等の「取得」概念の意義から論じたものとして，同「所得税法にいう資産の『取得』の意義（上）（中）（下）—譲渡所得関連規定の解釈を巡って—」税務事例49巻12号1頁（2017），同50巻1号13頁（2018），同2号1頁（2018）。

⑯ 佐藤英明『スタンダード所得税法〔第2版補正版〕』144頁（有斐閣2018），岡村・前掲注⑾260頁。酒井克彦「金融所得一体課税と所得税法上の課題」租税研究719号111頁（2009）も参照。

⑰ 岡村・前掲注⑾260頁。

⑱ 判例評釈として，岩﨑政明・税務事例15巻10号2頁（1983）など参照。

⑲ 小原一博編『法人税基本通達逐条解説〔8訂版〕』715頁（税務研究会出版局2016）。三又修ほか『所得税基本通達逐条解説〔平成29年版〕』718頁（大蔵財務協会2017）も参照。

⑳ 東京高裁昭和43年5月31日判決（税資52号1020頁）は，「資産の譲渡益に対する課税は，法人の資産が売買交換贈与等により所有者たる法人の支配を離脱する際に，資産の値上りという形ですでに発生している資産利益（キャピタル・ゲイン）を清算，課税することを本質とするものであるから，いやしくも資産が第三に譲渡された場合には，たとえ右譲渡が無償または時価よりも低廉な価額でなされたときでも，当該資産の取得価額（帳簿価額）と時価との差額たる資産利益に相当する益金が顕現するものとしなければならない。」とする。

㉑ この点について，大淵博義教授は，「この通達の創設は，この……事件をターゲットにしたものであることは，『ぴん』と来ました。」とされ，上記大分地裁判決が確定したからには，「国税庁は，その段階で当該通達を廃止すべきであったというべき」と論じられる（大淵「非上場株式の評価を巡る最近の動向〜最新判決にみる問題点の検証〜」租税研究821号268（2018））。

㉒ 判例評釈として，品川芳宣・税研52号37頁（1993），太田幸夫・平成6年度主要民事判例解説〔判タ臨増〕298頁（1995）など参照。

㉓ 大阪地裁平成16年8月27日判決（税資254号順号9726）は，「相続税法22条は，贈与により取得した財産の価額については，原則として，当該財産の取得の時における時価により評価すべき旨定めているところ，ここにいう時価とは，当該財産の取得時における当該財産の客観的な交換価値，すなわち，不特定多数の当事者間で自由な取引が行われる場合に通常成立すると認められる価額をいうものと解するのが相当である（評価基本通達1⑵もこの旨規定している。）。」とした上で，「しかしながら，財産の客観的な交換価値というものが必ずしも一義的に確定されるものではないことから，課税実務上は，

238　第4章　事業承継に係る税務の取扱い（理論編）

納税者間の公平，納税者の便宜，徴税費用の節減という見地から，相続税法が規定する相続税及び贈与税の対象となる財産の評価の一般的規準が評価基本通達により定められ，そこに定められた画一的な評価方法により同財産の評価をすることとされている。このように画一的な評価方法により同財産の評価を行うことは，その評価方式が合理性を有するものであり，相続税法22条に規定する時価を超えないものである限り適法なものということができる。そして，上記のように評価基本通達により画一的に適用すべき評価方法を定めた以上は，これが合理性を有する限り，納税者間の公平及び納税者の信頼保護の見地から，原則として，全ての納税者との関係で評価基本通達に基づく評価を行う必要があり，特定の納税者あるいは特定の贈与財産についてのみ評価基本通達に定める方法以外の方法によって評価することは，たとえその方法による評価がそれ自体としては相続税法22条の定める時価として許容できる範囲内のものであったとしても，許されないものと解すべきである。」とする。

　また，例えば，インターロッキング事件最高裁平成29年2月28日第三小法廷判決（民集71巻2号296頁）に関し最高裁判所調査官は，「下級審裁判例は，評価通達の定める評価方法は一般的に合理性を有するものとして課税実務上も定着しているとして，同通達によって評価することが相当でないと認められる特段の事情がない限り，同通達に規定された評価方法によって画一的に評価するのを相当とするものが多い。」と指摘する（日置朋弘・ジュリ1510号99頁）。

⑷　本件高裁判決は，通達の文理解釈による判断を展開したが，この点についての批判として，酒井克彦「税務通達を文理解釈することの意義（上）（中）（下）」税務事例51巻7号1頁（2019），同8号1頁（2019），同9号1頁（2019）を参照。

14 個人から法人への保険契約に係る契約者変更と所得区分

(1) はじめに

法人から個人への保険契約に係る契約者変更があった場合の所得課税の取扱いが議論の俎上に載ることは少なくない。

他方，実務上，「解約返戻金相当額＞契約者である個人が支払った保険料」という状態（すなわち，所得が発生する状態）で個人から法人へ保険契約に係る契約者変更をする機会は少ないと思われる。そのため，議論されることが必ずしも多くはない領域であると思われるが，一般に出回っている実務解説書をみると，この点に関する租税法上の解釈として，疑問を覚える解説が展開されている。そこで，保険契約の契約者変更を巡る所得課税に関する議論の一環として，ここで整理検討を加えることとしたい。

なお，論点を明確にするため，まずは一時所得該当性について検討を加えることとし，次いで，貯蓄性のない（貯蓄部分のない）いわゆる掛捨て保険（保障部分のみの保険）の場合を想定して所得区分の問題及びその評価等に関する論点を洗い出し，そこでの議論を基礎に養老保険の場合におけるそれらの問題を論じることとする。

(2) 一時所得該当性

ア 問題の所在

ある書籍において，次のような質問とそれに対する回答が示されている[1]。

> 質問 当社は，役員及び使用人が個人で契約している定期付養老保険を契約者及び満期保険金・死亡保険金の受取人を法人に変更することを考えていますが，この場合の処理はどのようにするのが妥当でしょうか。
> 回答 このような場合はあまりないと思われますが，保険契約の権利を買い取ることとするのが妥当と思われます。

この回答の意味するところは必ずしも判然とはしないが，次の解説部分に注意をしたい[2]。

240 第4章 事業承継に係る税務の取扱い（理論編）

> 　個人契約の保険を法人契約に変更することは通常あまり多くないことですが，なんらかの事情により変更する場合は，当該保険契約の権利，つまり解約返戻金（解約返戻金及び積立配当金等）の価額で買い取ることとなります（所基通36-37）。
> ……仕訳省略……
> 　なお，譲渡することとなった役員及び使用人については，当該譲渡価額（解約返戻金相当額）は一時所得の対象となります。役員及び使用人から無償で受け入れた場合は，解約返戻金相当額が法人の受贈益とされますが，役員及び使用人側においては課税されません。

　ここでは，2つの問題点に関心を寄せたい。第一に契約者変更時の価額に関する疑問が浮上する。次に，上記の回答では一時所得とされているが，果たして，かかる所得区分の考え方は妥当なのかという問題である。

イ　契約者変更時の権利の評価

　上記2つの問題点をそれぞれ検討することとしたい。

　第一に，契約者変更時の価額に関する疑問である。

　上記の回答は，契約者変更時の価額について，「当該保険契約の権利，つまり解約返戻金（解約返戻金及び積立配当金等）の価額で買い取ることとなります（所基通36-37）。」と述べている。私的自治の原則の下，契約は自由に決し得るものであるから，買取価額をいくらにするかは，本来，当事者の自由である。この回答はおそらく，そのようにした方が税務上何らかの問題が発生するおそれを未然に防止することができるという趣旨であり，表現の仕方にまつわるものであるからこの点の疑問は無視するとしても，問題は，そのような評価がなされるべきとする考え方にある。上記回答では，そのように考える根拠として，次の所得税基本通達36-37が参照されている。

> **所得税基本通達36-37《保険契約等に関する権利の評価》**
> 　使用者が役員又は使用人に対して支給する生命保険契約若しくは損害保険契約又はこれらに類する共済契約に関する権利については，その支給時において当該契約を解除したとした場合に支払われることとなる解約返戻金の額（解約返戻金のほかに支払われることとなる前納保険料の金額，剰余金の分配額等がある場合には，これらの金額との合計額）により評価する。

　この通達は，所得税法28条（給与所得）2項の給与所得の金額の計算上の収入金額とされる，同法36条（収入金額）にいう「給与等とされる経済的利益の評価」についての解釈通達である。

かかる通達は,「使用者が使用人に対して支給する保険契約に関する権利」については,「解約返戻金の額により評価」するというものである。したがって,保険契約に係る権利の額の評価の通達ではあるものの,その本質は,「使用者が使用人に対して支給する権利」の評価に係る解釈と捉えるべきなのではないかとの不安も覚える。すなわち,保険契約に限定された議論ではなく,また,権利評価全般の議論でもなく,フリンジ・ベネフィットに係る給与所得の額をどのように考えるかを示した通達であるという見方である(酒井克彦=臼倉真純「所得税基本通達にみるフリンジ・ベネフィットの取扱い―所得税基本通達の取扱いを中心として―」酒井・チェックポイント〔所得税〕293頁)。所得税基本通達は,例えば,ほかにもフリンジ・ベネフィットの通達をいくつも用意しているので,その一例を挙げてみよう。

例えば,所得税基本通達36-24《課税しない経済的利益…残業又は宿日直をした者に支給する食事》は,「使用者が,残業又は宿直若しくは日直をした者…に対し,これらの勤務をすることにより支給する食事については,課税しなくて差し支えない。」としているが,果たして,上記のような「食事」の経済的価値を零と理解すべきであろうか。あるいは,所得税基本通達36-23《課税しない経済的利益……商品,製品等の値引販売》は,「使用者が役員又は使用人に対し自己の取り扱う商品,製品等…の値引販売をすることにより供与する経済的利益」で,一定のものについては,「課税しなくて差し支えない。」としている。この取扱いは,値引販売に係る経済的価値がないとしているのではなく,一定の要件を充足する場合には課税をしないという態度を示しているのであろう。「経済的価値はあっても課税をしないこと」が法解釈として導出できることを前提として(あくまでも合法性の原則に抵触しないものと善解するとして),そのような処理を行うという態度の表明である。これは,従業員に対して福利厚生を行う義務が使用者の側にあることに鑑みて,課税を保守的に行っているという側面を有する通達である。法解釈として,そのような取扱いを条文から導き出すことができるか否かという問題はあるものの,かように,給与所得については,課税実務上保守的な取扱いがなされており,必ずしも所得税法上の取引価格としての評価が行われているとまではいえないのであって[3],これを客観的評価の基準とすることについては不安が残る。

再説するが,見出しに「保険契約等に関する権利の評価」と題されているも

242　第4章　事業承継に係る税務の取扱い（理論編）

の，所得税基本通達36-37は，上記のような福利厚生的な性質を有するフリンジ・ベネフィットに係る通達であることを看過してはならない。すなわち，そのような通達を，「使用者が使用人に対して支給する権利」でない局面においても適用し得ると解することの妥当性がまずは問われなければならないように思われる。

　2つ目の問題点にも通じるところであるが，契約者変更対価が一時所得ではなく，給与所得に該当するというのであれば，そこでの議論に所得税基本通達36-37が影響を及ぼす可能性はあると思われるものの（後述），上記回答は一時所得に該当するというのであるから，当該通達をその論理の根拠とするには不安を覚えざるを得ないのである。

ウ　一時所得該当性の検討

　次に，所得区分の問題として，一時所得該当性に関する疑問を考察する。

　すなわち，上記回答が，「当該譲渡価額（解約返戻金相当額）は一時所得の対象となります。」とする点である。一時所得に該当するという回答は，所得税法34条《一時所得》を正解したものといえるのであろうか。

> **所得税法34条《一時所得》**
> 　一時所得とは，利子所得，配当所得，不動産所得，事業所得，給与所得，退職所得，山林所得及び譲渡所得以外の所得のうち，営利を目的とする継続的行為から生じた所得以外の一時の所得で労務その他の役務又は資産の譲渡の対価としての性質を有しないものをいう。

　すなわち，所得税法34条の課税要件は，次の4つである。

① 　利子所得，配当所得，不動産所得，事業所得，給与所得，退職所得，山林所得及び譲渡所得以外の所得であること
② 　営利を目的とする継続的行為から生じた所得でないこと
③ 　一時の所得であること
④ 　労務その他の役務又は資産の譲渡の対価としての性質を有しないこと

　所得税基本通達36-37は，使用人から使用者へ権利を「支給」する際の当該権利の評価を示達したものであり，かような通達を引用した解説を行っていることからしても，回答者は支給された事実を念頭に解説を加えているものと思われる。すなわち，当該権利の「支給」に着目するのであれば，労務の対価と

14　個人から法人への保険契約に係る契約者変更と所得区分　243

しての性質を有するものであるから，正しくは給与所得に該当することになるのではなかろうか。換言すれば，給与所得に該当するということは，上記の要件①を充足しないこととなり，一時所得該当性は否定される。また，労務の対価であることは④を充足しないことをも意味し，このことからも一時所得該当性は否定されることになるのである。

　もっとも，上記回答は，給与所得該当性を念頭に置いておらず，使用者と使用人との関係を差し当たり無視するとすれば，それは一般的には権利の「譲渡」ということになる（なお，「譲渡」に該当するとしても，その譲渡が所得税法33条《譲渡所得》にいう「資産」の譲渡であるかどうかという譲渡所得該当性の問題とは別問題であり，この点は後述する。）。そうであるとしても，やはり④の要件を充足しないことになることから，結局において一時所得には該当しないはずである。

　ところで，所得税基本通達34-1《一時所得の例示》は，その(4)において，「令第183条第2項《生命保険契約等に基づく一時金に係る，一時所得の金額の計算》に規定する生命保険契約等に基づく一時金（業務に関して受けるものを除く。）及び令第184条第4項《損害保険契約等に基づく満期返戻金等》に規定する損害保険契約等に基づく満期返戻金等」としている。

　ここで，満期返戻金相当額で評価をすることが上記所得税基本通達36-37で示されており，かつ，満期返戻金の受領が一時所得に該当するという同通達34-1(4)を根拠として，一時所得該当性が肯定されてもよいのではないかとの反論も考えられる。しかしながら，所得税基本通達34-1(4)は，所得税法施行令183条《生命保険契約等に基づく年金に係る雑所得の金額の計算上控除する保険料等》2項ないし同令184条《損害保険契約等に基づく年金に係る雑所得の金額の計算上控除する保険料等》4項にいう生命保険契約等ないし損害保険契約等に基づく一時金ないし満期返戻金を指しているのであるから，上記質問のケースには合致しない。そもそも，満期返戻金の額で保険契約に係る権利を評価することの是非を問う必要があるところ，所得税基本通達34-1は，満期返戻金等が一時所得に該当するとしているにすぎないのであって，そこでは評価などには触れていないのである。したがって，かかる反論は妥当しない。

　また，所得税基本通達34-1(5)は，「法人からの贈与により取得する金品（業務に関して受けるもの及び継続的に受けるものを除く。）」を一時所得の例示として挙げているが，個人から法人への契約者変更に伴って得られる反射的な差額相当額

244　第4章　事業承継に係る税務の取扱い（理論編）

を法人からの贈与と認定することには無理があろう。

　かように考えると，所得税法34条1項の一時所得に該当する旨の回答には疑問が湧出するのである。

(3)　掛捨て保険の場合

ア　問題の所在

　それでは，上記のとおり，一時所得該当性が否定されることを前提に，あるべき所得区分を検討してみたい。はじめに述べたとおり，まずはシンプルな検討を行うべく，いわゆる掛捨て保険に着目して論を進めることとする。

　ここにいう掛捨て保険とは，死亡保険たる保障部分のみで成り立っている保険であり，生存保険（生存給付金）たる貯蓄部分がない保険をいうが，契約者変更の際に掛捨て保険の評価をする必要があるとすると，あるいは，後に受け取るであろう保険金たる資産の取得費相当を観念する必要があるとすると，かかる保険をいかに評価すべきかという問題が惹起される。すなわち，貯蓄部分がない掛捨て保険について，かかる保険の評価額や取得費を，支払保険料の額で算定することが妥当なのか，という問題がそこには所在する。

イ　給与所得該当性の議論

　保険の契約者を役員又は使用人から法人に移転する理由は種々あるとして，少なくともそこに何らかの形での「労務の対価」としての意味が混在しているのだとすれば，かかる契約者変更によって法人から個人へ経済的利益が移転した場合には，その経済的利益につき給与所得該当性を論じる素地があることになろう。

　もちろん，給与所得は，原則的には収入金額から給与所得控除額を控除するだけで所得金額の計算が完結する所得区分であるから（所法28②），契約者変更をするまで個人が支払っていた保険料相当額については何ら所得金額の計算に反映されることはない。要するに，契約者変更に伴って受領した収入金額から，それまでの支払保険料を控除し得るような仕組みが設けられていないのである。そのため，ここでは，収入金額となる経済的利益の評価の問題を中心に論ずべきことになろう。

　ここで，改めて所得税基本通達36-37《保険契約等に関する権利の評価》を参照してみたい。上記一時所得該当性の議論において同通達を援用することは，かか

る通達の趣旨を正解しているものとはいえず妥当ではないと述べたところであるが，同通達はフリンジ・ベネフィットに関する解釈を示したものであるから，ここでの給与所得の議論においては参考になるものと思われる。

所得税基本通達36-37《保険契約等に関する権利の評価》
　　使用者が役員又は使用人に対して支給する生命保険契約若しくは損害保険契約又はこれらに類する共済契約に関する権利については，その支給時において当該契約を解除したとした場合に支払われることとなる解約返戻金の額（解約返戻金のほかに支払われることとなる前納保険料の金額，剰余金の分配額等がある場合には，これらの金額との合計額）により評価する。

　先にも述べたとおり，この通達は，所得税法28条2項の給与所得の金額の計算上の収入金額とされる，同法36条にいう「給与等とされる経済的利益の評価」についての解釈通達である。

　かかる通達が，保険契約に限ったものでもなく，また，権利評価全般を扱ったものでもなく，フリンジ・ベネフィットに係る給与所得の収入金額をどのように考えるかに関する通達であるということは既に述べた。かような意味では，ここでの問題関心に適した通達であるということになりそうである。

　この通達に従うとすれば，当該保険契約の権利，つまり解約返戻金（解約返戻金及び積立配当金等）の価額が給与所得の収入金額となる（所基通36-37）。掛捨て保険の場合，一般的には解約返戻金がない，あるいはあったとしてもごくわずかであることがほとんどであるとすれば，掛捨て保険が個人から法人へ契約者変更された場合には，給与所得の収入金額は零，あるいは極めて少額なものとなると解されよう。

ウ　譲渡所得

㋐　譲渡所得該当性の余地

　次に，個人から法人への保険契約に係る契約者変更があった場合に移転される経済的利益について，役員又は使用人としての地位を念頭に議論することが事実に合致しないということであれば，すなわち，給与所得に該当しないのであれば，譲渡所得該当性が議論されるべきかもしれない。すなわち，契約者変更に基づき法人から個人に支払われる金員につき，個人が保険契約上の地位という資産ないし，経済的利益を有する資産を法人に譲渡したことに伴う対価としての性質を観念し得るとすれば，譲渡所得が妥当するように思われる。

246 第4章 事業承継に係る税務の取扱い（理論編）

　譲渡所得については，総収入金額から取得費を控除することになるが（所法33③），そこでは，第一に，総収入金額をどのように認定すべきかという問題があり，第二に，取得費はいくらになるのかという問題がある。

(イ)　総収入金額

　前述の所得税基本通達36-37は，見出しに「保険契約等に関する権利の評価」と題されているものの，同通達は，福利厚生的な部面における取扱いを示した通達であり，いわば保守的な給与所得に係る課税上の取扱いを示したものであることを看過することはできない。さすれば，そのような通達を，給与所得を前提としない局面で適用し得ると解することの妥当性が問われなければならないように思われる。

　すると，評価上の問題が惹起されるが，これに対する課税実務上の取扱いは不透明であるといわざるを得ない。この点についての課税実務上の取扱いを明らかにすることは，まさに喫緊の問題である。それが明らかにされない限りにおいては，解約返戻金の金額による評価をすることが考えられる。けだし，次にみるように，財産評価基本通達がそのような解約返戻金による評価を示達しているからである（評基通214）。

財産評価基本通達214《生命保険契約に関する権利の評価》
　　相続開始の時において，まだ保険事故（共済事故を含む。この項において同じ。）が発生していない生命保険契約に関する権利の価額は，相続開始の時において当該契約を解約するとした場合に支払われることとなる解約返戻金の額（解約返戻金のほかに支払われることとなる前納保険料の金額，剰余金の分配額等がある場合にはこれらの金額を加算し，解約返戻金の額につき源泉徴収されるべき所得税の額に相当する金額がある場合には当該金額を減算した金額）によって評価する。

　しかしながら，かかる評価の妥当性に関しては，否認を受けるリスクがあることはある程度想定され得る。

(ウ)　取得費

　所得税法38条《譲渡所得の金額の計算上控除する取得費》は，「譲渡所得の金額の計算上控除する資産の取得費は，別段の定めがあるものを除き，その資産の取得に要した金額並びに設備費及び改良費の額の合計額とする。」と規定する。所得税法60条《贈与等により取得した資産の取得費等》のような「別段の定め」の適用がないケースを念頭に置くと，「その資産の取得に要した金額」をどのよう

に解するかという問題に突き当たる。

ここでは，いくつかの考え方が成り立ち得るが，第一に，支払済みの保険料を取得費と考える立場があろう。しかしながら，掛捨て保険における支払保険料は全て保障部分であって，養老保険等の貯蓄部分とは異なり，既に役務の提供が終わっているとみることもできなくはない。そうであるとすると，資産の取得原価としては零円であるということになりはしないであろうか。

しかしながら，保険料の中には，いまだ役務の提供が終わっていない前払部分が含まれている場合が多いことも考えなくてはならない。保険期間が短い定期保険（保険期間が10年程度）等でない限り，通常の生命保険の保険料には「将来の保険期間に対応する前払部分」が含まれている。これは，自然保険料ではなく平準保険料を徴収しているためである。被保険者が高齢の場合，死亡リスクが高くなるため，保険会社が徴収すべき保険料も高くなる。本来，保険期間の経過（被保険者の加齢）に応じて，保険料は年々増加することになるが（自然保険料の考え方），実務が煩雑になるため保険期間の保険料は一定額とされている（平準保険料）。したがって，保険期間の当初に徴収される保険料には将来の危険保険料の前払部分が含まれることになる。これが解約返戻金が発生する原因である。保険期間が短期間（おおむね10年程度）であれば，自然保険料にほとんど差が生じず，保険料には前払部分が含まれないと解してもおおむね問題ないと解されるため，既に役務の提供が終わっているとみることもできよう。なるほど，現実に「1年定期」という商品を取り扱う保険会社も少数ながら存在する。ただし，それほど短期の定期保険であれば，個人から法人への契約者変更を行う機会が実際上はまずないようにも思われることに加え，そもそも保険料の中に，いまだ役務の提供が終わっていない前払部分が含まれている場合が多いとはいえまい。

そう考えると，譲渡所得の金額の計算をどのようにすべきかという問題になってくる。この点は立法的手当が必要なのではなかろうか。

エ　雑所得の金額の計算

仮に，給与所得でもなく，譲渡所得でもなく，一時所得にも該当しないということになれば，雑所得に区分されることになろう。

雑所得の金額の計算は，総収入金額から必要経費を控除することによって計算することになるが，必要経費は，これまで個人が支払ってきた保険料の総額

248 第4章 事業承継に係る税務の取扱い（理論編）

によるものと解する余地があるとの見解もあろうが，譲渡所得の取得費の議論
において問題提起したとおり，支払保険料は全て保障部分であって既に役務の
提供が終わっていると解せば，必要経費算入額は零円とすべきではないかとい
うことになる。この点についても，上記（ウ(ウ)）において指摘した問題と同様の
問題が所在すると思われる（なお，支払保険料の家事費としての性質に関する問題点に
ついては後述する。）。

(4) 養老保険の場合

ア 問題の所在

　ここにいう養老保険とは，被保険者の死亡又は生存を保険事故とする生命保
険をいい，傷害特約等の特約が付されているものを含むが，定期付養老保険を
含まない。かような保険に係る保険料は，掛捨て部分たる保障部分（死亡保険金
に係る保険料部分）と貯蓄部分（生存保険金に係る保険料部分）が一体となっているか
ら，この保険自体の評価や取得費を観念するに当たって，これらの部分ごとに
所得区分を異にするものとして捉え，それに伴って所得金額の計算をこれらの
部分ごとに行うことが可能かどうかという問題から出発する必要がある。

イ 増加益清算課税説

　個人が有していた資産を法人に移転したと考えれば，譲渡所得該当性が検討
されるべきであると思われる。なぜなら，所得税法33条1項は，「資産の譲渡
による所得」を譲渡所得としており，同条2項にいう棚卸資産や準棚卸資産，
山林に該当しない限りは同条1項の対象から除外されないからである。ここに
いう「資産」とは，譲渡性のある財産権を全て含む観念で，動産・不動産はも
とより，借地権，無体財産権，許認可によって得た「権利」や地位などが広く
それに含まれると解されている（金子・租税法261頁）。

　もっとも，解釈論においては，金銭債権からはキャピタルゲインが生じない
と解して，金銭債権の譲渡による所得は譲渡所得から除外されている（所基通
33-1参照）。この考え方は，増加益清算課税説から出発する考え方である。

　最高裁昭和43年10月31日第一小法廷判決（集民92号797頁）は，「譲渡所得に対
する課税は，…資産の値上りによりその資産の所有者に帰属する増加益を所得
として，その資産が所有者の支配を離れて他に移転するのを機会に，これを清
算して課税する趣旨のものと解すべきであり，売買交換等によりその資産の移

転が対価の受入を伴うときは，右増加益は対価のうちに具体化されるので，これを課税の対象としてとらえたのが旧所得税法（昭和22年法律第27号…）9条1項8号の規定である。」とする。最高裁昭和47年12月26日第三小法廷判決（民集26巻10号2083頁）[4]，最高裁昭和50年5月27日第三小法廷判決（民集29巻5号641頁）[5]も同様の説示をしており，これらを増加益清算課税説という。

　この立場に立てば，譲渡所得とは，キャピタルゲインを生ずる資産の譲渡による所得であるから，所得税法33条1項にいう「資産」を「キャピタルゲインを生ずる資産」と縮小して解釈することになる。同条2項は，法の定めをもって棚卸資産（準棚卸資産）及び山林のみを譲渡所得の基因となる資産から除外しているが，増加益清算課税説に立脚すれば，解釈上，金銭債権もかかる資産から除外されることになる。けだし，金銭債権からはキャピタルゲインが生じないため，譲渡所得の基因となる「資産」には該当しないからである。

　ところで，保険金受給権は金銭債権であるから，上記の見解に従えば保険金受給権の譲渡からは譲渡所得が発生しないことになるが，この点に疑問を挟む余地はなかろうか。

ウ　二重利得法

(ア)　二重利得法概論

　この点については，いわゆる二重利得法の考え方が参考となるかもしれない。二重利得法とは，例えば，不動産売買業者が長期所有の土地を造成して譲渡した場合などのように，一部がキャピタルゲインとしての性質を有する反面，土地を造成した段階で資産を棚卸資産化させていることからすれば，かかる譲渡による所得の一部は事業所得としての性質をも有する面がある点に鑑みて，一度に実現した譲渡に係る所得を2つに区分し，土地造成工事前までのキャピタルゲインに係る部分の所得を譲渡所得とし，それ以外の所得を事業所得とする考え方をいう[6][7]。

　この点，法人に対して時価を上回る対価で当該法人の株式が譲渡された場合に，対価のうち時価を上回る部分は，譲渡所得ではなく，一時所得（場合により雑所得）に当たると解する事例として，東京地裁平成25年9月27日判決（税資263号順号12298）がある。同地裁は，「譲渡所得に対する課税は，資産の値上がりによりその資産の所有者に帰属する増加益を所得として，その資産が所有者の支配を離れて他に移転するのを機会に，これを清算して課税する趣旨のものであ

り（最高裁昭和47年12月26日第三小法廷判決・民集26巻10号2083頁，最高裁昭和50年5月27日第三小法廷判決・民集29巻5号641頁参照），売買交換等によりその資産の移転が対価の受入れを伴うときは，上記増加益が対価のうちに具体化されるので，法はこれを課税の対象としてとらえたものであると解される。そうすると，有償の譲渡が行われる場合において譲渡所得として課税される対象は，当該資産の譲渡の『対価』たる性格を有する金額であると解することが相当である。したがって，個人がその有する資産を有償で譲渡した場合であっても，当該譲渡金額中に当該資産の譲渡の『対価』たる性格を有しない部分があるときは，当該部分は，譲渡所得の課税対象ではないこととなる。」とし，「個人がその有する資産を法人に対して有償で譲渡した場合における課税関係は，当該譲渡価額が，当該資産の譲渡の『対価』たる性格を有する限りにおいて，譲渡所得に係る収入金額として課税されるが，当該譲渡価額中に当該資産の譲渡の『対価』たる性格を有しておらず，法人から贈与された金品（業務に関して受けるもの及び継続的に受けるものを除く。…）としての性格を有する部分があると認められるときは，当該部分の金額については，一時所得に係る収入金額として課税されるべきこととなる。

　そして，譲渡する資産が上場株式であるときは，その譲渡価額がその資産の譲渡の『対価』たる性格を有しているかどうかは，当該上場株式の市場価格，当該取引の動機ないし目的，当該取引における価格の決定の経緯，当該価格の合理性などの諸点に照らして判断すべきものと解される。」とする。

　また，東京高裁平成26年5月19日判決（税資264号順号12473）[8]は，「所得税法は，譲渡所得に対する課税につき，資産の値上がりによりその資産の所有者に帰属する増加益を所得とし，その資産が他に移転するのを機会に清算して課税する趣旨であり，譲渡によって資産の移転が対価の受入れを伴う場合には，対価のうちに増加益が具体化されることから，これを課税対象として捉えたものと解される。そして，有償の譲渡が行われる場合において，譲渡所得として課税される対象は，専ら所得税法33条1項の『資産の譲渡による所得』の解釈により決定されるところ，当該資産のすべてが譲渡の対価たる性格を有するとはいえないときに，その部分は増加益が具体化したものとはいえないから，譲渡所得の対象とならないのは，事柄の性質上，当然である。当事者が私法上の法律関係において，当該法律行為にどのような法律効果を生じさせようとしたかとい

う問題と，当該法律行為により移転される資産の譲渡中に対価たる性格を有する部分とそうでない部分とがあり得るという問題とは，事柄の性質上，別個の問題である。後者については，所得税法33条1項の上記解釈によれば，資産の譲渡による所得とは解されないのであるから，それについて所得税法の区分に従って課税することは，租税法律主義に反するものではないし，…私法上の法律関係から離れて独自の所得区分の決定を認めるものとも解されない。」としている[9]。

この判決につき，金子宏教授はこれを肯定された上で，「二重利得法の適用例とみることもできる」とされる（金子・租税法262頁）。

(イ) 養老保険への適用可能性

すなわち，上記のように保険金受給権を一括りにするのではなく，金融資産たる貯蓄部分（生命保険料部分）と保障部分（死亡保険料部分）とに分解して検討することはできないであろうか。前者についてはキャピタルゲインを生じ得ないものと解したとしても，後者についてまで金融資産的意義付けによって譲渡所得該当性を否定する必要はないとも考えられる。むしろ，保障部分は金銭債権でないと解せば，前者の貯蓄部分の譲渡については譲渡所得以外の所得区分，後者の保障部分の譲渡については譲渡所得とする考え方を採用する余地があるのではなかろうか。

このような可能性も踏まえ，以下では，二重利得法の適用を肯定する場合と否定する場合とに分説した上で議論を展開することとしよう。

(ウ) 二重利得法を肯定する考え方からのアプローチ

(a) 譲渡所得と給与所得への分解 ところで，養老保険をそもそもなぜ役員又は使用人から法人に移転するのかが問われるべきであろう。そこには，役員や使用人としての地位というものを念頭に論じる必要があるようにも思われる。いわば労務の対価としての性質を有するものとの認定がなされ得るかどうかという判断において―認定の困難性という極めて高いハードルがあり，これをどう乗り越えることができるかは大きな問題であるが―，役員又は使用人としての地位に基づき支給されるものであるとすると，そこでの経済的利益の移転は給与所得に該当する可能性があるように思われるのである。

この点につき，先の二重利得法が採用され得るとすれば，1つの考えられる理論的筋道として，保障部分すなわち，これまでの支払保険料のうちの死亡保

険料部分については，譲渡所得該当性が許容されるので譲渡所得と解する一方，貯蓄部分すなわち，これまでの支払保険料のうちの生存保険料部分については金銭債権としての性質を有することから，譲渡所得には該当しないことになる。そうであるとすればその貯蓄部分については給与所得に該当するという解釈論があり得るかもしれない。

図表1　仮説（労務対価）：二重利得法が適用される場合の給与所得該当性

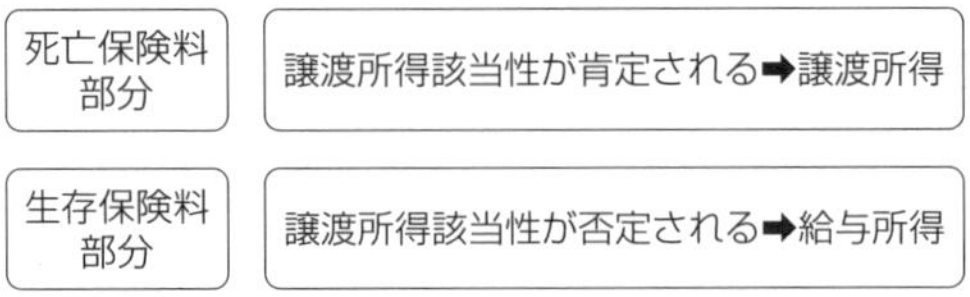

死亡保険料部分	譲渡所得該当性が肯定される➡譲渡所得
生存保険料部分	譲渡所得該当性が否定される➡給与所得

しかしながら，この立論には疑問なしとはしない。

けだし，なぜ生存保険料部分についてのみ労務提供の対価としての性質が肯定され，死亡保険料部分については労務提供の対価としての性質が否定されるのかについて必ずしも理論的に説明できないと思われるからである。理論的には，養老保険の契約者変更自体が労務提供の対価としての性質を有すると認定されるのであれば，死亡保険料部分についても生存保険料部分についてもいずれも給与所得に該当すると考えるべきなのではないかと思われる。

そして，仮に，給与所得に該当するとされる場合には前述の(3)イにおいて議論した所得税基本通達36-37の適用が考えられるところである。

(b)　譲渡所得と雑所得への分解　　他方で，養老保険の契約者変更自体が労務提供の対価としての性質を有すると認定されないものであれば，死亡保険料部分についても生存保険料部分についても，少なくとも給与所得には該当しなくなる。その前提において前述の二重利得法が適用されるのであれば，保障部分については，譲渡所得に該当することとなり，それ以外の部分については雑所得に該当すると解するべきなのではないかと思われる。

14　個人から法人への保険契約に係る契約者変更と所得区分　253

図表2　二重利得法が適用される場合の所得区分

| 死亡保険料部分 | 譲渡所得該当性が肯定される➡譲渡所得 |
| 生存保険料部分 | 譲渡所得該当性が否定される➡雑所得 |

　ただし，ここでも若干の疑問が惹起される。給与所得や譲渡所得とは異なり，雑所得の金額の計算は，必要経費を控除することで完結するのであるが，所得税法37条《必要経費》1項の必要経費の規定は，「別段の定め」がある場合には，かかる「別段の定め」を優先適用することとされている。さすれば，所得税法45条《家事関連費等の必要経費不算入等》1項1号が同法37条1項にいう「別段の定め」であると解されるところ，そこでは家事費や家事関連費の必要経費算入が否定されているのである。

　この点，所得税法45条1項1号にいう家事関連費については政令委任されているが，同法施行令96条《家事関連費》1項は，「法第45条第1項第1号《必要経費とされない家事関連費》に規定する政令で定める経費は，次に掲げる経費以外の経費とする。」とした上で，「家事上の経費に関連する経費の主たる部分が不動産所得，事業所得，山林所得又は雑所得を生ずべき業務の遂行上必要であり，かつ，その必要である部分を明らかに区分することができる場合における当該部分に相当する経費」と規定している。すなわち，家事関連費の主たる部分が雑所得を生ずべき業務の遂行上必要でないか，又はその部分を明確に区分することのできない場合には，それを必要経費に算入することができない旨を宣明しているのである。

　果たして，上記のとおり，二重利得法の適用を肯定し得たとしても，所得税法施行令96条の制約を乗り越えることができるであろうか。支払保険料を死亡保険料部分と生存保険料部分とに明確に区分できない限り，必要経費算入自体が否認されるのではなかろうか（酒井・保険税務121頁参照）。

　この点，法人税基本通達9-3-4《養老保険に係る保険料》が，養老保険に係る支払保険料について，2分の1を死亡保険料部分，残りの2分の1を生存保険料部分と認定する通達を用意していることとは大きくその考え方を異にしている。すなわち，法人税法は，同法22条4項にいう「一般に公正妥当と認められる会

計処理の基準」に従ったところで損金算入処理をすることが要請されていることから，企業会計の慣行などを念頭に置いて通達が発遣されているものと解する余地もあるが―ここでは，差し当たり通達の逆基準性の問題には触れないとして―，上記にいう家事関連費の議論とは全く議論が異なることに留意しなければならない。

そうであるとすれば，観念的に二重利得法の適用を肯定し得たとしても，つまるところ，雑所得に対応する部分の必要経費を算入することができなくなることを意味しているように思われるのである。

なお，そもそも，死亡保険料部分についても，その価値はあくまでも死亡保険金請求権であると考えれば金銭債権として説明することが十分に可能であり，そのように理解すれば，二重利得法の適用を肯定したとしても，結局のところ，全て譲渡所得該当性が否定されることになろう。

(エ)　二重利得法を否定する考え方からのアプローチ

(a)　二重利得法への疑問

二重利得法は，多くの問題解決に有用であると思われるが，その適用範囲は必ずしも明確にはされていない。

譲渡所得課税におけるキャピタルゲインの清算課税としての性質を明確に意識し，二重利得法を採用し得るのであれば，例えば，離婚に伴う財産分与のうち，慰謝料的な部分と夫婦の共有財産の清算的な部分とを区別して観念した上，譲渡を観念できる慰謝料的部分のみに譲渡所得課税をするということも考えられよう（なお，キャピタルゲインの清算は譲渡のタイミングで捉えることになる。)[10]。

しかしながら，二重利得法の採用は必ずしも積極的には行われていない。例えば，最高裁昭和54年6月21日第一小法廷判決（訟月25巻11号2858頁)[11]は，交換による土地の取得が履行不能になったことにより受領した当該土地の時価相当額の損害賠償金には，交換譲渡土地の値上り益が具体化したものも含まれるから，譲渡所得に該当するとの判断を下している。すなわち，同最高裁は，「原審が適法に確定した事実関係のもとでは，訴外会社から上告人に支払われた6,600万円の金員は，その名目の如何にかかわらず，本件甲土地の譲渡に対する反対給付であり，これには右甲土地の値上りによる増加益が具体化したものも含まれており，したがって譲渡所得税の課税対象となると解すべきであるとした原審の判断は正当であ〔る〕」と判示しており，キャピタルゲイン部分があるというだけで譲渡所得課税が肯定されているのである。

そのような意味では，二重利得法の適用を全面的に肯定することにも躊躇を覚えるのである。

(b) 給与所得 　労務対価性を全面的に認め，二重利得法の適用を否定すれば，受取金額（満期返戻金の額）の全額が給与所得に該当することになる。個人の支払済保険料を取得費として控除し得るような法律構成となっていないことからすれば，結論的には掛捨て保険の取扱いと同じことになるわけである。

(c) 譲渡所得 　資産の譲渡としての性質を全面的に認めた上で金銭債権性を否定し（あるいは増加益清算課税説に立つことを拒否し），さらに，二重利得法の適用を否定する場合には，いわば，受取金額（満期返戻金の額）の全額が譲渡所得に該当することになる。これは，上記の給与所得の場合と同様に，結論的には掛捨て保険の取扱いと同じになることを意味しよう。もっとも，この点については，上記（(3)ウ）において記載した問題と同様の問題が所在すると思われる。

(5)　まとめ

ここで論じた問題関心は実務上，必ずしも多いものではないと考える。しかしながら，契約者変更に関する所得税法上の取扱いについては，ここで取り上げた個人から法人へのそれのみならず，法人から個人へのそれも検討されるべきである。後者について，筆者は，場合によっては同族会社等の行為計算の否認規定が働く局面があり得るという点を論じたことがあるが（酒井克彦「課税逃れに対するアプローチ試論」税大ジャーナル28号1頁（2017）参照），この点の議論は必ずしも充実しているとはいえない。

保険の契約者変更に係る課税上の取扱いは，保険というものの本質論とそれが租税法に与える影響を論じる議論の一部にすぎない。保険が租税実務に大いなる影響を与えていることを前提とする限り，体系的に検討を加える必要があることを改めて感じるところである。

本件のような契約者変更が行われる事例は必ずしも多くはないと思われるが，法人から個人への契約者変更は，一部ではあるものの高度な節税手法に使われてもいる。保険に関しては，私法制度の濫用的スキームともいえる手法で過度な節税手法が編み出されているのもまた現実である。過度な節税保険について，国税庁が問題視し始めた今日において，保険の本来の役割に関する議論と併せて，私法制度の濫用論の視角からの保険税制のあり方の検討も必要であると考

256 第4章 事業承継に係る税務の取扱い（理論編）

えている。

〔注〕
(1) 渡辺淑夫『新版保険・年金の税務Q＆A〔3訂版〕』178頁（ぎょうせい1999）。
(2) 引用の前後を省略して正確性を欠くことを防ぐため，仕訳以外の部分については全文を引用させていただいた。
(3) 消費税に関するものではあるが，私見に対する反論の素材として，生命保険の契約者変更についてTKC税務Q＆A〔平成17年3月18日収録〕（無署名）では，「法人役員の退職金支給に代えて保険契約者の地位を引継ぎした場合」という問の下で，保険契約者の地位の譲渡は「資産の譲渡等に該当しない」とする。そこでは，保険金受給権は一定の保険事由によって発生するものであり，それまでの間は権利が生じないとするのである。保険解約という局面などは考慮しないという態度であろうか。
(4) 判例評釈として，一杉直・税通33巻14号150頁（1978），同・税通39巻15号76頁（1984），堺澤良・税通28巻6号209頁（1973），清永敬次・民商69巻1号159頁（1973），渡辺徹也・租税判例百選〔第4版〕74頁（2005），小塚真啓・租税判例百選〔第5版〕74頁（2011），越智砂織・租税判例百選〔第6版〕78頁（2016）など参照。
(5) 判例評釈として，石井健吾・曹時30巻11号1835頁（1978），一杉直・税務事例9巻4号23頁（1977），伊藤好之・税弘23巻126頁（1975），佐藤義行・判評202号28頁（1975），大塚正民・税理19巻4号170頁（1976），浅沼潤三郎・民商77巻2号274頁（1977），竹下重人・租税判例百選〔第3版〕66頁（1992），渋谷雅弘・戦後重要租税判例の再検証87頁（財経詳報社2003），鬼塚太美・租税判例百選〔第4版〕80頁（2005），金丸和弘・租税判例百選〔第6版〕82頁（2016）など参照。
(6) 全体として事業所得又は雑所得として課税（所基通33-4）することは妥当ではなく，譲渡所得と事業所得又は雑所得に分けて課税するという考え方もあり得ると思われる。所得税基本通達33-5《極めて長期間保有していた土地に区画形質の変更等を加えて譲渡した場合の所得》は，この点を実務的に整理して通達したものと思われる。このような所得金額の考え方は，「二重利得法」（dual treatment approach）と呼ばれ，金子宏教授が当初二重取引法として米国の議論を紹介され，その後同教授によって解釈論として構築されたものである（金子「譲渡所得の意義と範囲—二重利得法の提案を含めて」同『課税単位及び譲渡所得の研究』113頁（有斐閣1996））。
(7) 金子宏教授は，「資産の譲渡による所得の分類については，一般論としては，所有者の意思によらない外部的条件の変化に起因する資産価値の増加は，譲渡所得にあたり，所有者の人的努力と活動に起因する資産価値の増加は，事業所得や雑所得にあたる，と考えるべきであろう。たとえば，地主がその所有地を現状のまま一回的・散発的に譲渡した場合は，譲渡所得が生ずるが，それを宅地として造成して分譲した場合などは，上述の第1または第2の場合に該当し，事業所得または雑所得が生ずる（東京高判昭和48年5月31日行裁例集24巻4＝5号465頁，上掲の大阪高判昭和63年9月29日参照）。また，造成しなくても，営利を目的として反覆・継続的にそれを譲渡した場合は，上の第1または第3の場合に該当することになる。しかし，宅地の造成に着手した時期，または反覆・継続的譲渡を開始した時期までの増加益はキャピタル・ゲインであるから，この場合の譲渡益の中には譲渡所得と事業所得ないし雑所得の両方が含まれていると解すべき

である。したがって，その全体を事業所得または雑所得として課税するのは妥当でなく，譲渡所得と事業所得ないし雑所得とに分けて課税すべきであろう。この課税の仕方を『二重利得法』と呼ぶことにする。二重利得法は，立法論としてのみでなく，解釈論としても成り立つと考えるべきである（この考え方を受け入れた最初の裁判例として，松山地判平成 3 年 4 月18日月報37巻12号2205頁参照。控訴審，高松高判平成 6 年 3 月15日税資200号1067頁，上告審，最判平成 8 年10月17日税資221号85頁も，二重利得法を否定していない）。」とされる（金子・租税法66頁）。なお，占部裕典「土地の譲渡による所得の区分─所得税基本通達33-4，33-5および二重利得法の検討」同『租税法の解釈と立法政策 I 』 1 頁（信山社2002），石川緑「二重利得法の採用事例」酒井・チェックポイント〔所得税〕163頁，酒井克彦「キャピタル・ゲイン課税にみる譲渡益説への傾斜─所得税基本通達の取扱いを中心として─」同書308頁，酒井・論点研究181頁など参照。

(8)　判例評釈として，松井宏・税理58巻 1 号100頁（2015），木山泰嗣・税通70巻 3 号175頁（2015），森稔樹・速報判例解説17号〔法セ増刊〕245頁（2015），土師秀作・税理60巻12号190頁（2017），山口敬三郎・税理61巻 3 号137頁（2018）など参照。

(9)　最高裁平成27年 3 月31日第三小法廷決定（税資265号順号12644）は上告不受理を決定している。

(10)　金子宏教授は，「財産分与においては，その相当部分が固有の意味の財産分与であること，慰謝料部分および生活扶助部分も実際上は任意の譲渡とはいえないこと，等を考えると，一定の合理的な金額を法定し，その範囲内では，財産分与は，その性質が三つのうちのいずれであるかを特に問うことなしに，譲渡に当らず，したがって譲渡所得を発生させないものとすることが妥当ではないかと考える。」と論じられる（金子「所得税とキャピタル・ゲイン」『課税単位及び譲渡所得の研究』103頁（有斐閣1996））。なお，この点については，最高裁平成10年 4 月14日第三小法廷判決（税資231号612頁）も参考となろう。

(11)　判例評釈として，筧康生・税理24巻 3 号131頁（1981）など参照。

第 5 章

重要裁判例

260　第5章　重要裁判例

15　著しく低い価額の判断基準

● 「著しく低い価額」とは時価の2分の1未満の価額をいうのか否かが争われた事例
〈第一審〉横浜地裁昭和57年7月28日判決・訟月29巻2号321頁[1]
〈控訴審〉東京高裁昭和58年4月19日判決・税資130号62頁[2]

(1)　事案の概要

X（原告・控訴人）は，昭和51年2月10日付けでA（義兄）より甲土地（456㎡）を500万円で購入し，同年11月27日付けでB（実兄）より乙土地（489㎡）を700万円で購入した。税務署長Y（被告・被控訴人），は昭和53年11月27日付けで，Xに対し上記の土地譲受けが相続税法7条《贈与又は遺贈により取得したものとみなす場合》に該当するとして，甲土地の相続税評価額1,287万円余及び乙土地の相続税評価額1,140万円余と譲受価額との差額について贈与税決定処分をした。本件は，これを不服としたXが提訴した事案である。

(2)　争　点

相続税法7条の規定の適用の可否。

(3)　判決の要旨

ア　横浜地裁昭和57年7月28日判決

「相続税法7条は，著しく低い価額の対価で財産の譲渡を受けた場合においては，当該財産の譲渡を受けた時において，当該財産の譲渡を受けた者が，当該対価と当該譲渡があった時における当該財産の時価との差額に相当する金額を贈与により取得したものとみなす旨規定している。

ところで，右規定にいう著しく低い価額の対価の意義については，所得税法59条1項2号に係る同法施行令169条のような規定がないところ，相続税法7条は，著しく低い価額の対価で財産の譲渡を受けた場合には，法律的には贈与といえないとしても，実質的には贈与と同視することができるため，課税の公

平負担の見地から，対価と時価との差額について贈与があったものとみなして贈与税を課することとしているのであるから，右の規定の趣旨にかんがみると，同条にいう著しく低い価額の対価に該当するか否かは，当該財産の譲受の事情，当該譲受の対価，当該譲受に係る財産の市場価額，当該財産の相続税評価額などを勘案して社会通念に従い判断すべきものと解するのが相当である。」

「所得税法施行令169条は，前記のとおり，右の所得税法59条1項2号の規定を受けて，著しく低い価額の対価として政令で定める額を資産の譲渡の時における価額の2分の1に満たない金額と規定しているが，これらの規定はどのような場合に未実現の増加益を譲渡所得としてとらえ，これに対して課税するのを適当とするかという見地から定められたものであって，どのような場合に低額譲受を実質的に贈与とみなして贈与税を課するのが適当かという考慮とは全く課税の理論的根拠を異にするといわなければならない。したがって，前記所得税法の規定の文言と相続税法7条の低額譲受の規定の文言が同一であることや前記所得税法施行令の規定を，原告の前記主張の根拠とすることはできないといわざるをえない。なお，右の所得税法施行令の規定にいう資産の譲渡の時における価額が，時価すなわち客観的な取引価格を意味し，相続税評価額を意味するものでないことは，前記のとおり譲渡所得に対する課税が値上りによる客観的な増加益に対する課税であることにかんがみればいうまでもないところである。」

イ　東京高裁昭和58年4月19日判決

控訴審においてもXの主張は排斥された。

(4)　解　説

相続税法7条では，「著しく低い価額」の対価で財産を譲り受けた場合には，その対価と時価との差額に相当する贈与があったものとみなすとしているが，この場合の「著しく低い価額」については何らの定義もない。他方，所得税法では，個人が法人に対して譲渡所得等の基因となる資産を著しく低い価額の対価で譲渡した場合には時価によって譲渡したものとみなすとしており（所法59①），この場合の「著しく低い価額」とは，時価の2分の1未満であると規定している（所令169）。

本件において，Xは，相続税法7条にいう「著しく低い価額」と所得税法上

262　第5章　重要裁判例

の「著しく低い価額」を同義に解釈すべき旨主張した。なるほど，同じ租税法中に用いられている文言は，素直に考えれば同一の意義と解することが法的安定性や予測可能性に資すると思われることからすれば，Xの主張にも頷けるところはある。しかしながら，本件判決はこの点を否定した。本件判決では，相続税法7条にいう「著しく低い価額」を，当該財産の譲受けの事情，当該譲受けの対価，当該譲受けに係る財産の市場価額，当該財産の相続税評価額などを勘案して，社会通念に従い判断すべきとしたが，このような判断はおおむね過去の裁判例にもみられる判断枠組みであるといえよう。

〔注〕
⑴　判例評釈として，岩﨑政明・税務事例15巻10号2頁（1983）など参照。
⑵　判例評釈として，新井三郎・税通39巻15号182頁（1984）など参照。

16 従業員からの自社株買取りとみなし贈与

● 同族会社の代表者が従業員から株式を額面価額で買い取った場合に時価と買取価額の差額が低額譲受けに当たるか否かが争われた事例

〈第一審〉仙台地裁平成3年11月12日判決・判時1443号46頁[1]

(1) 事案の概要

従業員持株制度を採用している同族会社甲社の代表取締役であるX（原告）は，昭和55年6月及び昭和56年1月に，従業員Aの退職に際して同人らから甲社株式3,400株及び3万1,200株を額面50円（売戻条件価額）で買い取った。税務署長Y（被告）は，財産評価基本通達に基づいて，甲社株式の純資産価額は1株当たり596円（昭和55年）及び681円（昭和56年）になるとして，Xに対し贈与税の決定処分をした。本件は，これを不服としたXが提訴した事実である。

(2) 争 点

同族会社の代表者が従業員から株式を額面価額で買い取った場合，時価と買取価額の差額が低額譲受けに当たるか否か。

(3) 判決の要旨

「相続税法7条にいう時価とは，当該財産が不特定多数人間で自由な取引がなされた場合に通常成立すると認められる価額，すなわち当該財産の客観的交換価値を示す価額をいうと解される。この点，本件株式のように自由な取引市場における価額形成が行われない場合においては，客観的交換価値の評価は極めて困難であるが，しかしながら，そうであるからといって，取引相場の形成されない株式は客観的交換価値を有しないということにはならず，重要なのは，いかにしてその客観的交換価値を適正に認識すべきであるかである。」

「Xは，相続税法7条は，相続税の賦課，納付を回避するために生前に低額で財産の譲渡を受けたり遺贈を受けたりする租税回避行為に対する課税を目的

264 第5章 重要裁判例

とするものであり，Xがそのような意図を持たない本件には適用がないと主張
する。

　しかし，相続税法1条の2は，贈与税の納税義務者を相続税の納税義務者と
は別個に定めており，沿革的には贈与税が相続税の補完税としての性質を有し
ているとしても，理論的には，贈与による財産の取得が取得者の担税力を増加
させるため，それ自体として課税の対象になるというべきであり，相続税法中
の贈与税の規定もこれを前提とするものである。そして，相続税法7条は，法
律的にみて贈与契約によって財産を取得したのではないが，経済的にみて当該
財産の取得が著しく低い対価によって行われた場合に，その対価と時価との差
額については実質的には贈与があったとみ得ることから，この経済的実質に着
目して，税負担の公平の見地から課税上はこれを贈与とみなす趣旨の規定であ
るというべきである。したがって，Xのいうような租税回避を目的とした行為
に同条が適用されるのは当然であるが，それに限らず，著しく低い対価によっ
て財産の取得が行われ，それにより取得者の担税力が増しているのに，これに
対しては課税がされないという税負担の公平を損なうような事実があれば，当
事者の具体的な意図・目的を問わずに同条の適用があるというべきである。」

　「認定事実によれば，決算期が間近で配当金の計算などの必要があるときは
Xが取得した株式として扱い，その後株主を探さずにそのままX所有の株式と
して確定したことがあったというのであり，しかも，本件株式についてみても，
Xはこれを2年以上にわたり保有し，本件株式の株主としてその配当をも受け
ていて，また，本件株式を保有することは，筆頭株主であったXの地位をより
一層確固たるものにすることに役立つものであったということもでき，Xの主
張するように，Xが本件株式を取得した際の動機・目的が次に株式を保有させ
るべき従業員が決まるまでの間一時的に保有するというものであったとしても，
その後の経緯からすれば，Xは現実に本件株式の取得により右のような経済的
利益を受けているから，本件株式の取得価格と本件株式の時価との差額分につ
いては，相続税法7条により贈与があったものとみなされるべきである。」

(4)　解　説

　相続税法7条の「著しく低い価額」による譲渡があったか否かの判断に当た
っては，客観的な取引価格たる「時価」が基準となると解されるが，その際の

時価の認定は必ずしも容易ではない。本件では，同族会社の代表者が自社株を従業員から額面金額で譲り受けた場合について，純資産価額方式等による評価に比して，実際の譲渡価額が著しく低額であったと判断された。

　相続税法7条の適用については，生前贈与により相続税の租税回避を図る親族間の取引に限定されるべきであり，親族間を超えた取引が行われた場合には適用すべきでないという考え方がある。Xは本件においてかかる見解を主張したが，仙台地裁はこれを否定した。これと同種の判決に，さいたま地裁平成17年1月12日判決（税資255号順号9885）及び東京地裁平成19年1月31日判決（税資257号順号10622）がある。後者の判決は，「同条は，財産の譲渡人と譲受人との関係について特段の要件を定めておらず…このような同条の趣旨及び規定の仕方に照らすと，著しく低い価額の対価で財産の譲渡が行われた場合には，それによりその対価と時価との差額に担税力が認められるのであるから，税負担の公平という見地から同条が適用されるというべきであり，租税回避の問題が生じるような特殊な関係にあるか否かといった取引当事者間の関係…を問わないものと解するのが相当である。」としている。

〔注〕
(1) 判例評釈として，品川芳宣・税研46号29頁（1992），石倉文雄・ジュリ1032号118頁（1993）など参照。

266　第 5 章　重要裁判例

17　武富士事件

> ●財産の贈与を受けた者の住所が国内にあるか否かが争われた事例
> 〈第一審〉東京地裁平成19年 5 月23日判決・訟月55巻 2 号267頁[1]
> 〈控訴審〉東京高裁平成20年 1 月23日判決・訟月55巻 2 号244頁[2]
> 〈上告審〉最高裁平成23年 2 月18日第二小法廷判決・集民236号71頁[3]

(1)　事案の概要

　本件は，消費者金融会社Ｔ社の会長Ａの長男Ｘ（原告・被控訴人・上告人）が，平成11年12月27日付けの株式譲渡証書により，オランダ王国における有限責任非公開会社の出資口をＡ及びその妻Ｂから取得したことについて，平成11年分贈与税の決定処分及び無申告加算税賦課決定処分を受けたのに対し，Ｘは，本件贈与日において日本に住所を有していなかったから，相続税法（平成11年法律第87号による改正前のもの） 1 条の 2 第 1 号により納税義務を負わないと主張して，処分の取消しを求めた事案である。当時の相続税法によると，贈与者が所有する財産を国外に移転し，さらに，受贈者の「住所」を国外に移転させた後に贈与を実行することによって，我が国の贈与税の負担を回避し又はいずれの国の贈与税の負担も免れ得ることになる。本件では，Ａらの所有するＴ社株式（約1,600億円余）をオランダ法人に移転させ，その後，Ｘの住所を香港に移しオランダ法人の株式の贈与を受けると，Ｘが贈与税の負担（香港では贈与税の課税がない。）を免れることができるというスキームの当否が争われた。

(2)　争　点

　Ｘは国内に住所を有していたか否か。

(3)　判決の要旨
ア　東京地裁平成19年 5 月23日判決

東京地裁平成19年 5 月23日判決は，Ｘが 3 年半ほどの本件滞在期間中，香港

に住居を設け，同期間中の約65％に相当する日数，香港に滞在して起臥寝食する一方，国内には約26％に相当する日数しか滞在していなかったとして，本件贈与日において，Xが日本国内に住所すなわち生活の本拠を有していたと認定することは困難であるとして，請求を認容した。

イ　東京高裁平成20年1月23日判決

「法令において人の住所につき法律上の効果を規定している場合，反対の解釈をすべき特段の事由のない限り，その住所とは，各人の生活の本拠を指すものと解するのが相当であり（最高裁判所昭和29年10月20日大法廷判決・民集8巻10号1907頁参照），生活の本拠とは，その者の生活に最も関係の深い一般的生活，全生活の中心を指すものである（最高裁判所昭和35年3月22日第三小法廷判決・民集14巻4号551頁参照）。そして，一定の場所が生活の本拠に当たるか否かは，住居，職業，生計を一にする配偶者その他の親族の存否，資産の所在等の客観的事実に，居住者の言動等により外部から客観的に認識することができる居住者の居住意思を総合して判断するのが相当である。なお，特定の場所を特定人の住所と判断するについては，その者が間断なくその場所に居住することを要するものではなく，単に滞在日数が多いかどうかによってのみ判断すべきものでもない（最高裁判所昭和27年4月15日第三小法廷判決・民集6巻4号413頁参照）。」

「認定した事実によれば，Xは，平成11年10月ころ，G公認会計士から本件贈与の実行に関する具体的な説明を受け，本件贈与後，定期的に国別滞在日数を集計した一覧表を作成してもらったり，G公認会計士から香港に戻るよう指導されるなどしていたのであるから，本件贈与以前から，香港に居住していれば多額の贈与税を課されないことを認識し，本件贈与の日以後の国内滞在日数が多すぎないように注意を払い，滞在日数を調整していたものと認められる。…Xは，平成9年6月29日に香港に出国した際においても，贈与の実行の時期や贈与税の負担回避の具体的方法の詳細は別として，香港に居住すれば将来贈与を受けた際に贈与税の負担を回避できること及び上記の方法による贈与税回避を可能にする状況を整えるために香港に出国するものであることを認識し，出国後は，本件滞在期間を通じて，本件贈与の日以後の国内滞在日数が多すぎないように注意を払い，滞在日数を調整していたものと認めるのが相当である。」

「以上の事実によれば，Xは，本件滞在期間以前は，本件杉並自宅に亡A，B

及びFとともに居住し，本件杉並自宅を生活の本拠としていたものである。そして，〈1〉本件杉並自宅のXの居室は，Xが香港に出国した後も，家財道具等を含めて出国前のままの状態で維持され，Xが帰宅すれば，従前と同様にそのまま使用することができる状況にあったのであり，〈2〉Xは，本件滞在期間中も，1か月に1度は日本に帰国し，本件滞在期間を通じて4日に1日以上の割合で日本に滞在し，日本滞在中は，本件杉並自宅で起居し，特別な用事がない限り，朝夕の食事は，本件杉並自宅でとり，毎朝，本件杉並自宅からT社に出勤し，毎夕本件杉並自宅に帰宅するなど，日本滞在時の本件杉並自宅におけるXの生活の実態は，本件杉並自宅で起居する日数が減少したものの，本件滞在期間以前と何ら変わっていないのであり，〈3〉Xは，本件滞在期間前から，日本国内において，東京証券取引所一部上場企業であるT社の役員という重要な地位にあり，本件滞在期間中も引き続きその役員としての業務に従事して職責を果たし，その間に前記のとおり昇進していたのであり，〈4〉Xは，亡Aの跡を継いでT社の経営者になることが予定されていた重要人物であり，Xにとって T社の所在する日本が職業活動上最も重要な拠点（組織）であったのであり，〈5〉Xは，香港に滞在するについて，家財道具等を移動したことはなく，香港に携帯したのは，衣類程度にすぎず，〈6〉Xは本件贈与がされた当時，莫大な価値を有する株式等の資産を有していた一方，香港においてXが有していた資産は，Xの資産評価額の0.1パーセントにも満たないものであり，〈7〉Xの居住意思の面からみても，香港を生活の本拠としようとする意思は強いものであったとは認められないのであって，これらの諸事情に，前示のとおり，本件事実関係の下では，香港における滞在日数を重視し，日本における滞在日数と形式的に比較してその多寡を主要な考慮要素として本件香港自宅と本件杉並自宅のいずれが住所であるかを判断するのは相当ではないことを考え合わせると，…本件滞在期間中のXの生活の本拠は，それ以前と同様に，本件杉並自宅にあったものと認めるのが相当であり，他方，本件香港自宅は，Xの香港における生活の拠点であったものの，Xの生活全体からみれば，生活の本拠ということはできないものというべきである。」

ウ　最高裁平成23年2月18日第二小法廷判決

「事実関係等によれば，Xは，本件贈与を受けた当時，本件会社の香港駐在役員及び本件各現地法人の役員として香港に赴任しつつ国内にも相応の日数滞

在していたところ，本件贈与を受けたのは上記赴任の開始から約2年半後のことであり，香港に出国するに当たり住民登録につき香港への転出の届出をするなどした上，通算約3年半にわたる赴任期間である本件期間中，その約3分の2の日数を2年単位（合計4年）で賃借した本件香港居宅に滞在して過ごし，その間に現地において本件会社又は本件各現地法人の業務として関係者との面談等の業務に従事しており，これが贈与税回避の目的で仮装された実体のないものとはうかがわれないのに対して，国内においては，本件期間中の約4分の1の日数を本件杉並居宅に滞在して過ごし，その間に本件会社の業務に従事していたにとどまるというのであるから，本件贈与を受けた時において，本件香港居宅は生活の本拠たる実体を有していたものというべきであり，本件杉並居宅が生活の本拠たる実体を有していたということはできない。

原審は，Xが贈与税回避を可能にする状況を整えるために香港に出国するものであることを認識し，本件期間を通じて国内での滞在日数が多くなりすぎないよう滞在日数を調整していたことをもって，住所の判断に当たって香港と国内における各滞在日数の多寡を主要な要素として考慮することを否定する理由として説示するが，…一定の場所が住所に当たるか否かは，客観的に生活の本拠たる実体を具備しているか否かによって決すべきものであり，主観的に贈与税回避の目的があったとしても，客観的な生活の実体が消滅するものではないから，上記の目的の下に各滞在日数を調整していたことをもって，現に香港での滞在日数が本件期間中の約3分の2（国内での滞在日数の約2.5倍）に及んでいるXについて前記事実関係等の下で本件香港居宅に生活の本拠たる実体があることを否定する理由とすることはできない。このことは，法が民法上の概念である『住所』を用いて課税要件を定めているため，本件の争点が上記『住所』概念の解釈適用の問題となることから導かれる帰結であるといわざるを得ず，他方，贈与税回避を可能にする状況を整えるためにあえて国外に長期の滞在をするという行為が課税実務上想定されていなかった事態であり，このような方法による贈与税回避を容認することが適当でないというのであれば，法の解釈では限界があるので，そのような事態に対応できるような立法によって対処すべきものである。そして，この点については，現に平成12年法律第13号によって所要の立法的措置が講じられているところである。」

(4) 解　説

　本件では，東京高裁が租税回避の意図を住所認定において考慮要素としたことが注目されたが，この点を最高裁は否定的に捉えた。

　そもそも，住所の認定に当たって意思を考慮すべきか否かという点と，客観的事実だけで住所を認定すべきか否かという点を峻別しなければならないはずであるが，本件では，この辺りが混乱してはいないかという不安を覚える。意思という主観が全く無視され，およそそこを生活の本拠とする意思がなくても客観的な認定材料のみで住所が判断されるとするのは妥当とはいえまい。より重要視されるべきは，定住の意思などの主観的側面が客観的に認定され得るか否かであって，いわば「客観的主観」が重視されるべきではなかろうか。すなわち，外部からの徴表による主観をより取り込むような解釈に踏み込むべきであると考える。

　これに対して，本件東京地裁は，「Ｙは，相続税の性質や課税体系の点から，外国における勤務等が終わった後に日本に帰る予定である者の住所は日本にあるものとすべきであると解しうる見解を紹介している。しかしながら，かかる見解によれば，例えば，我が国における居宅を引き払って，数年間外国に勤務し，その間に我が国に帰国せず，日本国内に生活拠点を保持しなかった場合であっても，将来日本に帰る予定があれば，国内に住所を有することになるが，このような場合にまで『住所』が国内にあるというのは，『住所』の日本語としての通常の意味内容からかけ離れるものといわざるを得ないし，Ｙが自ら定めた基本通達１・１の２共-6〔筆者注：現行相続税法基本通達１の３・１の４共-5〕にも反するものであって，上記見解は採用し難い。」と判示する。帰宅が予定されている場合に帰宅した地を住所と考えることが，なぜ通常の意味内容から外れるのであろうか。数年間外国に勤務するというような本件射程外の例示をした上での考え方を本件に当てはめる点については理論的妥当性に疑問を有する。もっとも，同様の手法で考えると，例えば，船舶内に数年間勤務する者の生活の本拠は船内にあるというのであれば別であるが，そのような判断は示されていない。

　なお，最高裁は，かような意思を念頭に置くのではなく，客観的な日数を判断の重要なファクターとしたが，そこでは，東京高裁が判断に当たって引用した，単に滞在日数が多いかどうかによってのみ判断すべきものでもないとした

最高裁昭和27年 4 月15日第三小法廷判決（民集 6 巻 4 号413頁）は引用されていない。

〔注〕
(1) 判例評釈として，増井良啓・税研148号21頁（2009），占部裕典・税理51巻 5 号86頁（2008），大淵博義・税務事例40巻 4 号 1 頁， 5 号 1 頁， 6 号 1 頁（2008），伊川正樹・速報判例解説 3 号〔法セ増刊〕283頁（2008），堀口和哉・税務事例42巻 3 号26頁（2010），増田英敏・税務事例42巻 5 号41頁（2010）など参照。
(2) 判例評釈として，三木義一・税通62巻13号39頁（2007），川田剛・税務事例39巻12号 1 頁（2007）など参照。
(3) 判例評釈として，水野忠恒・税務事例43巻 5 号21頁（2011），渕圭吾・ジュリ1422号106頁（2011），木山泰嗣・税理54巻 6 号130頁（2011），品川芳宣・税研159号66頁（2011），小林宏之・判時2127号156頁（2011），田中治・同志社64巻 7 号203頁（2013），浅妻章如・租税判例百選〔第 6 版〕30頁（2016），酒井・ブラッシュアップ272頁など参照。なお，酒井・課税要件98頁及び酒井・レクチャー100頁もそれぞれ別の角度から同判決の問題点を摘示している。

272 第5章 重要裁判例

18 公正証書と贈与意思

●土地建物を贈与する旨の公正証書は，真実贈与の意思で作成されたもの
ではなく，所有権移転登記の時期に贈与があったとされた事例
〈第一審〉名古屋地裁平成10年9月11日判決・訟月46巻6号3047頁[1]
〈控訴審〉名古屋高裁平成10年12月25日判決・訟月46巻6号3041頁[2]
〈上告審〉最高裁平成11年6月24日第一小法廷決定・税資243号734頁

(1) 事案の概要

　本件は，税務署長Y（被告・被控訴人・被上告人）がX（原告・控訴人・上告人）に
対し，不動産の贈与を受けたことを理由に贈与税決定処分及び無申告加算税賦
課決定処分をしたところ，Xが，当該不動産の贈与を受けたのはその処分より
も約8年前であるから，同処分は課税時期を誤った違法な処分であると主張し
て，その処分の取消しを求めた事案である。なお，Xの父であるAが，本件不
動産を所有していた。そして，XとAは，昭和60年3月14日に，次のような不
動産贈与契約に係る公正証書を作成していた。

> 第壱条　贈与者Aは，その所有に係る後記不動産を受贈者に贈与し，受贈者はこれ
> 　　　　を受領した。
> 第弐条　贈与者は，受贈者に対し前条の不動産を本日引き渡し，受贈者はこれを受
> 　　　　領した。
> 第参条　贈与者は，受贈者から請求があり次第，本物件の所有権移転の登記申請手
> 　　　　続をしなければならない。
> 第四条　前条の登記申請手続に要する費用は，受贈者の負担とする。

　Xは，平成5年12月13日，Aから本件不動産について昭和60年3月14日の贈
与を原因とする所有権移転登記を受けた（以下「本件登記手続」という。）。その後，
Yは，Xに対し，平成5年分贈与税額を1億935万円余とする決定処分及び無
申告加算税の賦課決定処分をした。

(2) 争　点

贈与の時期の認定如何。

(3) 判決の要旨

ア　名古屋地裁平成10年9月11日判決

「本来，不動産の贈与の場合，所有権移転登記を経由するのが所有権を確保するためのもっとも確実な手段である。したがって，贈与が行われたにもかかわらず何らかの事情により登記を得られないときや，登記のみでは明らかにできない契約内容などが存在するときに，あえて公正証書を作成する意義があるものと解される。」

「本件公正証書記載のとおり昭和60年3月14日に贈与されたとすると，贈与税の法定納期限は昭和61年3月15日であるところ，本件登記手続がなされたのは平成5年12月13日であるから，本件登記手続は，本件公正証書記載の贈与時期を基準にすれば，贈与税の徴収権が時効消滅した後になされたことが認められる。

Aは，前記陳述書及び証人尋問において本件公正証書を作成しながら，所有権移転登記をしなかったのは，贈与税の負担を免れるためであったとして，次のとおり，陳述し，供述している。

金融業をしていたところ，東京のある会場で行われた税務問題のセミナーで，公認会計士から，『不動産の売買や贈与については，取引を完結した後で，登記をしないでおいて，ある程度の年数がすぎると不動産取得税や贈与税がかけられなくなる。そのためには，売買や贈与による者の引渡を済ませ，そのことを公正証書にしておけばよい。』という説明を聞いたことがあり，本件不動産の贈与税を『節税』しようと考えた。

以上の事実からすると，本件公正証書は，将来XがAから本件不動産の所有権移転登記を受けて，Yが本件不動産の贈与の事実を覚知しても，Xが贈与税を負担しなくても済むようにするために作成されたものであることが認められる。」

「以上の事実からすると，本件公正証書は，将来Xが帰化申請する際に，本件不動産をXに贈与しても，贈与税の負担がかからないようにするためにのみ作成されたのであって，Aに本件公正証書の記載どおりに本件不動産を贈与す

る意思はなかったものと認められる。他方，Xは，本件公正証書は，将来，本
件不動産をXに贈与することを明らかにした文書にすぎないという程度の認識
しか有しておらず，本件公正証書作成時に本件不動産の贈与を受けたという認
識は有していなかったものと認められる。

　よって，本件公正証書によって，AからXに対する書面による贈与がなされ
たものとは認められない。」

イ　名古屋高裁平成10年12月25日判決

　名古屋高裁は原審判断を維持し控訴を棄却した。

ウ　最高裁平成11年6月24日第一小法廷決定

　最高裁は上告を棄却した。

(4) 解　説

　本件土地建物の贈与については，昭和60年3月14日付けの公正証書が存在す
るが，平成5年12月13日まで所有権移転登記を経由していないところ，①公正
証書を作成しなければならない格別の理由はなく，②登記を不可能とする事情
もなく，③贈与者であるAが贈与税を免れる目的で公正証書を作成した旨陳述
していること，④登記名簿をいつ移すかは，Aの意思にかかっており，受贈者
Xが自由に使用・収益・処分し得る地位になかったこと等の事実に徴すると，
かかる公正証書は，将来，本件不動産をXに贈与しても贈与税がかからないよ
うにするためにのみ作成されたのであって，Aがその記載どおりに不動産を贈
与する意思はなかったものと認められ，Xも，公正証書作成時に贈与を受けた
という認識は有しておらず，かかる公正証書によって贈与がされたとは認めら
れないと判示されている。

　このような認定から，AがXにした贈与は，書面によらない贈与によるもの
であり，所有権移転登記手続の行われた平成5年12月13日に贈与の履行があり，
Xは，不動産を贈与により取得したとみるべきであると判決は結論付けている。

　これと類似のものに，不動産の贈与契約に係る公正証書に記載された土地
（贈与財産）が相続財産に該当するかどうかが争われた神戸地裁昭和56年11月2
日判決（税資121号218頁）がある。同判決では，公正証書が作成された当時の家
庭状況，経済状況のほか，公正証書作成後の当該贈与財産の管理処分状況，当
該贈与財産以外の財産に係る贈与税の申告や所有権移転の事実を摘示して，被

相続人には公正証書に記載されているように，その作成時点で直ちに当該贈与財産を贈与するという意思はなく，受贈者もこのことを了知していたものと推認されるとした上で，公正証書作成時に贈与契約は成立していない旨の判断をしているところである。

〔注〕
(1) 判例評釈として，林仲宣・ひろば52巻 5 号72頁（1999）など参照。
(2) 判例評釈として，品川芳宣・税研87号96頁（1999），三木義一・ジュリ1176号120頁（2000），同・租税判例百選〔第 5 版〕146頁（2011），望月爾・租税判例百選〔第 6 版〕149頁（2016）など参照。

276　第5章　重要裁判例

19　同族会社等の行為計算の否認⑴―同族会社に対する債権放棄―

●相続人の同族会社に対する債権放棄に同族会社等の行為計算の否認規定
　が適用されないとされた事例
〈第一審〉浦和地裁昭和56年2月25日判決・行集32巻2号280頁[1]
〈控訴審〉東京高裁昭和58年8月16日判決・税資133号462頁
〈上告審〉最高裁昭和62年5月28日第一小法廷判決・訟月34巻1号156頁
〈差戻控訴審〉東京高裁昭和62年9月28日判決・税資159号833頁[2]
〈差戻上告審〉最高裁平成2年7月13日第二小法廷判決・税資180号44頁

⑴　事案の概要

　被相続人Aは，昭和50年2月1日，株式会社Bに対して有していた貸金
（1,587万7,948円）及び未収土地代金（660万9,060円）の合計額2,218万7,008円を免除
した（以下「本件債務免除」という。）。

　その後，被相続人Aは，昭和50年7月31日に死亡したことから，X（原告・控
訴人・上告人）らは，相続税の申告に当たり，本件債務免除額は相続財産に含め
ずに申告したところ，税務署長Y（被告・被控訴人・被上告人）は，昭和52年10月
31日付けをもって相続税法64条《同族会社等の行為又は計算の否認等》を適用して
本件債務免除を否認し，本件債務免除に係る債務額をXらの課税価格に算入し，
相続税の更正及び過少申告加算税の賦課決定処分をした。Xらは，これらの処
分を不服として，Yを相手取り，取消しを求めて提訴した。なお，株式会社B
が同族会社に該当することについて争いはない。

⑵　争　点

　Aが同族会社に対して有する貸金等を免除した行為が，相続税法64条の同族
会社等の行為計算の否認の対象に当たるか否か。

(3) 判決の要旨

ア 浦和地裁昭和56年2月25日判決

相続税法64条1項にいう，「『同族会社の行為』とは，その文理上，自己あるいは第三者に対する関係において法律的効果を伴うところの，その同族会社が行う行為を指すものと解するのが当然である。そうだとすると，同族会社以外の者が行う単独行為は，その第三者が同族会社との間に行う契約や合同行為とは異なって，同族会社の法律行為が介在する余地のないものである以上，『同族会社の行為』とは相容れない概念であると言わざるをえない。」

大正12年法律第8号所得税法中改正法律によって創設された，所得税法73条の3の規定にいう，「同族会社の特殊関係者との間における行為」とは，「同族会社と特殊関係者とが行う行為，すなわち，両者間の契約又は合同行為を指すものであってこれに特殊関係者の単独行為が含まれると解すべき理由はない。」

「大正15年法律第8号所得税法中改正法律によって，上記の所得税法73条の3の規定が削除され，新たに73条の2が規定され，同族会社の行為について，従来あった相手方の制限が撤廃されるとともに，否認の対象として新たに同族会社の『計算』が加えられ，その後この規定における『同族会社ノ行為又ハ計算』と同文ないし同旨の表現が現行税法に至るまで引継がれている（法人税法132条1項，所得税法157条1項）。」

「結局上記立法の沿革等に照らしても，『同族会社の行為』が第三者の単独行為を含むものとは解されないし，いわんや，Y主張のような『同族会社とかかわりのある行為』という茫漠たる内容の解釈が許されるものでない。

もっとも，終戦後相続税法に同族会社の行為，計算の否認規定が導入されたことによって，大正12年の創設当時目的とされた同族会社の租税回避行為防止のほかに，同族会社と特別の関係がある個人の相続税等の回避行為を防止する機能をも有するに至ったことは，同法64条1項の規定からも明らかである。したがって，右導入を契機として，否認の範囲を直接同族会社関係者の行為にまで拡張することも可能ではあったが，もとより立法政策の問題であり，そのような特別な立法がされず，従来の税法におけると同一の表現を借用している以上，相続税法の解釈において従来のそれを拡張することは，租税法律主義の原則にも反し，到底賛成することができない。

また，Yは，同族会社の役員等の行為（単独行為を指すものであろう。）は同族会

社の行為と同視することができる旨主張するが，少なくとも税法の分野においては，同族会社とその役員等の個人とは明確に別個の法人格であることを前提とし，そのために所得税法157条，相続税法64条等の規定が置かれているのであるから，右主張も採用することができない。」

「以上のとおりであるから，本件更正処分において，Ｙが，本件債務免除の存在を認めながら，相続税法64条を適用してこれを否認したことは，その余の点について論ずるまでもなく，同条の解釈を誤ったものというべきである。」

イ　東京高裁昭和58年8月16日判決

東京高裁では，相続税法64条の規定の適用は争点とされていない。なお，相続財産について，不特定多数の当事者間で自由な取引が行われる場合に通常成立する価額に相当する財産の評価が得られる事情があるときに，これにより評価することは，それが相続税財産評価基本通達と異なるものであっても，違法ではないとして，Ｘらの控訴を棄却した。

ウ　最高裁昭和62年5月28日第一小法廷判決

最高裁は，1個の訴訟物につき一部勝訴・一部敗訴の判断が示され，これに対し双方当事者から適法に控訴が申し立てられた場合には，控訴審は双方の控訴につき1個の終局判決のみをすべきであるのに，一方当事者の控訴について判断をしなかったときは，破棄を免れないとして，差戻しを判断した。

エ　差戻控訴審東京高裁昭和62年9月28日判決

差戻控訴審東京高裁は，相続財産について，不特定多数の当事者間で自由な取引が行われる場合に通常成立する価額に相当する財産の評価が得られる事情があるときに，これにより評価することは，それが相続税財産評価基本通達と異なるものであっても，違法ではないとした。

オ　差戻上告審最高裁平成2年7月13日第二小法廷判決

差戻上告審最高裁は，Ｘの上告を棄却した。

(4)　解　説

Ｙは，同族会社等の行為計算の否認規定が創設された沿革等を根拠として，同族会社の行為を同族会社と関わりのある行為と解すべきであると主張したが，これに対して，本件浦和地裁は「立法の沿革等に照らしても，『同族会社の行為』が第三者の単独行為を含むものとは解されないし，Ｙの主張のような『同

族会社とかかわりのある行為』とうかがいえる内容の解釈が許されるものではない」として，かかるYの主張を斥けている。

　この点に関して，所得税における同族会社等の行為計算の否認規定を適用した課税処分に対するいわゆるパチンコ平和事件[3]東京高裁平成10年6月23日判決（税資232号755頁）は，「経済活動として不合理，不自然であり，独立かつ対等で相互に特殊な関係にない当事者間で通常行われるであろう取引と乖離した同族会社の行為又は計算により，株主等の所得税が減少するときは，不当と評価されることになる。」とし，「株主等と同族会社との間の取引行為を全体として把握し，その両者間の取引が客観的にみて，個人の税負担の不当な減少の結果を招来すると認められるかどうかという観点から判断するのが妥当であって，同族会社のみの行為計算に直目して判断するのは相当ではない。」と説示している。

〔注〕
(1)　判例評釈として，碓井光明・判時1037号157頁，畠山武道・ジュリ778号112頁，武田昌輔・税通39巻15号248頁など参照。
(2)　判例評釈として，青木康・税務事例21巻4号4頁参照。
(3)　この事件は，課税庁が所有建物を同族会社（不動産管理会社）に賃貸していた個人について，当該同族会社が第三者に賃貸し収受していた転貸料収入に比較して低額であるとして，所得税法157条《同族会社等の行為又は計算の否認等》を適用し適正賃貸料を算出して，課税処分を行ったものである。

280　第 5 章　重要裁判例

20　同族会社等の行為計算の否認(2)―同族会社に対する地上権設定(1)―

●相続人と同族会社との間の地上権設定契約は相続税法64条 1 項を適用して否認することができるとされた事例

〈第一審〉 大阪地裁平成12年 5 月12日判決・訟月47巻10号3106頁[1]
〈控訴審〉 大阪高裁平成14年 6 月13日判決・税資252号順号9132
〈上告審〉 最高裁平成15年 4 月 8 日第三小法廷決定・税資253号順号9317

(1)　事案の概要

　X₁（原告・控訴人・上告人）らは，平成 3 年 6 月20日に死亡したB（83歳）の相続人であるところ，相続に先立つ同年 6 月14日に駐車場の経営等を目的として有限会社A社（同族会社）を設立した。

　Bは，同日，その所有に係る本件土地について，A社に対し，駐車場事業の用に供する目的で地代を年額3,684万円，存続期間を60年とする地上権を設定した。A社の収入は，平成 4 年 8 月期で1,675万円余であり，本件地上権に係る地代を支払うと赤字であった。X₁らは，本件土地について，更地価額から地上権割合90％を控除した9,688万円と評価して相続税の申告をした。税務署長Y（被告・被控訴人・被上告人）は，本件土地の時価について， 5 億1,712万円（貸宅地）として評価し更正処分をした。

(2)　争　点

　本件宅地等に対する相続税法64条《同族会社等の行為又は計算の否認等》 1 項の適用の可否。

(3)　判決の要旨

ア　大阪地裁平成12年 5 月12日判決

　「相続税法64条 1 項は，同族会社の行為又は計算で，これを容認した場合においてはその株主若しくは社員又はその親族等（以下『株主等』という。）の相続

税又は贈与税の負担を不当に減少させる結果となると認められるものがある場合においては，税務署長は，相続税又は贈与税についての更正等に際し，その行為又は計算にかかわらず，その認めるところにより，課税価格を計算することができると規定しているところ，右規定によれば，同族会社を一方当事者とする取引が，経済的な観点からみて，通常の経済人であれば採らないであろうと考えられるような不自然，不合理なものであり，そのような取引の結果，当該同族会社の株主等の相続税又は贈与税の負担を不当に減少させる結果となると認められるものがある場合には，税務署長は，当該取引行為又はその計算を否認し，通常の経済人であれば採ったであろうと認められる行為又は計算に基づいて相続税又は贈与税を課すことができるものと解するのが相当である。」

「これを本件についてみると，法人税法2条10号，14号によれば，有限会社の社員の3人以下でその会社の総出資金額の100分の50以上の出資金額を保有する場合は同族会社であるとされているから，A社が同族会社に当たることは既に認定したところから明らかであり，BとA社は，Bの所有にかかる本件宅地等について地代を年額3684万円，存続期間を60年とする本件地上権の設定契約を締結したものであるところ，駐車場経営という利用目的に照らすと，本件宅地等の使用権原を賃借権ではなく，極めて強固な利用権である地上権が設定されたことは極めて不自然であることや，本件地上権の内容も，営業収益と比較して余りにも高額に設定された地代の支払のためにA社が大幅な営業損失を生じている点及びBの年齢を考えると，経済合理性をまったく無視したものであるといわざるを得ないことに徴するならば，本件地上権設定契約は，通常の経済人であれば到底採らないであろうと考えられるような不自然，不合理な取引であるということができ，また，評価通達25項，86項及び相続税法23条の規定によれば，本件地上権の存在を前提とした場合，本件宅地等は，自用地の価額からその90パーセント相当額を控除したものとして評価されることになるため，X_1らの相続税の負担を大幅に減少させる結果となることが明らかである。」

「よって，Yは，X_1らの相続税についての更正に際し，相続税法64条1項を適用して，A社がBとの間で締結した本件地上権設定行為を否認することができるというべきである。」

X_1らは，本件地上権の設定は同族会社の行為であるがゆえに相続税の軽減が生ずるというものではなく，これに代わる通常の行為なるものを観念すること

もできないから，かかる設定行為に相続税法64条１項を適用することは許されない旨主張した。

これに対して，大阪地裁は，「駐車場経営という利用目的や本件地上権の内容に照らすと，本件地上権の設定は，通常の経済人の取引行為としては不自然，不合理なものであって，Ａ社の株主等の相続税の負担を軽減することを目的として行われたものであるといわざるを得ないのであり，また，このように不自然，不合理な本件地上権設定契約の締結は，Ａ社が同族会社であったからこそ可能であったと考えられるから，Ａ社とＢ間の本件地上権の設定につき相続税法64条１項の規定を適用することに何ら妨げはないものというべきである。」とした。

イ　大阪高裁平成14年６月13日判決

「相続税法64条１項は，特に同族会社が租税負担回避行為に利用されやすいので，これを放置すれば実質的な税負担の公平を図ることができないとして，実質的な税負担の公平を図るためにもうけられた規定である。したがって，同族会社と株主との間の行為等を特に対象として否認することができ，他の契約当事者であれば，租税負担行為の回避の疑いがあっても否認できない法律関係であることは，その法の趣旨からみて予定されているところである。

そして，相続税法64条１項が適用される場面においては，税務署長は，同族会社の行為または計算にかかわらず，その認めるところにより当該財産の課税価格を計算することができるのであるから，その際に特定の権利関係を想定することは法の予定するところであって，そうでなければ計算の前提を欠くことになる。したがって，賃借権を想定して評価することは，法的根拠のない取扱いではない。」

ウ　最高裁平成15年４月８日第三小法廷決定

最高裁は上告不受理と判断した。

(4)　**解　説**

本件では，被相続人と同族会社は，被相続人の所有に係る宅地等について本件地上権の設定契約を締結したものであるところ，「駐車場経営という利用目的に照らすと，本件宅地等の使用権原を賃借権ではなく，極めて強固な利用権である地上権が設定されたことは極めて不自然であることや，本件地上権の内

容も，営業収益と比較して余りにも高額に設定された地代の支払のためにA社が大幅な営業損失を生じている点及びBの年齢を考えると，経済合理性をまったく無視したものであるといわざるを得ないことに徴するならば，本件地上権設定契約は，通常の経済人であれば到底採らないであろうと考えられるような不自然，不合理な取引であるということができ」るとする。また，「財産評価基本通達25項，86項及び相続税法23条の規定によれば，本件地上権の存在を前提とした場合，本件宅地等は，自用地の価額からその90パーセント相当額を控除したものとして評価されることになるため，X_1らの相続税の負担を大幅に減少させる結果となることが明らかである。」とする。これらのことから，税務署長Yは，X_1らの相続税についての更正に際し，相続税法64条1項を適用して，同族会社が被相続人との間で締結した本件地上権設定行為を否認することができると判示している。

〔注〕
(1) 判例評釈として，品川芳宣・税研97号94頁（2001），同＝金本瑞夫・TKC税研情報10巻1号23頁（2001），増井良啓・ジュリ1199号112頁（2001），田中治・租税判例百選〔第5版〕142頁（2005），同＝高正臣・税通56巻14号253頁（2001），松原有里・租税判例百選〔第6版〕155頁（2016）など参照。

284　第5章　重要裁判例

21　同族会社等の行為計算の否認(3)―同族会社に対する地上権設定(2)―

●法人の設立時期，被相続人の年齢，地上権の存続期間等の事実を総合勘
案すると，本件地上権設定契約は，経済的・実質的にみて，明らかに不
自然・不合理なものであるとして，相続税法64条の適用が認められた事
例
〈第一審〉　大阪地裁平成15年7月30日判決・税資253号順号9402[1]
〈控訴審〉　大阪高裁平成16年7月28日判決・税資254号順号9708

(1)　事案の概要

A社は，本件相続開始日の約1年3か月前に設立された有限会社であり，4
億9,000万円という多額の出資は，当時95歳という極めて高齢であった被相続
人Bが借入金により調達したものであった。また，A社からの利益の配当はな
く，Bは多額の利息の支払のみを行っていた。

A社は，〈1〉不動産の賃貸及び管理業務，〈2〉有価証券に関する投資及び運
用業務，〈3〉それらに附帯する一切の業務を目的として平成3年5月15日に設
立された。A社の定款によると，同会社の資本の総額は1,000万円であり，これ
を1,000口に分け，出資1口の金額を1万円とした。そして，出資1口の金額は
1万円であるにもかかわらず，設立の際の出資1口の引受金額を100万円とし，
出資1口につき1万円を超える引受金額99万円を資本準備金とすることにした。
その結果，引受金額計10億円のうち，1,000万円を資本金に，その余の9億
9,000万円を資本準備金に組み入れることになった。

Bは，A社の設立に当たり，平成3年5月15日にE社からの借入金によって
4億9,000万円を出資し（以下「本件出資」という。），出資口数490口を取得した。

X（原告・控訴人）らは，Bからの相続に関する相続税の申告書において，本
件出資の評価につき，財産評価基本通達（平成5年6月23日付け課評2-7・課資2-156
による改正前のもの。）188-2（以下「本件通達」ともいう。）に定める配当還元方式に
より，1口当たりの資本金の額1万円をもとに計算し，その出資490口の総額

を245万円と算定し，本件申告を行っている。

税務署長Y（被告・被控訴人）は，本件出資を評価する上で，本件通達をそのまま適用した場合に著しく不合理な結果となり，課税の公平を保つことができなくなるとして，本件通達に定める配当還元方式の算式中の「その株式の1株当たりの資本金の額」は，A社の資本金の額1万円によるのではなく，実際に出資された額100万円をもとに計算するのが相当であると判断した。

(2) 争 点
相続税法64条《同族会社等の行為又は計算の否認等》の規定の適用如何。

(3) 判決の要旨
ア 大阪地裁平成15年7月30日判決

「法64条は，同族会社の行為又は計算において，これを容認した場合，その株主若しくは社員又はその親族その他これらの者と特別の関係がある者の相続税又は贈与税の負担を不当に減少させる結果となると認められる場合において，税務署長は，相続税又は贈与税についての更正又は決定に際し，その行為又は計算にかかわらず，その認めるところにより，課税価格を計算できる旨規定している。これは，同族会社を一方の当事者とする取引当事者が，経済的動機に基づき，自然・合理的に行動したならば，通常採ったはずの行為形態を採らず，ことさら不自然・不合理な行為形態を採ることにより，その同族会社の株主その他所定の者の相続税又は贈与税の負担を不当に減少させる結果になると認められる場合には，取引当事者が経済的動機に基づき自然・合理的に行動したとすれば通常採ったであろうと認められる行為又は計算が行われた場合と同視して相続税又は贈与税を課することができるというものである。同条がこのように規定する趣旨は，私法上許された法形式を濫用することにより，租税負担を不当に回避し又は軽減することが企図される場合には，実質的にみて，租税負担の公平の原則に反することになるので，このような行為又は計算を租税回避行為として，税法上相対的に否認して本来の実情に適合すべき法形式の行為に引き直して，その結果に基づいて課税しようとするものである。したがって，本条の規定の適用に当たっては，その行為又は計算が単に結果において相続税又は贈与税の軽減をきたすということのみによってこれを決すべきではなく，

当該行為又は計算が、経済的・実質的にみて経済人の行為として、不自然・不合理なものと認められるか否かにより判断すべきである。」

　Xらは、(1)相続税の課税は、相続という自然人の死亡によって、瞬間的に被相続人から相続人らへ移転する財産に課税するものであるから、原則として、その間に経済取引が関与する余地はなく、当然、その間に同族会社が関与する余地もないから、法64条の適用はあり得ず、(2)法64条1項は、異常な「行為」を正常な「行為」に擬制する権限を税務署長に認めるにとどまり、現実に実現していない「経済的成果」を擬制する権限までも認めたものではないから、Yが、本件地上権設定契約について、「地上権が設定された土地」という経済的成果が実現しているにすぎないのに「賃借権が設定された土地」という経済的効果を擬制した上で、本件課税処分をすることは、本件土地が有している担税力を超えて課税を行うこととなり、憲法が保障する財産権を不当に侵害するものであると主張していた。

　これに対して、大阪地裁は、次のように示して、Xらの主張を排斥している。

　「Xらのかかる主張の趣旨は必ずしも判然としないが、…法64条の規定の趣旨・目的に徴するならば、税務署長は、課税価格の計算に関し、現実の法律関係を否認した上で、引き直された法律関係という結果に基づいて課税価格を計算することができるのであるから、上記Xらの主張は、いずれも前提を欠き、主張自体失当というほかはない。」

　「A社は、本件被相続人の死亡の1年2か月前に設立された同族会社であるところ、本件地上権設定契約は、その締結当時において本件被相続人が95歳という老齢であったにも関わらず、60年という長期の存続期間を定めて締結されたものであり、かつ、他人の土地に利用権を設定する場合は、賃借権の形態で行われるのが通常であるのに、敢えて用益物権である地上権を設定するという異例の形態が採られていること、本件土地はその形状からして利用価値が高いものと認められ、かかる土地上に、建設費用及び撤去費用がかさむ堅固な2階建ての駐車場を設置していること、A社の経営状態は、事業開始後5年を経過して黒字に転換したとはいえ、これは減価償却費の計上及び役員報酬の支払いがない等の結果であり、平成8年5月期の損益計算書によると、その累積損失は2889万3554円と多大なものとなっていること、以上の事実が認められ、これらの事実を総合勘案するならば、本件地上権設定契約は、経済的・実質的にみ

て，明らかに不自然・不合理なものであって，およそ通常利害を異にする経済人同士の当事者間であればとうてい行われなかったであろうといわざるを得ない。そして，本件地上権設定契約の締結により，本件土地の価額の算定上，法23条の規定に基づき本件地上権に相当する価額を控除して評価する以上は，…本件相続にかかる相続税の課税価格は2億4086万9000円，納付すべき税額は1億3990万8000円減少することとなる。

以上によれば，本件地上権設定契約は，A社が同族会社であるが故に締結されたものというほかはなく，A社等の社員であるXらの相続税の負担を不当に減少させる目的で行われたものといわざるを得ない。」

イ　大阪高裁平成16年7月28日判決

「法64条は，同族会社が少数の株主ないし社員によって支配されており，所有と経営が結合しているため，当該会社又はその関係者の税負担を不当に減少させる行為や計算が行われやすいことに鑑み，そのような行為や計算が行われた場合，税負担の公平を維持するため，これを正常な行為や計算に引き直して更正又は決定を行う権限を税務署長に認めたものである。」

「法64条1項所定の同族会社の行為又は計算は，同族会社と株主等との取引の全体を対象とし，その取引行為が客観的にみて経済的な合理性があるか否かの観点から同条項の適用の有無及び効果を判断すべきものである。株主等と同族会社間の取引に対して同条項の適用がないとすれば，同条項の適用場面はほとんど想定し難く，同条項の立法趣旨である税負担の公平が達成できなくなるし，文言上もそのように解し得るからである。」

(4)　解　説

これまで同族会社等の行為計算の否認規定の適用に当たっては，同族会社等の行った行為の内容が，純経済人からみて不合理であることを判断基準とする考え方（経済合理性基準）が採用されてきている。本件においても，大阪高裁が，事実を総合勘案した上で，「本件地上権設定契約は，経済的・実質的にみて，明らかに不自然・不合理なものであって，およそ通常利害を異にする経済人同士の当事者間であればとうてい行われなかったであろうといわざるを得ない。」としているとおり，同様の判断枠組みが採用されているといえよう。

もっとも，同族会社等の行為計算の否認規定は，その文理からも明らかなと

おり，「同族会社等」による行為や計算を否認するものであって，さすれば，上記にいう経済的合理性を有する行為であったか否かは，同族会社等によるものであるはずである。しかしながら，相続税及び贈与税はあくまでも，被相続人にしても贈与者にしても原則として個人が対象とされていることからすれば，同族会社等が何らかの行為を行ったことがかかる個人の相続税や贈与税の負担の減少につながるというケースは必ずしも多くはない。

この点がしばしば論点となるところであるが，控訴審においてもＸらは，「行為が異常・不合理なものであるか否かは，同族会社が達成しようとした経済的動機に応じた経済合理性があるか否かで判断すべきである。」とした上で，「Ａが本件土地に地上権を設定したのは，堅固な立体駐車場設備を設けて駐車場事業を行い，長期にわたる安定的な土地利用を確保したいという経済的動機に基づく。この目的達成のためには，地上権の設定以外には考えられず，現にＡは，この目的達成のための駐車場事業を行ってきたのであって，本件土地に地上権を設定した行為は，自然で合理的な行為である。」と主張していた。これに対して，大阪高裁は，上記のとおり，「法64条１項所定の同族会社の行為又は計算は，同族会社と株主等との取引の全体を対象とし，その取引行為が客観的にみて経済的な合理性があるか否かの観点から同条項の適用の有無及び効果を判断すべきものである。」とするのである。なぜなら，そのように解さないと，「同条項の適用場面はほとんど想定し難く」なるからだというのである。

このような判断は，所得税法上の事案ではあるが，いわゆるパチンコ平和事件においても採用されている。同事件は，同族会社の代表者が当該同族会社に対して無利息貸付けを行ったという事例において，利息相当額につき，所得税法157条（同族会社等の行為又は計算の否認等）の規定を適用した事案である。同事件において，東京地裁平成９年４月25日判決（訟月44巻11号1952頁）は，「本件規定にいう同族会社の行為又は計算とは，同族会社と株主等との間の取引行為を全体として指し，その両者間の取引行為が客観的にみて経済的合理性を有しているか否かという見地からその適用の有無及び効果を判断すべきものというべきである。これに対し，原告は，本件規定の適用対象を株主等と同族会社との間の取引行為全体とすることは本件規定の文言からかけ離れた解釈であると主張するが，株主等の単独行為（同族会社に対する債権の免除等）であれば格別，株主等と同族会社との間の取引行為すら本件規定の対象とならないのであれば，

本件規定の適用場面は想定しがたく，本件規定の趣旨である税負担の公平がおよそ達成し得なくなるし，本件規定の文言上も前記説示のように解し得るものというべきであるから，原告の右主張を採用することはできない。」とするのである。

〔注〕
(1) 判例評釈として，大淵博義＝須飼剛朗・TKC 税研情報13巻 2 号 1 頁（2004）など参照。

290　第5章　重要裁判例

22　同族会社等の行為計算の否認⑷—同族会社にとって利益となる売買契約—

> ●相続税法64条1項の適用は，経済的，実質的見地において，当該行為又は計算が純粋経済人の行為として不自然，不合理なものと認められるか否かを基準として判断すべきであるとされた事例
> 〈第一審〉大阪地裁平成18年10月25日判決・税資256号順号10552
> 〈控訴審〉大阪高裁平成19年4月17日判決・税資257号順号10691
> 〈上告審〉最高裁平成20年10月16日第一小法廷決定・税資258号順号11052

⑴　事案の概要

　被相続人丙が株主であり代表取締役である同族会社A社は，平成2年1月31日，貸ビルを建設する目的で本件土地建物を代金18億7,662万円でMから購入した。A社の上記売買代金は，N銀行から17億3,700万円を借り入れ，丙はN銀行に対して上記借入金を保証（包括根保証）する旨約した。その後，平成12年10月20日付けで，丙の体調不良から，代表取締役をX₁（原告）に交替した後に，A社と丙との間で，同日付けで本件土地建物を16億5,200万円で売買する旨の契約書を締結，その代金は，A社がN銀行から借り入れた借入金債務の残高16億5,200万円の全額を承継することによりその支払に充当し，丙は，承継した借入金債務を各返済期日までにN銀行口座に元金，利息の合計金額を送金して支払う旨約定したが，N銀行の了解が得られないままに，X₁は，売買代金18億円余をA社に対する未払金とし，また，銀行借入金債務はA社の借入名義のままとされていた。

　その後，平成12年11月12日に，被相続人丙が死亡し相続が開始したが，X₁は法定申告期限までに本件相続に係る相続税の申告書を所轄税務署長に提出せず，また，X₂（原告・控訴人・上告人）は，課税価格を零円とする期限後申告書を提出した。

　これに対して，所轄税務署長は，本件売買契約自体の存在を否定し，また，契約が存在するとしても，相続税法64条《同族会社等の行為又は計算の否認等》1項

を適用して，本件土地建物の時価を超える部分の債務額の債務控除は認められ
ないとする相続税の更正処分を行った。

　本件は，Xらが，国Y（被告・被控訴人・被上告人）を相手取って，上記処分の
取消しを求めた事案である。

(2)　争　点

　本件売買契約が相続税法64条１項により課税価格の計算上否認することがで
きる同族会社の行為計算に該当するか否か。

(3)　判決の要旨

ア　大阪地裁平成18年10月25日判決

　「同族会社により租税回避行為が容易に行われるのを防止して租税負担の適
正化を図るという相続税法64条１項の趣旨，目的からすれば，同族会社の行為
又は計算が相続税又は贈与税の負担を不当に減少させる結果となると認められ
るかどうかは，経済的，実質的見地において，当該行為又は計算が純粋経済人
の行為として不自然，不合理なものと認められるか否かを基準として判断すべ
きである。」

　「通常の経済人間の取引においてはその時価を主要な基準として代金額が決
定されると考えられるにもかかわらず，A社及び丙は，本件売買契約の代金額
をⅠ物件の時価ではなく本件借入金債務残高の金額を基準として決定し，結果
として上記のⅠ物件の時価相当額の13倍を超える金額の16億5200万円を本件売
買契約の代金額として定めたことにより，本件売買契約に基づく代金支払債務
相当額とⅠ物件の時価の差額（約15億円）に係る相続税につき，丙の相続人であ
りA社の株主であるXらの負担が相当額減少することになったものと認められ
る。」

　「X₁は，本件売買契約の背景にはA社を存続させなければならない事情があ
り，丙らは同契約をそのための唯一の方策として採用したのであって，同契約
はいわば緊急避難的な行為であり，丙らには不当に相続税の軽減を図るという
意図など全くなかったから，本件売買契約は相続税法64条１項により課税価格
の計算上否認することができる同族会社の行為又は計算には該当しないなどと
主張する。」

「同族会社の行為又は計算が相続税の負担を不当に減少させる結果となると認められるかどうかは，経済的，実質的見地において，当該行為又は計算が純粋経済人の行為として不自然，不合理なものと認められるか否かを基準として判断すべきであるところ，本件売買契約締結の究極的な目的がＡ社を存続させることにあるとしても，本件土地建物の時価相当額の13倍を超える16億5200万円を売買契約の代金額として定めることが，経済人の行為として合理的かつ自然なものとは到底いうことはできない。のみならず，前記認定の本件売買契約の締結に至る経過事実に照らしても，本件売買契約がＸらの相続税の不当な軽減を図ることをも目的として締結されたものであることは，明らかであるというべきである。」

「本件売買契約は，相続税法64条１項により課税価格の計算上否認することができる同族会社の行為又は計算に該当する。」

イ　大阪高裁平成19年４月17日判決

Ｘ₂は，本件売買契約が丙にとって自らの経営責任を果たしＡ社の再建への道筋をつける重要な行為であり，また，丙が本件保証債務を負っている以上，同人の個人的な債務負担の増大にもならないものであったから，本件売買契約は，丙にとって，個人としてもＡ社の経営者としても，極めて合理的な取引であったということができ，丙と同様の立場に立たされた通常の経済人にとっても，本件売買契約をすることは合理的であったといえるとの主張をした。

これに対して，大阪高裁は，「確かに，…相続税法64条１項の同族会社の行為又は計算が相続税又は贈与税の負担を不当に減少させる結果となると認められるかどうかは，経済的，実質的見地において，当該行為又は計算が純粋経済人の行為として不自然，不合理なものと認められるか否かを基準として判断すべきものである。しかし，相続税法64条１項は，同族会社が同族会社の株主等の租税負担回避行為に利用されやすく，これを放置すれば税負担の実質的な公平を図ることができないから，実質的な税負担の公平を図るために設けられた規定であり，この趣旨，目的に照らすと，ここでいう純粋経済人の行為として不自然，不合理なものかどうかは，同族会社の利益を図るという同族会社の株主ないし経営者としての立場に重きを置くのではなく，個人としての合理性を中心に考えるべきものである。時価をはるかに上回る価額で同族会社の所有物件を購入する行為は，同族会社にとっては利益をもたらすものであるとしても，

個人としては極めて不合理なものといわざるを得ないのであって，A社の経営者として本件売買契約を締結することの合理性を根拠とするX_2の主張は理由がないといえる。…丙は，本件売買契約に基づきA社に対する売買代金債務16億5200万円を負担することとなったが，通常の経済人であれば，たとい同額の保証債務を既に負っていたとしても，それに加えて上記代金債務を負う行為を選択することは考えられない。仮に，本件売買契約に基づき，上記保証債務に代えてN銀行に対する貸金債務を負うことになるとしても，通常人がかような行為を選択することは，後に説示する保証債務の性質上考え難い。丙が既に保証債務を負っていたことを根拠として本件売買契約の合理性をいうX_2の主張も理由がないといわなければならない。」とした。

ウ　最高裁平成20年10月16日第一小法廷決定

最高裁は上告棄却・上告不受理とした。

(4)　解　説

前述のとおり，同族会社等の行為計算の否認規定の適用に当たっては，経済合理性基準によって判断されることが多いが，否認されるべき行為や計算の主体が誰であるかという問題とは別に，行為や計算が否認されるとする場合の経済的不合理性というのは，誰にとっての不合理性を指すのかという問題が惹起される。

相続税法64条1項の対象となる行為が同族会社等の行為に限定されるかという論点と当然に密接な関係を有するものの，かかる論点においては，同族会社等と相続人との取引（行為や計算）を念頭に置くという考え方が採用される傾向にある。そうであった場合に，かかる取引の合理性について，本件大阪高裁は，「ここでいう純粋経済人の行為として不自然，不合理なものかどうかは，同族会社の利益を図るという同族会社の株主ないし経営者としての立場に重きを置くのではなく，個人としての合理性を中心に考えるべき」とする。

すなわち，時価をはるかに上回る価額で同族会社の所有物件を購入する行為は，同族会社にとっては利益をもたらすものであるとしても，個人としては極めて不合理なものといわざるを得ないとして，同族会社等の行為計算の否認規定の適用が妥当と判断されているのである。

あとがき

　近年の税制改正議論の中でも，租税専門家に特に注目をされているのが，事業承継関係の税制に関するものではなかろうか。
「税理士はあなたの頼れるパートナー」と大々的に宣伝する日本税理士会連合会のホームページには，「顧問税理士主導による事業承継支援」として，「税理士の主な顧問先は中小企業・小規模企業であり，経営者の7割は顧問税理士等を経営問題の相談相手と考えています。税理士は，その特徴からも顧問先企業の事業承継ニーズを察知するには最も適当な存在であり，経営者に対して，事業承継の気付きを与え，顧問先企業の見える化・魅せる化を指導するなど，主導的な立場で円滑な事業承継を進めていくことが期待されます。」と記載している（http://www.nichizeiren.or.jp/〔平成31年4月25日訪問〕）。

　このように事業承継に関する支援も，税理士の役割の一つであるとするならば，税理士は当然にその十分な知識と盤石な租税法の解釈能力をもって事業承継に当たらなければならないはずである。

　また，租税法の研究者，学習者にとっても，事業承継に係る税制に関心を寄せる必要があろう。それは，今日の我が国の中小企業税制の諸問題が，縮図のようにこの事業承継税制周辺に集約しているからである。これは言い過ぎのようにも思われるかもしれないが，事業承継に係る税制は，本書をお読みいただくと分かるとおり，所得税法，法人税法，相続税法と主要税目を縦横無尽に動き回らなければならない。さらにいえば，そこには，会社法や親族法との関係も整理されなければならないし，租税法領域における永遠の課題の一つである通達課税の問題点も所在する。いわば，租税法の研究者，学習者にとって，事業承継は論点の宝庫であるということもできるのである。

　本書がかような租税法に関わりを持つ方々の役に立てたであろうか。

　筆を置くことがためらわれるほど，不安を覚えるところである。引き続き，この論点については，アコード租税総合研究所での研究を更に継続し，研究成

果を読者へ還元していきたいと考えている。

酒井　克彦

事項索引

あ 行

遺産の分割前	128
遺産分割	119, 123
遺産分割協議	152
遺産分割等	130
一時所得	154, 166, 242
一時払保険等	142
著しく低い価額	230, 260, 264
著しく低い価額の対価	71, 73
一物一価	233
一物二価	62, 230
一般に公正妥当と認められる会計処理の基準	253
遺留分	129
遺留分請求	129
インターロッキング事件	238
運転資金	36, 144
榎本家事件	218
円滑化法	51
円滑化法の認定要件	52
オーナー経営者	136

か 行

外貨建て保険	209
会社規模	81
会社規模の判定	64
解約返戻率	200, 202
掛捨て保険	244
家事関連費	253
家事費	253
株式按分交付要件	110
株式移転	78, 84
株式移転完全子法人	78
株式交換	78, 84, 106
株式交換等完全子法人	78
株式等保有特定会社	141
株式の譲渡の時における価額	73

株式評価	62
株式保有特定会社	103
株主総会	156
借入金	142
借入金返済資金	36
換価分割	123
完全支配関係	113
鑑定評価	117
がん保険通達	190
寄附金	112, 115
逆基準性	254
客観的な交換価値	117, 216, 263
キャピタルゲイン	218, 249
給与所得	240, 244, 251, 255
給与所得控除額	244
行政先例法	234
共同相続人	123
居住用不動産	131
金銭交付型株式交換	106
金銭債権	249
金銭等不交付要件	110
熊本ねずみ講事件	71
グループ法人税制	104, 112
経営権	26
経営者交代率	7
経営者保証	30, 91
経営者保証のガイドライン	30
契約者貸付け	139
契約者変更	163, 239
契約者変更時の価額	240
気配相場等のある株式	80
減価償却額	118
健康増進型保険	209
原則的評価方式	62
現物分割	123
現物分配	110
航空機リース事件	70
後継者	22, 144
公示価格	116
構成員課税	71, 72

公正証書‥‥‥‥‥‥‥‥‥‥‥‥‥‥‥ 272	資産の評価‥‥‥‥‥‥‥‥‥‥‥‥‥‥ 233
合法性の原則‥‥‥‥‥‥‥‥‥‥‥‥‥ 241	資産保有型会社‥‥‥‥‥‥‥‥‥‥‥‥54
個人事業者の事業用資産に係る相続税の	資産保有型事業‥‥‥‥‥‥‥‥‥‥‥ 183
納税猶予制度‥‥‥‥‥‥‥‥‥‥‥‥60	自社株‥‥‥‥‥‥‥‥‥‥‥‥‥‥80, 141
個人版事業承継税制‥‥‥‥‥‥‥‥60, 182	自社株対策資金‥‥‥‥‥‥‥‥‥‥‥‥36
個人保証‥‥‥‥‥‥‥‥‥‥‥‥‥‥‥91	自然保険料‥‥‥‥‥‥‥‥‥‥‥‥‥ 247
固定資産税評価額‥‥‥‥‥‥‥‥‥‥ 118	自動振替貸付け‥‥‥‥‥‥‥‥‥‥‥ 139
固有の財産‥‥‥‥‥‥‥‥‥‥‥‥‥ 153	支配関係継続要件‥‥‥‥‥‥‥‥‥‥ 107
雇用確保要件‥‥‥‥‥‥‥‥‥‥‥‥8, 47	自筆証書‥‥‥‥‥‥‥‥‥‥‥‥‥‥ 132
雇用確保要件の緩和‥‥‥‥‥‥‥‥‥‥47	自筆証書遺言‥‥‥‥‥‥‥‥‥‥‥‥ 129
	死亡保険‥‥‥‥‥‥‥‥‥‥‥‥‥‥ 244
さ 行	死亡保険金‥‥‥‥‥‥‥134, 143, 148, 156
	従業員承継‥‥‥‥‥‥‥‥‥‥‥‥‥‥24
最高解約返戻率‥‥‥‥‥‥‥‥‥ 200, 202	従業員持株会‥‥‥‥‥‥‥‥‥ 70, 73, 76
財産評価基本通達‥‥‥‥‥‥62, 112, 212	従業員持株制度‥‥‥‥‥‥‥‥‥‥‥ 263
再調達価格‥‥‥‥‥‥‥‥‥‥‥‥‥ 118	従業者継続従事要件‥‥‥‥‥‥‥‥‥ 107
サイモンズ‥‥‥‥‥‥‥‥‥‥‥‥‥ 229	従業者引継要件‥‥‥‥‥‥‥‥‥‥‥ 110
差額負債調整勘定の金額‥‥‥‥‥‥‥ 105	住所‥‥‥‥‥‥‥‥‥‥‥‥‥‥‥‥ 270
雑収入‥‥‥‥‥‥‥‥‥‥‥‥‥‥‥ 146	終身保険‥‥‥‥‥‥‥‥‥‥‥‥138, 148
雑所得‥‥‥‥‥‥‥‥‥‥‥‥‥247, 252	収入金額‥‥‥‥‥‥‥‥‥‥‥‥‥‥ 240
30万円基準‥‥‥‥‥‥‥‥‥‥‥‥‥ 205	収入を得るために支出した金額‥‥‥‥ 166
山林‥‥‥‥‥‥‥‥‥‥‥‥‥‥‥‥ 221	受贈益‥‥‥‥‥‥‥‥‥‥‥‥‥‥‥ 112
時価‥‥‥‥‥‥‥‥‥‥‥‥116, 216, 264	取得に要した金額‥‥‥‥‥‥‥‥220, 246
時価評価‥‥‥‥‥‥‥‥‥‥‥‥‥‥ 106	取得費‥‥‥‥‥‥‥‥‥‥‥‥‥120, 246
支給‥‥‥‥‥‥‥‥‥‥‥‥‥‥‥‥ 242	取得費加算‥‥‥‥‥‥‥‥‥‥‥121, 162
事業継続要件‥‥‥‥‥‥‥‥‥‥107, 110	主要資産負債引継要件‥‥‥‥‥‥‥‥ 110
事業承継‥‥‥‥‥‥‥‥‥‥‥‥‥‥‥22	純資産価額‥‥‥‥‥‥‥‥66, 73, 80, 84
事業承継ガイドライン‥‥‥‥‥5, 15, 24, 87	純資産価額方式‥‥‥‥‥‥‥62, 101, 114
事業承継計画‥‥‥‥‥‥‥‥‥‥‥‥‥17	純資産評価額‥‥‥‥‥‥‥‥‥‥‥‥ 222
事業承継計画の策定‥‥‥‥‥‥‥‥‥‥18	小会社‥‥‥‥‥‥‥‥‥‥‥‥‥‥‥‥74
事業承継計画の策定プロセス‥‥‥‥‥‥19	小規模企業振興基本計画‥‥‥‥‥‥‥‥10
事業承継5ヶ年計画‥‥‥‥‥‥‥‥‥‥31	小規模宅地等の特例‥‥‥‥‥‥34, 61, 183
事業承継税制‥‥‥‥‥‥‥‥‥‥‥‥5, 44	承継計画‥‥‥‥‥‥‥‥‥‥‥‥‥‥‥61
事業承継税制の導入‥‥‥‥‥‥‥‥‥‥ 2	上場株式‥‥‥‥‥‥‥‥‥‥‥‥‥‥‥80
事業承継の相談相手‥‥‥‥‥‥‥‥‥‥12	少数株主‥‥‥‥‥‥‥‥‥‥‥ 50, 62, 106
事業譲渡‥‥‥‥‥‥‥‥‥‥‥‥104, 109	譲渡‥‥‥‥‥‥‥‥‥‥‥‥‥‥‥‥ 243
事業分割‥‥‥‥‥‥‥‥‥‥‥‥‥‥ 101	譲渡益説‥‥‥‥‥‥‥‥‥‥‥‥‥‥ 219
事業保険‥‥‥‥‥‥‥‥‥‥‥‥‥‥ 138	譲渡時課税適状説‥‥‥‥‥‥‥‥‥‥ 236
自己株式‥‥‥‥‥‥‥‥‥‥‥‥119, 156	譲渡所得‥‥‥‥‥‥‥‥‥‥245, 251, 255
資産‥‥‥‥‥‥‥‥‥‥‥‥‥‥‥‥ 248	譲渡所得の基因となる資産‥‥‥‥‥‥ 221
資産運用型会社‥‥‥‥‥‥‥‥‥‥54, 55	譲渡損益‥‥‥‥‥‥‥‥‥‥‥‥‥‥ 104
資産運用型事業‥‥‥‥‥‥‥‥‥‥‥ 183	譲渡損益調整資産‥‥‥‥‥‥‥‥104, 113
資産管理会社‥‥‥‥‥‥‥‥‥‥‥‥ 112	剰余金の額‥‥‥‥‥‥‥‥‥‥‥‥‥ 156
資産計上‥‥‥‥‥‥‥‥‥‥‥‥‥‥ 202	書面によらない贈与‥‥‥‥‥‥‥‥‥ 274
資産調整勘定‥‥‥‥‥‥‥‥‥‥‥‥ 105	所有権‥‥‥‥‥‥‥‥‥‥‥‥‥‥‥‥27

人格のない社団等	70	中小企業白書	6
親族外承継	24, 86, 87, 92, 156	中心的な株主	63
親族内承継	24, 87	中心的な同族株主	63, 74, 76
スクイーズアウト	106	長期平準定期保険等	148
ストック課税	233	積立利率変動型保険	209
スピンオフ	109	低額譲渡	94, 212
生活の本拠	270	低廉譲渡	112
生存保険	244	定期保険等	36, 138, 194
生命保険	35, 136, 141, 144	定期保険等に関する通達の見直し	194
生命保険協会	146	定期保険に係る保険料	194
生命保険契約に関する権利の評価	189, 246	適格株式移転	79
生命保険契約の契約者変更	163	適格株式交換	79, 107
生命保険の活用	35	適格組織再編成	109
折衷方式	134	適格分社型分割	103
増加益清算課税説	218, 248	適正な対価	116
総収入金額	53, 246	同一銘柄の株式	121, 125
相続時精算課税	47, 184	同族会社等の行為計算の否認	
相続税	45, 147		58, 95, 276, 280, 284, 290
相続税評価額	116	同族株主	63, 214
相続対策資金	37	同族株主以外の株主等	77
相続人	147	同族株主以外の株主等が取得した株式	74
相続法	33	同族株主の判定基準	63
相当多額の前払部分の保険料	198	同族関係者	236
総平均法	126	特定事業用資産	61, 182
贈与税	45, 131	特定目的会社	90
遡及適用	208	特定役員引継要件	110
遡及立法禁止の原則	210	特別子会社	55
租税回避	61, 97	独立当事者間	116
租税回避の意図	270	特例円滑化法認定	53
租税法律主義	210, 217	特例経営承継受贈者	49
その時における価額	92, 216	特例経営承継相続人等	59
		特例承継計画	46
た 行		特例贈与者	50
		特例的評価方式	62, 67, 224
第三分野保険	196	取引価格	116
代償財産	150	取引相場のない株式	80, 134, 212
代償分割	123, 152	取引相場のない株式の評価	231
武富士事件	266		
棚卸資産	221, 233	**な 行**	
棚卸資産の贈与	221		
単独新設分割型分割	110	内部留保	66
中小企業	22	二重利得法	219, 249, 254
中小企業者	51	任意組合	70
中小企業者の要件	51	認定経営革新等支援機関	9, 46
中小企業のM&A	29	認定受贈者	61

認定相続人‥‥‥‥‥‥‥‥‥‥‥‥60
ネット・アセットアプローチ‥‥‥‥‥62
年換算保険料相当額‥‥‥‥‥ 200, 207
年金支払特約‥‥‥‥‥‥‥‥‥‥146
年配当金額‥‥‥‥‥‥‥‥‥‥‥236
年齢基準‥‥‥‥‥‥‥‥‥‥‥‥209
納税資金‥‥‥‥‥‥‥‥‥‥‥‥147
納税猶予‥‥‥‥‥‥‥‥‥38, 45, 59
納税猶予額等の計算例‥‥‥‥‥‥‥40
納税猶予の打切り‥‥‥‥‥‥‥‥185
のれん‥‥‥‥‥‥‥‥‥‥‥‥‥105

は 行

配偶者居住権‥‥‥‥‥‥‥‥‥‥128
配偶者控除‥‥‥‥‥‥‥‥‥‥‥131
配偶者短期居住権‥‥‥‥‥‥‥‥127
配当還元方式‥‥‥‥‥62, 74, 76, 134, 156, 221
配当金額‥‥‥‥‥‥‥‥‥‥ 80, 84
端数処理‥‥‥‥‥‥‥‥‥‥‥‥209
パススルー課税‥‥‥‥‥‥‥‥‥‥71
パチンコ平和事件‥‥‥‥‥‥279, 288
払済保険への変更‥‥‥‥‥‥‥‥139
非支配要件‥‥‥‥‥‥‥‥‥‥‥110
比準要素数1‥‥‥‥‥‥‥‥‥‥‥65
非上場株式等に係る相続税の納税猶予の
　特例制度‥‥‥‥‥‥‥‥‥‥‥‥59
非上場株式等に係る贈与税の納税猶予の
　特例制度‥‥‥‥‥‥‥‥‥‥‥‥48
非適格株式交換‥‥‥‥‥‥‥‥‥‥78
非適格株式交換等‥‥‥‥‥‥‥‥106
平等原則‥‥‥‥‥‥‥‥‥‥‥‥234
含み益‥‥‥‥‥‥‥‥‥‥‥‥‥114
福利厚生‥‥‥‥‥‥‥‥‥‥ 70, 77
負債調整勘定‥‥‥‥‥‥‥‥‥‥105
プライベート・エクイティ・ファンド‥‥‥‥90
フリンジ・ベネフィット‥‥‥‥241, 245
フロー課税‥‥‥‥‥‥‥‥‥‥‥233
分割‥‥‥‥‥‥‥‥‥‥‥‥‥‥147
分割型分割‥‥‥‥‥‥‥‥‥‥‥109
分配可能額‥‥‥‥‥‥‥‥‥‥‥156
文理解釈‥‥‥‥‥‥‥‥‥‥‥‥217
分離課税‥‥‥‥‥‥‥‥‥‥‥‥119
平準保険料‥‥‥‥‥‥‥‥‥‥‥247
平成25年度税制改正‥‥‥‥‥‥‥‥38

平成30年度税制改正‥‥‥‥‥‥‥‥32
平成31年度税制改正‥‥‥‥‥ 33, 60
変額保険‥‥‥‥‥‥‥‥‥‥‥‥209
ベンチャーキャピタル‥‥‥‥‥‥‥86
包括受遺者‥‥‥‥‥‥‥‥‥‥‥123
法人税額等‥‥‥‥‥‥‥‥‥‥‥142
法人税等相当額‥‥‥‥‥67, 85, 101, 135
保険期間‥‥‥‥‥‥‥‥‥‥‥‥200
保険契約者‥‥‥‥‥‥‥‥‥175, 178
保険契約者に関する権利の評価‥‥‥240, 245
保険料の負担者‥‥‥‥‥‥‥175, 178
骨太方針2015‥‥‥‥‥‥‥‥‥‥‥3

ま 行

マーケットアプローチ‥‥‥‥‥‥‥62
満期返戻金‥‥‥‥‥‥‥‥‥‥‥243
右山事件‥‥‥‥‥‥‥‥‥‥‥‥220
みなし贈与‥‥‥‥‥‥‥‥‥‥‥263
みなし配当‥‥‥‥‥‥‥‥‥ 95, 121
みなし配当課税‥‥‥‥‥‥‥‥‥162
民法‥‥‥‥‥‥‥‥‥‥‥‥‥‥‥48
民法（相続関係）‥‥‥‥‥‥‥‥127
名義書換手数料‥‥‥‥‥‥‥‥‥220
持株会社‥‥‥‥‥‥‥‥‥‥ 78, 84
持戻し免除の意思表示の推定規定‥‥‥128

や 行

役員‥‥‥‥‥‥‥‥‥‥‥‥‥‥236
役員退職金‥‥‥‥‥‥‥‥‥‥‥136
遺言執行者‥‥‥‥‥‥‥‥‥‥‥129
遺言保管法‥‥‥‥‥‥‥‥‥‥‥130
猶予期限の確定‥‥‥‥‥‥‥‥‥‥57
猶予税額の一部免除‥‥‥‥‥‥‥185
猶予税額の全額免除‥‥‥‥‥‥‥185
養老保険‥‥‥‥‥‥‥‥‥‥138, 248
養老保険に係る保険料‥‥‥‥‥‥188
預貯金の払戻し‥‥‥‥‥‥‥‥‥128

ら 行

利益金額‥‥‥‥‥‥‥‥‥‥ 80, 84
利子税‥‥‥‥‥‥‥‥‥‥‥‥‥‥57
類似業種比準価額‥‥‥‥‥‥‥‥‥66

類似業種比準方式········62, 80, 84, 101, 114, 220
累進税率····························95, 119
レバレッジド・バイアウト··················86
労務の対価··························244
路線価····························116

アルファベット

EBO································86

LBO································86
M&A·····························25, 88
MBO·····························86, 92
Private Equity Fund··················90
SPC································90
Venture Capital·····················86

判例・裁決索引

■昭和21～30年
27. 4. 15 最高裁　民集6・4・413 ………267, 271
29. 10. 20 最高裁　民集8・10・1907 …………267

■昭和31～40年
35. 3. 22 最高裁　民集14・4・551 …………267
39. 10. 15 最高裁　民集18・8・1671 …………71

■昭和41～50年
40. 2. 2 最高裁　民集19・1・1 ………150, 153
43. 5. 31 東京高裁　税資52・1020 …………237
43. 10. 31 最高裁　集民92・797 ……218, 219, 248
46. 12. 8 東京高裁　税資63・1084 …………231
47. 12. 26 最高裁　民集26・10・2083
………………………226, 218, 249, 250
49. 6. 28 最高裁　税資75・1123 …………235
50. 5. 27 最高裁　民集29・5・641…226, 249, 250

■昭和51～60年
53. 5. 11 大阪地裁　行集29・5・943 …………231
54. 6. 21 最高裁　訟月25・11・2858 …………254
55. 9. 3 東京地裁　行集31・9・1750 …………231
55. 10. 4 審判所　裁決事例集21・180 ……179
55. 10. 30 東京高裁　行集31・10・2309 …219
56. 2. 25 浦和地裁　行集32・2・280 …………276
56. 11. 2 神戸地裁　税資121・218 …………274
57. 7. 28 横浜地裁　訟月29・2・321 …230, 260
58. 4. 19 東京高裁　税資130・62 …………260
58. 8. 16 東京高裁　税資133・462 …………276
59. 2. 27 審判所　裁決事例集27・231 ……179
59. 4. 25 神戸地裁　シュト270・24 …………217

■昭和61～64年
62. 5. 28 最高裁　訟月34・1・156 …………276
62. 9. 28 東京高裁　税資159・833 …………276

■平成1～10年
1. 3. 31 審判所　裁決事例集37・65 ………179
2. 7. 13 最高裁　税資180・44 ……………276
3. 4. 18 松山地裁　訟月37・12・2205 ………236

3. 11. 12 仙台地裁　判時1443・46 …………263
5. 2. 16 東京地裁　税資194・375 …………233
6. 2. 26 東京高裁　税資200・815 …………231
6. 3. 15 高松高裁　税資200・1067 …………236
7. 12. 13 東京高裁　行集46・12・1243…116, 232
7. 12. 19 最高裁　民集49・10・3121 …………115
8. 3. 28 審判所　裁決事例集51・9・149 …179
8. 10. 17 最高裁　税資221・85 …………236
9. 4. 25 東京地裁　訟月44・11・1952 ……288
10. 4. 14 最高裁　税資231・612 …………257
10. 12. 25 名古屋高裁　訟月46・6・3041 …272
10. 6. 23 東京高裁　税資232・755 …………279
10. 9. 11 名古屋地裁　訟月46・6・3047 …272

■平成11～20年
11. 6. 24 最高裁　税資243・734 …………272
12. 5. 12 大阪地裁　訟月47・10・3106 ………280
13. 9. 25 大分地裁　税資251・8982 …………232
13. 12. 12 審判所　裁決事例集62・161 ………174
14. 6. 13 大阪高裁　税資252・9132 …………280
15. 4. 8 最高裁　税資253・9317 …………280
15. 6. 19 審判所　裁決事例集65・576 ……116
15. 7. 30 大阪地裁　税資253・9402 …………284
16. 7. 13 最高裁　集民214・751 …………71
16. 7. 28 大阪高裁　税資254・9708 …………284
16. 8. 27 大阪高裁　税資254・9726 …………237
17. 1. 12 さいたま地裁　税資255・9885 …265
17. 2. 1 最高裁　集民216・279 …………220
18. 10. 25 大阪地裁　税資256・10552 …………290
19. 1. 31 東京地裁　税資257・10622 …………265
19. 4. 17 大阪高裁　税資257・10691 …………290
19. 5. 23 東京地裁　訟月55・2・267 …………266
19. 8. 23 東京地裁　判タ1264・184 …………116
19. 8. 23 東京地裁　税資257・10763 …………116
20. 1. 23 東京高裁　訟月55・2・244 …………266
20. 10. 16 最高裁　税資258・11052 …………290

■平成21～30年
23. 2. 18 最高裁　集民236・71 ……………266
24. 1. 13 最高裁　民集66・1・1 …………167, 179

24. 8. 2	広島高裁　税資262・12017	………117
24. 8.16	審判所　審判所HP	…………118
24.11.13	審判所　未登載	……………117
25. 9.27	東京地裁　税資263・12298	………249
26. 5.19	東京高裁　税資264・12473	………250
27. 3.31	最高裁　税資265・12644	…………257
27. 7.30	東京地裁　税資265・12706	…………11
28.11.10	札幌地裁　税資266・12931	………167
29. 2.28	最高裁　民集71・2・296	…………238
29. 4.13	札幌高裁　税資267・13009	………167
29. 8.30	東京地裁　税資267・13045	……74, 222
30. 7.19	東京高裁　裁判所HP	………74, 222

《著者紹介》

【編著・監修者】

酒井　克彦（さかい　かつひこ）

　中央大学商学部教授（中央大学ロースクール兼担），博士（法学），（一社）アコード租税総合研究所所長，（一社）ファルクラム代表理事。
　序章，第4章，第5章執筆。
　〔主な著書等〕
　『レクチャー租税法解釈入門』（弘文堂2015），『租税正義と国税通則法総則』〔共著〕（信山社2018），『通達のチェックポイント―相続税裁判事例精選20―』（2019），『同―所得税裁判事例精選20―』（2018），『同―法人税裁判事例精選20―』（2017），『アクセス税務通達の読み方』（2016）（以上，第一法規），『プログレッシブ税務会計論Ⅰ〔第2版〕』（2018），『同Ⅱ〔第2版〕』（2018），『同Ⅲ』（2019）（以上，中央経済社），『裁判例からみる法人税法〔2訂版〕』（2017），『裁判例からみる所得税法』（2016）（以上，大蔵財務協会），『「正当な理由」をめぐる認定判断と税務解釈』（2015），『「相当性」をめぐる認定判断と税務解釈』（2013）（以上，清文社），『キャッチアップ保険の税務』（2019），『キャッチアップ外国人労働者の税務』（2019），『キャッチアップ改正相続法の税務』（2019），『キャッチアップ仮想通貨の最新税務』（2019），『新しい加算税の実務～税務調査と資料情報への対応』（2016），『附帯税の理論と実務』（2010）（以上，ぎょうせい），『ステップアップ租税法と私法』（2019），『クローズアップ課税要件事実論〔第4版改訂増補版〕』（2017），『クローズアップ保険税務』（2017），『クローズアップ租税行政法〔第2版〕』（2016），『スタートアップ租税法〔第3版〕』（2015），『所得税法の論点研究』（2011）（以上，財経詳報社），ほか多数。

【著者】（50音順）

臼倉　真純（うすくら　ますみ）

　（一社）アコード租税総合研究所主任研究員，（一社）ファルクラム上席主任研究員。
　第2章，第3章 Q28～35執筆。
　〔主な著書等〕
　『通達のチェックポイント―相続税裁判事例精選20―』〔共著〕（2019），『同―所得税裁判事例精選20―』〔共著〕（2018），『同―法人税裁判事例精選20―』〔共著〕（2017）（以上，第一法規），『キャッチアップ保険の税務』〔共著〕（2019），『キャッチアップ

改正相続法の税務』〔共著〕(2019),『キャッチアップ仮想通貨の最新税務』〔共著〕(2019),『新しい加算税の実務～税務調査と資料情報への対応』〔共著〕(2016)(以上,ぎょうせい),『クローズアップ保険税務』〔共著〕(財経詳報社2017),ほか多数。

菅原　英雄 (すがはら　ひでお)

　税理士,菅原経理事務所所長,税務会計研究学会会員,（一社）アコード租税総合研究所研究顧問,元国士舘大学大学院客員教授。
　第3章 Q10～14執筆。
〔主な著書等〕
『イチからはじめる法人税実務の基礎〔第4版〕』(2019),『きちんとわかる移転価格の基礎と実務』(2017)(以上,税務経理協会),『キャッチアップ保険の税務』〔共著〕(2019),『キャッチアップ仮想通貨の最新税務』〔共著〕(2019)(以上,ぎょうせい),『合併等の税務』〔共著〕(大蔵財務協会2018),『クローズアップ保険税務』〔共著〕(財経詳報社2017),ほか多数。

高木　英樹 (たかぎ　ひでき)

　税理士・行政書士,高木英樹税理士事務所所長,（一社）アコード租税総合研究所会員,（一社）ファルクラム租税法研究会研究員。
　第3章 Q7,8,20,26,27執筆。
〔主な著書等〕
『通達のチェックポイント―相続税裁判事例精選20―』〔共著〕(2019),『同一所得税裁判事例精選20―』〔共著〕(2018),『同一法人税裁判事例精選20―』〔共著〕(2017)(以上,第一法規),『キャッチアップ保険の税務』〔共著〕(ぎょうせい2019),「企業会計における会計処理と法人税法上の損金算入」税理62巻10号 (2019),「『事業と必要経費』の判断―所得税法上の必要経費算入を争点とした裁決・裁判例等を素材として―」税理61巻6号 (2018),「第二次納税義務者が本来の納税義務者に対する課税処分の瑕疵につき不服申立てをすることの可否」アコード・タックス・レビュー8号 (2016),ほか多数。

松岡　章夫 (まつおか　あきお)

　税理士,松岡・大江・伊勢税理士法人代表社員,東京国際大学客員教授,東京地方裁判所所属民事調停委員,早稲田大学大学院会計研究科非常勤講師,（一社）アコード租税総合研究所研究顧問。
　第3章 Q9執筆。

〔主な著書等〕

『図解　事業承継税制〔平成31年2月改訂版〕』〔共著〕(2019)，『個人版事業承継税制のポイント』〔共著〕(2019)，『相続税　小規模宅地等の特例〔平成30年版〕』〔共著〕(2018)，『所得税・個人住民税ガイドブック〔平成30年12月改訂版〕』〔共著〕(2018)，(以上，大蔵財務協会)，『キャッチアップ保険の税務』〔共著〕(2019)，『キャッチアップ改正相続法の税務』〔共著〕(2019)，『キャッチアップ仮想通貨の最新税務』〔共著〕(2019)(以上，ぎょうせい)，『クローズアップ保険税務』〔共著〕(財経詳報社2017)，『取引相場のない株式の評価方法』〔共著〕(税務経理協会2017)，ほか多数。

村井　志郎 (むらい　しろう)

エヌエヌ生命保険株式会社(旧アイエヌジー生命)営業拠点，営業教育部，事業開発部，営業企画部，営業業務支援部等を経て，現在は営業教育支援部所属(調査研究担当)。

第1章，第3章Q5，19，21～25執筆。

〔主な著書等〕

『クローズアップ保険税務』〔共著〕(財経詳報社2017)，「相続・事業承継と生命保険～よくある誤解～」日本相続学会学会誌(2017)，「新しい事業承継税制と生命保険」日本相続学会学会誌(2018)。

山岡　美樹 (やまおか　よしき)

税理士，山岡美樹税理士事務所所長，株式会社みずほ総合研究所相談部東京相談室顧問，(一社)アコード租税総合研究所研究顧問。

第3章Q1～4，6，15～18執筆。

〔主な著書等〕

『図解　事業承継税制〔平成31年2月改訂版〕』〔共著〕(2019)，『個人版事業承継税制のポイント』〔共著〕(2019)，『相続税　小規模宅地等の特例〔平成30年版〕』〔共著〕(2018)，『資産税調査における是否認の接点〔改訂版〕』〔共著〕(2015)(以上，大蔵財務協会)，『取引相場のない株式の評価方法』〔共著〕(税務経理協会2017)，ほか多数。

クローズアップ事業承継税制—事業承継を巡る租税法上の諸問題—

令和元年11月27日　初版発行

編著・監修　酒　井　克　彦
発　行　者　宮　本　弘　明

発行所　株式会社　財経詳報社

〒103-0013　東京都中央区日本橋人形町1-7-10
電　話　03（3661）5266（代）
ＦＡＸ　03（3661）5268
http://www.zaik.jp
振替口座　00170-8-26500

落丁・乱丁はお取り替えいたします。　　　　印刷・製本　創栄図書印刷
©2019　Katsuhiko Sakai　　　　　　　　　　　　　Printed in Japan
ISBN　978-4-88177-464-9